U0015710

End of Days

Predictions and Prophecies about the End of the World

關於蘇菲亞・布朗的讚譽

「我曾親眼目睹蘇菲亞・布朗為許多哀痛欲絕的家庭帶來撫慰，協助員警勘破案情，打開人們的心靈，幫助他們看到自己內在的美好。」

—— 孟代爾・威廉姆斯

「蘇菲亞・布朗向我揭示的心靈解讀是如此準確，如此感人至深，徹底改變了我對於生命死後各種可能性的看法。」

—— 醫學博士，梅爾文・L・摩士，

《為光明所變，更靠近光明》作者

「蘇菲亞・布朗以非常實際、不做作的方式與超自然接觸，提供讀者充足、舒適的靈性旅程。」

—— 《出版人周刊》

「在這本書中，蘇菲亞・布朗著重於個人的靈性指引和往世歷史的回顧。她引發了一種身在此世的欣慰感受，並且消除

了許多前往『彼岸』的恐懼。」

——《那普拉評論》

「蘇菲亞・布朗不只是一位靈媒——她是傳達存在於第四空間真相的大師。」

——卡洛琳・梅斯博士，《慧眼視心靈》作者

「本書有如心靈哲學家福多對於『彼岸』的指引：如何到達那裡，可以瞭解什麼，如何返回現世。讀者們將因此感覺喜樂……蘇菲亞・布朗提供了一種對於『彼岸』的舒適觀感。」

——《書目雜誌》

「在這一生中保持健康和快樂的祕密是什麼呢——理解前世。暢銷書作者、通靈大師蘇菲亞・布朗給了我們一些特別的指引。」

——《圖書館雜誌》

「蘇菲亞・布朗是這個世界上最著名的靈媒，傲視群倫。」

——《今日神祕生活》

獻給
克莉斯汀、米斯蒂、克里斯朵和威利

Contents
目錄

望向宇宙，望向星空

—— 呂應鐘／國際華人超心理學會理事長、台灣飛碟學會創會理事長

這本書非常好看，喜歡看故事書的人可以當作精彩的故事來欣賞。

這本書非常豐富，喜歡探索人類史的人可以當作預言史書來滿足。

「世界末日」的議題好像數千年來炒不斷？從 4800 年前的亞述石板刻字，到 2000 年前的《聖經啟示錄》，以及亞特蘭提斯、印加、馬雅、阿茲特克、印地安不同族人、澳洲土著、北歐神話、各種教會教派等，幾乎每個世紀都有人在預言世界末日，我不懂，難道人類這麼期望或經歷世界末日？

我曾研究過古代東方預言如諸葛亮、李淳風、袁天罡、劉伯溫等六人，以及西方的《啟示錄》、諾斯特拉達姆斯、愛德加·凱西預言，並於 1995 年出版過《大預言家》一書。

我相信預言，但不相信末日預言。

誠如作者於本書第 28 頁所言「每一種世界末日的理論並未成真」，提及「我不相信我們來到這世上度過的一生，只是為了死亡」。

是的，書中舉例的很多預言的末日年代已經過去了，大家

還是活得好好的，不是嗎？最著名的「1999年7月世界末日」預言出自16世紀法國諾斯特拉達姆斯的《百詩集》，那年代過去了，地球與人類仍然安然存在。縱使他又有預言末日是在公元3797年，當今人類有什麼好緊張的？

美國國家航太總署（NASA）的科學家愛德格‧威斯南寫了一本《基督再臨可能會在1988年出現的88個理由》，全球賣出了超過四百萬本。準確了嗎？現在看來卻是笑話一則，但作者已成為億萬富翁。所以書中也提到利用世界末日炒作話題的大多是騙子與邪教。

不過，書中說2010～2050年之間，「21世紀將迎來一股來自彼岸、非常傑出的靈魂們所形成的非凡洪流」，深得我心。是的，是真的，我十多年來的接觸就是如此，這些傑出的靈魂投生地球，叫做「indigo」（靛藍色小孩），他們是智慧很高的老靈魂，卻擠在一個小小的肉體內，導致他們的思維與行為異於常人，就被不懂的醫學界下了「過動、自閉」的詛咒標籤，從此被歸類為不正常。

在此深沉呼籲，請醫學界虛心地深入研究indigo孩童，不要只會開藥給他們吃，不要傷害他們一輩子。indigo是天才兒童，是感性極高的天才。我們的醫學界與教育界必須深入研究探討。父母們也要明白你們的小孩不是不正常，反而是天才，不能只帶去精神科看病吃藥。

2010～2050年這段時間的預言，還涉及很多醫療問題，

不用理會有些預言年代的不正確（2020 年的新冠肺炎就完全正確），只要關注在預言的內容，有相當多值得醫療界深入研討改革的建議。另外還有科技發展的預言，也值得所有人深思。

　　至於 2050 年之後的預言主題，都是關於人類、地球與國家社會方面的，我認為是作者關照人類未來的深沉議題。不要只當作預言故事看過就算了。

　　另外一個值得注意的是外星議題，書中提到「拉科塔族許多部落都相信他們古老的外星祖先」、「切羅基族相信他們的靈魂來自星星，誕生成為人類，死去時靈魂會回到天上，他們的祖先全部來自於昂宿星團」。

　　外星人的主題已經不是怪力亂神了，反而成為人類期待的宇宙會面。書中提到 1917 年著名的法蒂瑪預言，「太陽衝破雲層，跳舞旋轉，噴出彩虹火焰，向目擊者猛衝過來，在幾秒鐘內改變方向，回到天空中」，請問這個「太陽」能用天文學的太陽來解釋嗎？當然不行，改用現代觀點來看，不就是一艘發著強光的幽浮！

　　人類必須把頭抬起來，擺脫過去唯物科學帶給我們的思想桎梏，望向宇宙，望向星空，開放你的心胸。

　　地球人是從另一邊（彼岸）來的，未來必然要返回家園。佛陀在地球講學 45 年，只有一個宗旨，就是指導眾生去除各種「色受想行識」的心理負擔，用明白的心「回到彼岸」、「回歸宇宙」。這才是人類的大未來！

Introdaction
前言

　　我已經厭倦了恐懼，我知道你也一樣。這不是在說這個世界上並不存在許許多多令人恐懼的事：戰爭、核電、恐怖份子、暗殺、內亂、經濟波動、政治混亂，還有瘋狂的氣候和日益惡化的生態環境——這些紛擾充斥於今日所有新聞報導之中。只是對於這些事想得太多，最後只會讓你想在額頭上敷一塊涼布，然後躺到床上去。

　　接著，就在你已經感覺不堪負荷時，還會有人忍不住來提醒你，根據馬雅曆法或其他預言，這個世界將會迎來末日。那麼無論我們做什麼事，結局會有任何差別嗎？也許這些人聽說或閱讀過《啟示錄》、《但以理書》、法國星相學家諾斯特拉達姆斯的預言書，或別的什麼；他們可能會說，我們全人類都會在接下來幾年中滅絕，也許是五年、十年⋯⋯隨便多長時間，早就有「顯而易見的跡象」顯示，世界末日已近在眼前！當然，他們更不會忘記自己看過的驚悚電影——一顆巨大的小行星撞落，地球只剩下屈指可數的活人，殭屍般的倖存者只能在荒涼的城市中遊蕩，為了一塊麵包皮互相殘殺。

這些四面八方湧來的聲音足以讓你無法安心躺在床上，只想躲進床底下。

然而，事實並沒有那麼可怕。

在你躲進床底之前，我想大力鼓勵你對於那些可怕的末日預測提出幾個問題：比如，馬雅人到底是些什麼人，他們是怎樣編纂出一部在 2012 年就截止的日曆？《啟示錄》和《但以理書》是如何具體「證明」那些迫在眉睫的毀滅？我們對這些典籍最初被撰寫出來的環境又有多少瞭解？誰是諾斯特拉達姆斯？為什麼他被世人認為對世界末日有著比任何人更加深刻的理解？他的作品中真的充滿了象徵主義的筆法，以至於想要搞清楚他在說什麼是完全不可能的事嗎？如果說，我們在地球上的時間即將結束，那會有哪些「預兆」？哪怕只是出於好奇，我們也要問一下，在這顆星球上，這些所謂「顯而易見的跡象」是不是在西元前就已經出現過，只是人們對它們有所誤解？那些關於世界毀滅的電影，它所呈現的內容是真實、可能的嗎？我們是否有合理的理由相信，一顆巨大到足以摧毀這個世界的小行星隨時都會撲過來？

一百次中有九十九次，所有這些問題的答案只會是：「我不知道。」

如果你曾看過我的電視、現場節目，或者讀過我的書，你就會知道，我是多麼堅定地相信「知識就是力量」。如果我們對某件事感到害怕，那麼要做的第一件事就是盡可能學習關於

它的所有知識。我從不會說：「不要害怕世界末日。」就像你即將從這本書中讀到的內容那樣，我們人類幾乎打從基因裡就不斷傾向思考自身的毀滅，並且因而憂心忡忡。但我衷心地希望你學習能學習的一切，然後從你自己的觀點出發──這一點可能是最最重要的──找出在終結和拯救這顆星球之間，你能做出什麼選擇。

　　這本書是為了以事實取代恐懼，證明知識就是力量，並以最誠摯的心向你確認，即使明天世界就會毀滅（事實上它並不會），上帝也會保護我們永世的安全，就像祂在創造我們的時候，對我們承諾的那樣。

蘇菲亞・布朗

Chapter 1

終末之日：本書源起

　　這本書為什麼會在此時出現？請不要急於下結論，認為它出現的時間有某種急迫、非同尋常的意義。我向你保證，你在地球上的生命走向終結之前，你將有足夠的時間把這本書讀上不止一遍。

　　事實上，我將完成這本書放到自己的優先處理清單上有許多原因。隨著本書內容的展開，我將在它的章節中詳細討論這些原因，而其中最重要也是最明顯的一個理由：越來越多人問我，世界末日會在何時到來——比以往任何時候都要多。他們想瞭解什麼是基督的第二次降臨？我們應該在什麼時候開始尋找他？抑或他已經來臨了？敵基督已經到來了嗎？如果還沒有，他又會在什麼時候出現，會是誰？我們應該如何理解《啟示錄》中的文字？基督再臨、帶領信徒升天（被提）真的會發

生嗎？按照諾斯特拉達姆斯的說法，敵基督彷彿就在我們之中；而馬雅曆法更特別指出世界會在 2012 年終結，這是真的嗎？如果不是，它的終結時刻又在什麼時候？那一刻會是什麼樣子？

　　當一個話題不斷出現在前來諮詢我的人們口中，我自然會開始思考，是什麼導致了這種「巧合」（但你也很清楚，巧合是不存在的，對不對？）。對此，我有了一些推測。其中之一，可能是千禧年的歇斯底里症之後，世人有一種集體、普遍的感覺，就好像是我們躲過了一顆子彈，就好像我們以某種方式逃過了在所難免的毀滅，現在只是生活在僥倖得來的時間裡；另一種猜想是，關於世界末日的書籍、文章、電視節目和教堂佈道在這個新世紀廣為流行，儘管（想像中的）那場會了結全世界的危機已經度過，但那些資訊所造成的不安一直在人們的思慮中積聚熱能，最終沸騰起來。還有一種推測，如同各位在隨後的章節中會看到的那樣，隨著這個世紀的逐步推進，這顆星球的靈性將不斷成長、壯大，具備前所未有的力量和能量。我們人類終將開始注意到內在的靈性聲音，因而受到警醒──是的，現在的確是時候，讓我們所有的一切走上正軌了。這種靈性的增長已經開啟，將導致越來越多人開始思考他們日常生活以外的事情，為更宏大的問題尋找答案。這些問題包括了人們自身靈魂的未來，還有當前棲息在這顆星球上的每一個靈魂的未來，而依照數不清的謠言所述，這個未來已經不

會太遠了。

有一部分這樣想的人們因此承受著日復一日的恐懼，他們無法釋懷那種感覺，認為世界末日一定會到來。對於所有感受到這種恐懼的人，我可以在這裡提出實實在在的證據，證明生活在這個世界的我們，絕非是第一批如此堅信末日即將到來、預兆已然再明確不過的人。歷史中早有一些確切的例證，證明我們的先人以為世界末日屬於他們的那個時代。

大約西元前 2800 年，一塊亞述石板上鐫刻著這樣一句話：「我們的大地在最近這段時光中是墮落的。有很多跡象表明，這個世界正迅速走向終結。」

聖經《馬太福音》16 章 28 節引用耶穌對他的使徒所說的話：「站在這裡的人，有人在沒嘗死味以前必看見人子降臨在他的國裡。」《馬太福音》24 章 34 節：「這世代還沒有過去，這些事都要成就。」這兩句話被好些人認為是指耶穌會在使徒死前回歸。

大約西元 90 年，第四任教宗聖克萊孟一世（St. Clement I）預言世界末日即將來臨。

西元二世紀，一個名為「孟他努」（Montanists）的基督教派相信基督會在他們有生之年回歸，新耶路撒冷會「自上帝之處，從天而降」。一名羅馬領袖便是如此篤信世界末日就在兩天以後，為了做好準備，他和他的追隨者們拋棄了他們的房屋和其餘一切財產。

而在西元 365 年，法國主教普瓦捷的伊萊爾（Hilary of Poitiers）公開宣佈，世界將在那一年終結。

　　大約在西元 375 到 400 年之間，普瓦捷的伊萊爾有一名學生——都爾的聖瑪爾定（St. Martin of Tours），號召他的追隨者們迎接將會在西元 400 年之前到來的世界末日。他還說：「毫無疑問，敵基督已經誕生了。」

　　在耶穌降生後的第一個千年裡，出現了相當多的末日預言，包括羅馬的「反教宗」希波呂托斯（Hippolytus）[*]，他曾經短暫逃離天主教會以抗議其中的改革。他的數學推演讓他相信，基督的第二次降臨將發生在創世紀後六千年，也就是西元 500 年。

　　羅馬神學家塞克斯塔斯‧朱利葉斯‧阿弗里卡納斯（Sextus Julius Africanus）確信世界末日注定會發生在西元 800 年。

　　基督徒每年都會在 3 月 25 日慶祝天使報喜節（聖子降孕節），在這一天，天使造訪聖母瑪利亞，告訴她將生下聖子基督。西元 992 年耶穌受難日——紀念耶穌被釘上十字架的日子——與天使報喜節恰好重合。幾個世紀以來，人們一直認為這就是敵基督到來的時刻，隨後就是《啟示錄》中的世界末日。

　　西元 1000 年為第一次正式的千禧年歇斯底里提供了機

---

[*] 西元三世紀一群教會分裂人士推選希波呂托斯為教宗，對抗當時的教宗加理多一世。

會。查理大帝（Charlemagne）** 的遺體被發掘出來，進一步刺激了人們的猜想，因為根據傳說，有一天會有一位皇帝從墳墓裡出來，與敵基督作戰。

許多曾高調宣稱世界將在西元 1000 年徹底滅亡的權威人士，在解釋自身明顯的誤判時，「意識到」他們應該在預測中加入耶穌的壽命，於是又推算出世界將在 1033 年終結。

另一方面，德國修士波爾德的傑拉德（Gerard of Poehlde）確信，基督的千年統治實際上是從君士坦丁大帝掌權開始的。因此，撒旦將在 1147 年逃脫束縛、掌控教會大權。

西班牙占星師，托萊多的約翰（John of Toledo）確信，1186 年行星的特殊排列預示著世界將被饑荒、地震、災難性的風暴和火山爆發所毀滅。

根據一位義大利神祕主義者和神學家——菲奧雷的約阿基姆（Joachim of Fiore）的說法，敵基督已經在地球上化身出世，並將被英格蘭國王理查一世（Richard I）擊敗，這預示著1205 年世界的偉大重生。

在 1260 年，多明尼加僧侶阿諾德（Brother Arnold）預言世界末日即將來臨，他將呼喚耶穌，請求耶穌審判世界各地的教會領袖，到那個時候，耶穌將揭露教宗是人們一直以來所恐懼的敵基督。

教宗依諾增爵三世（Innocent III）宣佈 1284 年是世界末

** 神聖羅馬帝國的奠基人。

日，這個時間是從伊斯蘭教成立起始再加上 666 年算出來的，而 666 這個數字來自於《啟示錄》。

在 1300 年，方濟會的煉金術士讓‧德‧羅奎塔亞德（Jean de Roquetaillade）發表了這樣的預言：「1366 年敵基督到來，隨後不晚於 1370 年會出現千年安息日，耶路撒冷將成為世界的中心。」

相信自己是新羅馬教會權威的教團「使徒兄弟會」（Apostolic Brethen）確信，到 1307 年，包括教宗在內的所有教會神職人員，都會在一場導向靈魂紀元的大戰中喪生。

捷克斯洛伐克的教會總執事 —— 克羅姆里茲的米利茨（Militz of Kromeriz）堅信，敵基督將在 1367 年出現，從而引發世界末日。

1496 年，許多教會領袖都開始認為世界末日即將到來，他們所依據的事實是，基督出生後的一千五百年大限很快就要到了。

占星師們都預言 1524 年會有一場全球性的大規模洪水，徹底摧毀這個世界。

宗教改革者、重洗派信徒漢斯‧胡特（Hans Hut）召集了十四萬四千名中選的聖徒，為 1528 年耶穌的回歸做準備。

一個名叫梅爾基奧‧霍夫曼（Melchior Hoffman）的德國宗教幻想者，預言基督將於 1533 年第二次降臨，在德國史特拉斯堡重建耶路撒冷。按照《啟示錄》的指引，他相信十四萬

四千名信徒將會得救，但世界上其餘的人會在火焰中滅亡。

占星師理查·哈威（Richard Harvey）預言了基督在 1583 年 4 月 28 日中午的二次降臨。

多明尼加僧侶、詩人和哲學家托馬索·康帕內拉（Tomasso Campanella）認為，太陽和地球注定會在 1603 年相撞。

1661 年，一個名為「第五君主制之人」（Fifth Monarchy Men）的極端清教徒團體，決定採取行動控制議會，這樣他們就可以向上帝證明信仰依然存在於地球上，是時候讓耶穌回來，取得理應屬於他的千年王國了。

克里斯多夫·哥倫布在 15 世紀末至 16 世紀初寫了《預言之書》（The Book of Prophecies），其中包括世界末日將在 1658 年發生的預言。

當俄羅斯東正教進行宗教改革時，一個自稱「舊教信徒」（Old Belivers）的教派脫離教會，開始其極端保守、極端傳統的信仰。這種信仰包含了世界將在 1669 年滅亡的信念。而在 1669 年到 1690 年間，近兩萬信徒寧願燒死自己也不願面對敵基督。

17 世紀的浸信會教徒本傑明·基奇（Benjamin Keach）預見世界末日將在 1689 年發生，法國先知皮埃爾·朱里厄（Pierre Jurieu）也有這樣的預見。

清教徒牧師、著名女巫獵人科頓·馬瑟（Cotton Mather）

先後三次預言世界末日，第一次是在 1697 年。

1736 年 10 月 13 日，英國神學家、數學家威廉‧惠特森（William Whitson）預言了一場全球性的大洪水，許多人為此做好了準備。

著名的神祕主義者伊曼紐‧斯威登堡（Emanuel Swedenbarg）被天使告知，世界將在 1757 年滅亡。

循道宗（Methodism）的創始人之一查理‧衛斯理（Charles Wesley）和他的兄弟約翰‧衛斯理（John Wesley）確信世界末日將在 1794 年到來。但約翰不認同他的兄弟關於世界末日的時間判斷，他認為那是在 1836 年，「啟示之獸」將從海上升起，新的和平紀元將隨之開始。

長老會牧師克里斯多夫‧洛夫（Christopher Love）號召他的信徒們，一起為將要發生在 1805 年的一場足以摧毀地球的大地震做好準備。

1814 年，64 歲的先知喬安娜‧索斯科特（Joanna Southcott）聲稱自己懷上了聖子耶穌，並說耶穌將於 1814 年 12 月 25 日出生。但是那天，她並沒有生孩子，卻去世了。驗屍結果顯示她根本沒有懷孕，沒有人為此感到驚訝。

瑪格麗特‧麥克唐納（Margaret McDonald），一位 15 歲的基督教先知，在 1830 年宣稱敵基督是羅伯特‧歐文（Robert Dwen），社會主義理念的創始人之一。

人們普遍認為，1853 年至 1856 年的克里米亞戰爭，實

際上是《啟示錄》中預言的一場盛大世界末日之戰「阿瑪迦頓」（Armageddon）。在這場戰爭中，俄羅斯和法國為了決定誰能夠從鄂圖曼帝國手中奪取巴勒斯坦而開戰。

16 世紀的英國女先知耳舒拉‧索希爾（Ursula Southeil）曾說過一句話：「世界末日將會在 1881 年到來。」這位女士更廣為人知（或者可說是聲名狼藉）的名字是希普頓修女（Mother Shipton）。在那以後，有人認為希普頓修女的大部分預言實際上是在她死後寫成、再被歸在她的名下，而 1881 年的預言是她的出版商查理斯‧辛德雷（Charles Hindley）的作品。

約瑟夫‧史密斯（Joseph Simith），耶穌基督末世聖徒教會（摩門教，Mormon Church）的創始人，被認為曾說過：「我奉主的名說出預言，它要被記錄下來，要到我 85 歲的時候，人子才從天上的雲中降臨。」到 1890 年，史密斯就 85 歲了，但那時他已經過世將近 50 年。

19 世紀末，物理學家威廉‧湯姆森（William Thomson），亦即克耳文勳爵，斷言大氣中的氧氣只夠人類生存三百年，三百年後人類注定會窒息而死。

俄羅斯狂熱的宗教組織「紅色死亡兄弟姊妹」（Brothers and Sisters of the Red Dead）認為 1900 年 11 月 13 日是世界末日，在這一天，這個組織的一百多名成員自殺而亡。

根據地震學家和氣象學家亞伯特‧波特（Albert Porta）的說法，1919 年 12 月 17 日，六顆行星的一次特殊合相將產生一

股強大的磁場，導致太陽爆炸吞沒地球。

赫伯特‧W‧阿姆斯壯（Herbert W. Armstrong）在 1930 年代初創立了「世界上帝教會」（Worldwide Chruch of God），他認為基督再臨會發生在 1936 年，那時只有他的教會成員才會被引入天空中的耶穌懷抱，從而獲救。當 1936 年到來又過去，基督並沒有再次降臨時，他把自己的預言延到了 1975 年。

1930 年代，《聖經》教師倫納德‧薩勒—哈里森（Leonard Sale-Harrison）巡遊北美，主導了一系列預言會議，向他的聽眾們保證，世界將在 1940 年或 1941 年結束。

當以色列於 1948 年建國時，有許多基督徒相信導致基督第二次降臨的最終預兆已經發生。

占星師珍妮‧迪克森（Jeane Dixon）預言，我們這顆星球將在 1962 年 2 月 4 日被排成一列的行星的力量摧毀。

摩西‧大衛（Moses David），宗教組織「上帝之子」（Children of God）的創始人，預言一顆彗星可能在 1973 年將撞擊地球，消滅美國所有的生命。然後，他修改了這個預言，又增加了 1986 年將會爆發世界末日之戰和 1993 年基督第二次降臨的內容。

1987 年，作家暨教育家荷西‧阿格勒斯（José Argüelles）警告，除非十四萬四千人在 8 月 16 日至 17 日前往位於世界各處的特定地點聚集，慶祝「和諧彙聚」[*]，否則世界末日將不可避免。

美國國家航太總署的科學家愛德格・C・威斯南（Edgar C. Whisenant）寫的一本書，名為《基督再臨可能會在 1988 年出現的 88 個理由》，賣出了超過四百萬本的銷量。

正統派基督教作家雷金納德・鄧洛普（Reginald Dunlop）預言，1994 年 9 月 23 日是埃及吉薩大金字塔的最後一個編碼日期，正因為如此，世界的存續顯然不可能超過那一天。

1999 年曾被許多人明確地認為是世界末日，在此只列出其中少數：基督再臨安息日會教友、耶和華見證人、語言學家查理斯・伯茨（Charles Berlitz）；靈性歷史學家，神父查理斯・莫爾（Charles Moore）；退休電子工程師吉羅德・瓦諾（Gerald Vano）；靈媒愛琳・雷克斯（Eileen Lakes）；火箭科學家糸川英夫（Hideo Itokawa）；「彌賽亞拉比」邁克爾・魯德（Michael Rood）；電視佈道者傑克・范・因佩（Jach Van Impe），前美國國家航太總署顧問理查・C・霍格蘭（Richard C. Hoagland）；以及前商人、政治家、教派領袖約瑟夫・基布維特爾（Joseph Kibweteere）。

英國的一個教派上帝見證會（The Lord's Witnesses）根據《聖經》的預言，經過一連串複雜的計算後，斷定聯合國將在

---

* Harmonic Convergence，又稱諧波彙聚，是新時代占星學中的術語，代表發生於 1987 年 8 月 16 日至 17 日的行星對齊。和諧彙聚的時間點據稱與馬雅曆有關，也有的稱涉及到歐洲和亞洲的占星傳統。所選擇的日期差距據稱也表示著太陽、月亮行星的運行軌道與八大行星中的六顆形成部分大三角關係。

2001 年 4 月 24 日之前的朔望月（即聯合國成立後的 666 個希伯來月）接管世界。但既然這種情況沒有發生，我們也許可以更有把握、不必擔心他們的第二個預言——在聯合國取得全球控制權後，世界末日之戰「阿瑪迦頓」將於 2008 年 3 月 21 日開始，奪走全世界四分之三人類的生命。

在這本書中，我們還會討論更多關於世界末日的預言。

然而，那個對於人類而言無比重要的大哉問——我們的未來會怎樣？在這件事上，卻根本無法找到哪怕只有一條還算可靠的線索。

我也將仔細權衡自己的預測。我並不想增加混亂，但也的確認為關於世界末日的一些問題常常沒有得到足夠的重視，而它的另一些方面又引起了多到不合理的關注和篤信。

三種常見的世界末日類型

儘管我們要探討的每一種世界末日的理論並未成真，但所有世界末日理論和預言都可以歸結為三種類型：千禧年主義、聖經啟示文學和救世主義。

千禧年主義（Millennialism），這顯然是一個來自拉丁語的詞彙，用以表達一千年的時間區段。它的核心理念相信地球會承受一連串的毀滅性災難，隨後人類才能得到「拯救」，永遠生活在天堂的福佑之中。乍看之下，千禧年似乎意味著我們

應該在千年轉捩點時，全體陷入世界末日的恐慌中，彷彿這個在日曆上有著三個零的日期，暗示了某種毀滅的到來——但從歷史上來看，我們並不是地球上掉進這種心理和情感陷阱的第一群人。

事實上，就像我們稍後會在第三章深入討論的那樣，千禧年主義有著根植於《啟示錄》中的深遠脈絡，那是使徒約翰關於最終時刻的預言（或一說是噩夢，或政治論述）。在 20 章，約翰寫道：

那時我看見一位天使從天空落下，手中拿著無底深淵的鑰匙和一條巨大的鎖鏈。天使束縛住那龍，那遠古的巨蛇，那惡魔和撒旦，將牠焚燒一千年，投入深淵，將深淵在牠的頭頂關閉、封錮，讓牠無法再欺騙諸國，直到這千年終結……然後我看見了許多王座，坐於其上的是那些要受到審判的人。我還看見了那些曾經因為證明耶穌和上帝之言而被斬首的人，那些不曾崇拜過獸或獸的化身，不曾在額頭和雙手上留下過獸的印記的人，他們活轉過來，與基督一同統治了一千年。其餘的死者不會再得到生命，直到這千年結束……當這千年結束的時候，撒旦會從他的牢獄中被釋放出來，前來欺騙諸國……集結他們、發動戰爭……他們行軍跨越廣闊的大地，包圍了聖徒的營地和受人喜愛的城市。但火焰從天空中落下，吞噬了他們。欺騙他們的惡魔被拋進烈火和硫磺的湖中。那是獸和偽先知的所

在，它們將日夜不停地遭受折磨，永無止息。

　　閱讀這些文字後，便不難理解為什麼千禧年周期在今日會有如此重大的宗教意義，無論那些相信這個意義、對此加倍關注的人們，是否真的知道它和《聖經》的關係。

　　作為末日理論之一，**聖經啟示文學**（Apocalypticism）強調的是上帝將祂的怒火釋放到大地上，造成一連串毀滅性的災難，同時上帝還會根據每一個人在此世的所作所為，對他們進行審判，最終再一次取得祂作為造物主及天上地下至高統治者的地位。

　　也許聖經啟示文學理論最深的根源可以在聖經舊約《但以理書》中找到，如以下的摘錄所示：

　　我在自己夜晚的幻象中看到來自天空的四風攪動大海。四頭巨獸從海中出來。其中第一個像是獅子，又有鷹的翅膀。然後在我的眼前，牠的翅膀被拔掉。牠被從地面上抬起，被擺成雙足站立的樣子，如同一個人。人的意識也被交予了牠。我又看到另一頭獸。那是第二頭，就像一頭熊。牠側著身被舉起。牠的牙齒之間叼著三根肋骨。牠被告知：「起來，吞食許多肉。」在這以後，看啊，我見到了另一頭獸，就像一頭豹子。牠的背上有四隻鳥的翅膀，而且牠還有四顆頭。牠被賦予了統治權威。在這之後，我在那個夜晚的幻象中注視著第四頭獸。

牠十分恐怖、令人極度不安，身軀極為強壯。牠擁有巨大的鐵齒，吞吃萬物，將他們咬成碎片，並用牠的腳踩踏落下的殘渣……

必有一王興起，面貌勇敢，能解謎題。他的能力必強大，他必施行可怕的毀滅，他所行的必然成功，他必毀滅強者和聖者的民……

受膏者必被剪除，一無所有。有一王將要到來，他的民必毀滅這城和聖所，他的結局必伴隨洪水而來，其終點必是一場戰爭，注定是荒蕪……乘著可憎之物的翅膀，製造荒蕪者必將到來，直到注定的結局傾倒在荒蕪者身上……

會出現一個災厄的時代……睡在塵埃中的，必有許多人醒來，其中一些得永生，一些得羞辱和永恆的厭惡。智慧者必發光，如同天上的光。那使多人歸義的，如同星辰，直到永遠。

還有第三種，**救世主義**（Messianism），它圍繞著一個假定前提：到了最終的時刻，會有一位彌賽亞（messsiah 為希伯來語，意為『承受香膏者』），或者說「救世主」，出現在地球上，引領忠實虔誠的上帝選民脫離他們一直遭受的痛苦和壓迫，進入永恆的神聖與安寧喜悅之中。最明顯的救世主義實例往往來自基督和猶太信仰，亦有其他規模龐大的宗教一直尋找救世主在世界末日前的降臨，他們的信徒同樣相信能夠在神的懷抱中尋得安全。

有許多理由令我相信，人類在歷史中一直被世界末日這個課題深深吸引。其中一個理由便是，儘管上帝已經一次又一次地保證過我們在基因層面是永恆的，但我們自身的意識還是覺得世俗的「開始、延續、結束」模式比「永恆」這個概念更好理解。我們早已聽聞過這個事實——「彼岸」並不存在「時間」，那裡只存在著永恆的「現在」。只是我們完全無法想像，這當然可以理解。因為在地球上，我們是不可能擺脫時間的。傑出的神學家或精神領袖一直告訴我們，這顆星球並不是我們真正的家，我們幸福神聖的家園正耐心地等待著我們離開肉體，回到我們真正歸屬的那個地方去。只是，我們的意識根本無法記起自己曾經在別的地方生活過，那麼，別的地方怎麼會是我們的「家」？

　　思及此，無怪乎我們會組成一個以「開始、延續、結束」為導向的社會，完全沉陷在時間的概念裡，並提出諸多質疑：「何時？」「還有多久？」。我們拚命攀附在地球上，錯誤地相信這是我們所知的唯一「家園」，試圖從那些關於時間的問題中找到答案。過去我們一直如此，未來也仍然會持續下去。

　　無論隨後的章節是否提供答案還是引出更多問題，至少我們知道，僅僅只是這樣提問，就是在表達出對於這個主題的好奇與探索，而這個主題正如同人類本身那般永恆。

Chapter 2
關於末日的古老信仰

　　人類本性有一種不容否認的特質，那就是如果能知道一個故事的結局，總是會感到更安心一些，尤其是那些關於我們自己的故事。我們不喜歡漫無頭緒的狀態，不喜歡沒有答案的問題、無法解決的謎題和不確定的事情；我們不喜歡一無所知前方角落裡有什麼東西在等著我們，不知道它會不會傷害我們，而我們又有什麼辦法能夠避開它，或者做好應對的準備。「有備無患」是人性的一種內在信念，自從人類出現在地球上之後，就一直秉持著這個信念生存著。

　　古代人類文明與現在的我們一樣，堅持不懈地想要找出自身在這片土地上的故事，還有這些故事都有著怎樣的結局。為了完整這塊拼圖，他們也和我們使用一樣的工具：結合宗教信仰、親身體驗和手中掌握的資訊，想要找出答案。除了一些辭

藻使用和故事細節有別之外，他們的末日理論也和我們當下這些「複雜精緻，具有深刻學識背景」的理論近似，既有樂觀的願景，也有令人絕望的描述。然而無論說了或做了多少，前人與我們同樣熱切地想要知道那個問題的答案——那也許是這顆星球上第一個被問出的問題——「我們的故事會如何結束？」

印加人（The Incas）

南美洲的印加帝國曾經是地球上最大的國家，沿著安第斯山脈覆蓋了兩千五百英里的土地。印加文明的起源隱藏在神話和傳說之中，大部分只能靠一代又一代的口耳相傳來傳承，只因為他們的文字歷史已經被摧毀，曾坐擁的巨大財富也被1532年的西班牙入侵者劫掠一空。

最早期的印加人都是一些藝術家、獵人、農夫，毫無疑問也是傑出的建造者和工程師。在發明車輪之前，他們已經建造了一萬四千英里長的道路——僅供徒步旅行。這些道路的建設是如此完善牢固，以至於直到今天，其中一些依舊完好無損。他們所建造的金字塔、廟宇、天文台和其他建築，正是這個古老文明最非同凡響的紀念碑，這些建物吸引來自全世界各地的遊客，讓人歎為觀止、流連忘返。而這些完美無缺、無可挑剔的工程設計，又在許多時候以最無奈和沉默的方式提醒世人，一個偉大的文明會因為力量和貪婪遭逢何等突然的毀滅。

　　印加人生活、語言和宗教的核心是人們與自然融為一體的意識。他們相信，大自然是太陽神的作品，而自己是太陽神的直系後裔。在地球和太陽距離最遠的冬至日時，他們透過慶祝節日，感謝太陽神讓他們獲得收成，向太陽神祈禱豐收，懇求太陽神不要離開他們和他們的孩子。他們相信靈魂轉世，在舉行最神聖的儀式時，會將祖先的木乃伊供奉在儀式中，這樣他們就能夠和先人分享最神聖的時刻。

　　印加文明在西元十六世紀被西班牙入侵者摧毀，有個難民組成的小部落「克羅」（Q'ero）逃到了安第斯山高處的偏僻村莊中，從此一直生活在那裡，直到今時今日。克羅部落的長老和薩滿（巫師）將古老的語言、歷史、傳統和預言傳授給一輩又一輩的繼承人，這便是曾經恢弘壯麗的印加世界最後的遺存。

　　1996 年，克羅部落的一位首領，也是一位受人尊敬的薩滿，連同其他部落長老到美國進行了一次歷史性的訪問，為美國增添榮耀的同時，也分享了關於印加的知識寶藏，其中就包括了他們先祖的預言。這些預言中有一個意味深長的段落，描述了印加人關於世界末日的信仰：

新的地球 * 守護者將從西方來，那些曾經對大地母親造成

―――――――
* 印加人知道地球是球形的，甚至準確測繪出赤道線。

35

巨大衝擊的人如今負有道義的責任，會重建他們和大地母親的關係。而這是在他們重建自己之後。

預言認為，北美洲將提供有形力量，或者說是成為身軀；歐洲將提供精神力量，或者說是成為頭腦；而心靈意志將由南美洲來提供。

這些預言充滿了樂觀主義精神。正如我們所知的，它們所描述的是時間的盡頭——一種思維方式和存在方式的死亡，一種與自然和地球的關係的結束。

在即將到來的歲月中，印加人相信我們會進入一個黃金時代，一個和平的黃金千年。

那些預言還提及了發生在地球上和我們靈魂中的各種騷亂，重新定義了我們的關係和靈性。

下一次的帕查庫特克（pachacuti），或者說是偉大變革，已經開始了。它將確保這個動盪時期之後會出現一種全新的人類。

彷彿是為了將聽眾們的注意力引向那個預言中的黃金時代，克羅部落的長老又加上了隨後這個段落：

跟隨你自己的腳步。
向河流虛心學習，
向樹木和岩石學習，

讚美基督，

讚美佛陀，

還有你的兄弟和姊妹。

讚美你的大地母親和偉大的靈。

讚美你自己和全部造物。

用你的靈魂之眼觀看，關注萬物的本質。

馬雅（The Maya）

馬雅文明被認為誕生於大約西元前 2600 年的猶加敦半島，隨後不斷發展，直到將近西元 1300 年。馬雅人在天文學、象形文字、自然科學、數學、藝術、農業、編織、建築上都有很大的成就，更創造了高度技術化、內容繁複的曆法系統，而這些只不過是他們眾多才能中的一部分而已。他們的社會建立在階級制度基礎上，統治階級是國王和祭司，最底層則是只能進行辛苦勞作的大量農民。馬雅帝國最終的疆域囊括了現在的墨西哥、薩爾瓦多、貝里斯、宏都拉斯和瓜地馬拉全境。

曾經一度繁榮昌盛的馬雅文明忽然間神祕地消失，這一點幾乎像這個文明本身一樣令人著迷。一個由一千五百萬人組成、複雜高級的社會，彷彿在某一天突然轉身，離開了他們所生活的家園，再也沒有回來。除了許多荒涼的城市、高大華美的建築，他們什麼都沒有留下。時至今日，人們對於這個歷史

之謎提出了許多理論，卻仍沒有一個確定的答案可以回答當時到底發生了什麼事，才會造成一個文明如此突然地終結。有些人相信是接連不斷的旱災迫使馬雅人遠走他鄉，否則就只能餓死。有些人認為是農民或奴隸的反抗，讓少數貴族在沒有經驗和專業學識的情況下，不得不親身在土地上勞作，結果整個社會階級因為無法養活全體而崩潰。還有人推測是馬雅人過度的農業墾殖導致了各式各樣災難性的後果，從土壤嚴重貧瘠到最終使用毀滅性的「毀林燒荒」手段，將中美洲豐富的雨林開墾成農田，親手剝奪了他們的土地養活他們的能力。還有人相信，是致命的病毒摧毀了馬雅文明。另一些人則宣稱問題根源在於超過經濟承載能力的龐大人口。關於馬雅文明的消失，專家們唯一能夠達成共識的是：沒有人確切知道在大約西元 1300 年，那一千五百萬人到底遭遇了什麼事。西班牙征服者在入侵中南美洲時殺害了他們能找到的所有馬雅祭司和貴族，燒毀了馬雅書籍和紀錄，因此這個歷史之謎，很有可能再也不會有答案了。

經過了這麼多世紀，馬雅文明留存下來的，只有它迷人而且異常複雜的曆法。這個曆法以 260 天為一個循環，關於日期的名字一共有二十個，每一天都以其中一個名字及與其相應的符號圖騰為代表。馬雅曆法的日期標記數字從 1 到 13，每經過十三天周期之後，隨後的一天重新成為「第一日」。因為日期的名號有二十個，所以完整的日期循環是 13 乘以 20 等於 260

天。這個曆法還遵循太陽周期紀年，並為每一個月命名，隨著一個太陽年的十八個月結束之後，又會有為時五天的一個月。但這五天被認為是不吉利的日子，所以沒有命名。

　　我不會假裝自己能夠破解馬雅曆法的繁雜之處，只專注於一個所有人都已知道的問題：它結束在 2012 年 12 月 21 日。正因為如此，一些知道這件事的人認為這就是一種專指「末日」的預兆，恐懼不已。然而馬雅文化從不曾表述過 2012 年 12 月 21 日（或者說是 2012 年的冬至日）會有一場災難終結世界。他們的預言是宣告在那一天，世界將從一個紀元進入另一個紀元，而人類可以選擇讓這種轉變充滿暴力，或是伴隨著仁慈、平和與安寧。

　　按照馬雅曆法，每過 5125 年，地球上的一個周期就會結束，一個新的周期將會開啟。地球一共有五個周期，每個周期大致可以對應我們一天 24 小時中不同的階段。第一個地球周期相當於銀河系的上午，我們的太陽系剛剛接近這個宇宙的中心光；第二個周期是中午，我們的太陽系距離宇宙中心光最近；銀河系的下午，或者說是第三個周期到來時，我們的太陽系開始遠離中心光；第四個周期與夜晚對應，我們的太陽系到了距離中心光最遠的位置；第五個周期就是「黎明前最黑暗」的時期，我們的太陽系離開全無光亮的地方，朝它之前在第一個上午周期的位置移動。

　　馬雅曆法的預言是說，我們的太陽系正在慢慢結束它的第

五個周期，那「黎明前最黑暗」的時刻。這次移動從 1987 年開始，太陽系會在 2012 年正式到達它在第一個上午周期中的位置。而我們在這短暫的數十年中如何行動，將決定隨後到來的「上午」周期是具有破壞性，還是建設性。負向的力量、暴力、貪婪、殘忍、對權力的渴求、對大自然和其中神聖居民系統性的褻瀆，將導致第五周期朝向第一周期的轉變是一場浩劫，只有全球性培育善良、尊重、團結和慈愛，敬重我們這顆屬於自然的星球和生存在其上的所有生物，認識到它們的神聖，我們才能創造一個進入真正黃金紀元的周期轉變。這一切都將取決於我們的選擇。所以，馬雅文明宣稱，2012 年對於地球上的我們，將標誌著一場意義深遠的轉變。它最終會是什麼樣子，完全要看我們如何選擇。

亞特蘭提斯（Atlantis）

根據馬雅曆法的記載，第四世界（周期）的結束和第五周期的開始，發生在西元前 3113 年 8 月 12 日，而那時的重大事件就是亞特蘭提斯大陸的沉沒。

亞特蘭提斯第一次出現在文學作品中，要歸功於傑出的希臘作家和哲學家柏拉圖（西元 428 ～ 348 年）。他的對話集《蒂邁歐篇》和《克里特阿斯篇》的人物都提到過亞特蘭提斯，將其稱作是一個「位於海格力斯之柱 *」以外的地方，大約在九千年前被海嘯或地震摧毀。在這些人物的對話中，蘇格

拉底談到了理想社會，蒂邁歐和克里特阿斯則向蘇格拉底講述了一個「並非虛構，確屬真實」的故事，關於古代雅典人和亞特蘭提斯人之間的衝突。

自柏拉圖之後，亞特蘭提斯人的起源和文明就變成了廣為人知的傳奇，成為人們不斷研究和探索的一個主題。有各種各樣的資訊來源聲稱，他們是五萬年前來到地球的外星人，有著人類的形體、淺白色的皮膚，身材高大，平均身高為七到十英尺（2.1 公尺～ 3 公尺）。考古挖掘工作也找到了古人遺骸可以證明，的確有一個種族曾經有過，甚至超過了這樣的身高。

據說亞特蘭提斯人的壽命可以長達八百年，這也許能夠解釋為什麼他們能夠發展出令人驚歎，即使是現代的我們也望塵莫及的科技。

他們已經能夠完美地操控氣候，又因為沉迷在感官刺激之中，所以尤其喜歡召喚猛烈的風暴以供自己娛樂。他們還能夠製造「特殊的地質效果」，從火山噴泉、間歇泉再到礦物質噴射。其中最令人驚歎的是，他們發明了一種被稱為「閾值技術」（thershold technology）的東西——一種可以將我們所認為的時空連續體（time-space continaum）轉換成能源的裝置。

但在亞特蘭提斯最廣泛使用的能源之一還是晶石（crystal），它能夠轉換和強化照射在它的表面上的光線能量。

---

*海格力斯之柱是在西方經典中，形容直布羅陀海峽兩岸邊聳立海岬的代稱。海格力斯之柱以外即指大西洋。

亞特蘭提斯人充分利用了這種特性，晶石能量不僅被用來滿足類似於我們所熟知的基本能量需求，還被用於強化他們的農作物、他們自己的身體發育、擴展他們的思維能力、讓他們在年事已高的時候依然保持青春不老。

亞特蘭提斯人對於傑出的通靈者暨先知愛德加‧凱西（Edgar Cayce）*有著巨大的吸引力。我們將在本書後面幾章對此人進行具體討論。他對亞特蘭提斯大陸上的生活有許多細節性的描述，特別提到了一塊陀伊石（Tuaoi Stone），或者被稱為「火石」。那是一塊巨大的晶石，被安放在一座屋頂可以伸縮自如的建築物中，使它能夠根據太陽、月亮、星辰、大氣和地球本身發生變化。它能夠傳輸能量，為那片大陸的地表、地下和空中的各種物品補充能量；向遙遠的距離發射音訊和視訊訊號；以無線方式向整個亞特蘭提斯任何有需要的地方提供光和熱。

根據凱西和其他學者的說法，這塊強大晶石為亞特蘭提斯提供了巨大的好處，最終導致了那個偉大文明的毀滅。亞特蘭提斯人越來越沉迷於自身的力量，以及他們創造出的這個史無前例能量源頭，開始以越來越高的頻率「調諧」（tuning）這塊晶石。最後，這塊晶石造成了山脈崩潰、火山爆發，整片大陸就此沉入了大西洋海底。

---

*愛德加‧凱西是美國知名預言家，曾經對傳說大陸亞特蘭提斯做出預言與敘述。據說他擁有超自然能力，能夠在睡夢中回答治療疾病的方法。

　　儘管現在對於亞特蘭提斯是否真實存在，仍然有諸多爭議（這個問題在它從海底重新升起之前，都不會有確切的答案──不過，它會升起來的），但有明確的跡象顯示，它並不像懷疑論者相信的那樣，完全是虛構出來的。

　　1954 年有一期《美國地質學會公報》就報告了中大西洋海底山脊的探索情況，其中一段文字為：

　　石灰岩的岩化狀態表明，這裡的灰岩可能是在空氣中（亦即脫離水面的陸地上）岩化的。在一萬兩千年前，這座海底山（頂峰）可能曾經是一座島嶼。

　　1996 年三月份的《發現》雜誌則發表了一系列衛星照片，搭配文字說明：

　　大西洋中部的山脊沿著格陵蘭島附近的海洋中心蜿蜒而下，一直延伸到合恩角的緯度……在南非下方，西南印度洋山脊有如一枚嘶嘶作響的火箭射入印度洋，或者像某種巨型卡通深海鼴鼠留下的蹤跡。

　　也許正是馬雅人在他們最神聖的信仰中，認為亞特蘭提斯的毀滅具有如此重要的歷史意義，相信它代表一個世界的終結，才為亞特蘭提斯的存在提供了必要的證實。

阿茲特克（The Aztecs）

阿茲特克是一個曾經非常強大，如今也已經消亡的戰士文明。它的中心位於墨西哥谷地，大約從西元十二世紀開始興起。他們的早期歷史並沒有見諸於文字，只是透過一代代人口耳相傳，所以沒有辦法精確描述他們的源起。根據傳說，阿茲特克人來自阿茲蘭島，但阿茲蘭是不是一個真實存在的地方，這一點現在仍有爭議，它就像卡美洛（亞瑟王的首都）和亞特蘭提斯，一樣被籠罩在重重神話的迷霧中。但也有人認為阿茲蘭是真實的，它就位於猶他州或科羅拉多州。如果這一點被證明為真，便意味著阿茲特克人也許是從現在的美國西部去到了墨西哥谷地。而這個從美國南部疆域開始，未經歷史記載的移民過程，也許可讓我們重新思考一下現實──那些千里跋涉的人們可能正是美國原生居民的後代，他們比我們更有權利居住在這裡。在後期阿茲特克的遷移卷軸中，阿茲蘭被描述成一座湖中島嶼，棲息著大群蒼鷺，島嶼中心有七座神廟。有人說那就是猶他州安蒂洛普島上的七個洞穴，也許這一點可以證明它就是古代的阿茲蘭；還有一些人相信阿茲蘭最終將在佛羅里達境內或者附近被找到。但墨西哥國家人類學和歷史研究所的傑蘇斯‧豪瑞吉（Jesus Jauregui）十分確定地說：「阿茲蘭是一個神話中的地方，並不是歷史遺跡。」所以這方面的爭論和偶爾進行的探索研究，仍是進行式。

毫無疑問的是，阿茲特克人是在十四世紀由他們的酋長特諾奇（Tenoch）率領來到了墨西哥谷地。隨後戰神維齊洛波奇特利命令特諾奇，率領他未開化的野蠻部眾前往特斯科科湖上的一座沼澤島嶼避難，他們要在那裡建造起一座城市，用人類祭品敬拜維齊洛波奇特利。在阿茲特克人的族群中，這樣的行為並不罕見。特諾奇的城市就在那片條件艱苦的沼澤地帶落成，被命名為特諾奇提特蘭。從這個嚴酷的起點開始，阿茲特克帝國生根發芽，茁壯成長。直到大約 1520 年，西班牙征服者在埃爾南・科爾特斯（Hernán Cortés）的率領下，入侵了阿茲特克和他們在美洲遇上的每一個文明，在征服過程中，他們破壞了阿茲特克的全部遺留痕跡。

就像馬雅一樣，阿茲特克人根據自身發達的天文學，發展出一套非常複雜的曆法系統，不僅是為了標示他們的節日和短時間，還是為了記錄人類存在於地球上的長周期。他們將這個長周期描述為「五太陽傳奇」，每一個太陽傳奇都體現各自的歷史階段。在每一個太陽生活的時代裡，大地繁榮和平，新生命蓬勃發展，但是當太陽死去，世界就會陷入災難性的混亂之中。眾神讓大地煥然一新的過程，就是先將它摧毀。

第一個太陽被稱為「珍貴寶石太陽」（Sun of Percious Stones），它在暗夜之神和北方之神特斯卡特利波卡的命令下，被美洲虎摧毀。人們相信特斯卡特利波卡隨身帶著一面魔法鏡子，能夠釋放出煙霧、殺死他的敵人，所以他又被稱為「煙霧

鏡子之神」。

第二個太陽是「黑暗太陽」（Sun of Darkness）。在它死亡的時候，生命被一場前所未有的超級颶風所摧毀。召喚這場颶風的是羽蛇神克察爾科亞特爾（Quetzalcoatl），他也是造物主和天空之神。

第三個太陽是「火焰太陽」（Sun of Fire），它滋養所有的生命。特斯卡特利波卡送出的火焰終結了它。

第四個太陽是「水太陽」（Sun of Water），當它死亡的時候，會有一場大洪水毀滅世界。這場洪水來自於雨神和豐饒之神特拉洛克。阿茲特克人對這位神祇是如此畏懼，有時候甚至會溺斃自己的孩子作為對他的祭品。

根據阿茲特克曆法，我們現在正處在「運行太陽」（Sun of Movement）生活的時代，掌管這個太陽的是托納蒂烏——太陽神和高飛之鷹。他最終會造成毀滅性的地震，將世界分為兩半。

美洲原住民（Native Americans）

數千年以來，美洲原住民直到今天，依然認為這就是事實：若是請他們講一個有關於他們的故事，他們會告訴你關於自然、以及他們與大地母親之間虔誠的關係。

美洲原住民的來源至今仍是一個有爭論的議題。對於他們

到底來自於何方，不同的專家並沒有真正達成一致的共識。這方面的理論有：從史前時代通過白令海峽從亞洲而來的移民，到失落大陸亞特蘭提斯毀滅後從那裡逃出來的人。1492 年，當哥倫布在誤會中登陸聖薩爾瓦多島時，前來和他打招呼的本地土著都有著褐色皮膚和黑色頭髮，讓他相信自己已經成功地完成了前往印度的航行。他將這些人稱作「Indios」，也就是西班牙語印度人的意思，這也成為現代對印第安人稱謂的來源。

許多美洲本土部落都有自己的歷史、語言、儀式和預言，圍繞著他們與大地的靈性連接，以及他們的信仰。我們這顆星球的存續仰賴於人類學會如何對待自然萬物，其中絕對不能缺乏的便是一顆敬畏之心。

霍皮族預言（The Hopi Prophecies）

1959 年開始流傳一個非常精彩的故事，它有一部分被收錄在 1963 年一本公開出版的作品《霍皮之書》（Book of the Hopi）裡。這個故事講述了 1958 年一位名叫大衛・揚（David Young）的牧師，驅車穿越熱浪炙烤的沙漠地區時，看見公路旁有一位美洲土著長者。牧師停下車，提議可以載那位長者一程，那位長者沉默地接受了他的邀請。兩個人一言不發地坐在車中。車子開出幾英里之後，長者終於開始說話。

「我是白羽（White Feather），」他說，「一個霍皮人，屬

於古老的熊氏族……我一直沿著我族人的神聖道路旅行。他們居住在各個地方，東方有許多森林和湖泊；北方的寒冰和長夜之地；還有南方，我兄弟們的父執輩許多年前，用岩石在那裡建造了神聖的祭壇……我傾聽過從前的故事，未來的預言。今天，許多未來的預言變成了過去的故事。還未發生的少之又少。過去越漫長，未來就越短促。」

　　牧師只是全神貫注地傾聽著，那位非同尋常的長者繼續說了下去：

　　我的族人在等待巴哈那（Pahana），失落的白兄弟（根據霍皮族傳說，當他返回大地的時候，第五世界便開始），我們在這片土地上的所有兄弟都是如此。他不會像我們現在所知的白人那樣。現在的這些白人殘忍而貪婪。我們很早以前就得到訊息，這些白人會來。而我們還在等待的是巴哈那……

　　第四世界很快就會結束。第五世界將要開始。各處的長老們都知道這一點。多年以來，各種預兆幾乎都已實現，還未出現的預兆已所剩無幾。

　　這是第一個預兆：我們被告知會有白色皮膚的人到來，就像巴哈那一樣，卻又不像巴哈那一樣活著──那些人會搶奪不屬於他們的土地。會用雷霆攻擊他們的敵人。

　　這是第二個預兆：我們的土地上會出現滾動的輪子，上面

充滿了嘈雜的話語聲音。我的父親年輕時親眼看到了這個預言成真，白人用馬車載著他們的家人穿過了大草原。

這是第三個預兆：一種奇怪的獸，像是野牛，卻有又長又大的角。它們數量眾多，覆蓋了大地。白羽親眼看見了它們，那是白人的牛。

這是第四個預兆：大地上會有一條條鐵蛇縱橫穿過。

這是第五個預兆：一張巨大的蜘蛛網將貫穿整片大地。

這是第六個預兆：大地上會被石砌的河流交錯貫穿，它們會在太陽下形成圖畫。

這是第七個預兆：你會聽聞海洋變成了黑色，許多生命因此而死亡。

這是第八個預兆：你會聽聞許多年輕人留長了頭髮，就像我的族人。他們前來加入部落，學習部落的處世之道和智慧。

這是第九個，也是最後一個預兆：你將聽聞天空中有一居處，遠在大地之上。它會掉落下來，發生巨大的撞擊。它出現時會是一顆藍色的星星。在這之後不久，我族人的儀式就會結束。

這些預兆表明巨大的毀滅即將到來。整個世界會陷入動盪。白人將在他人的土地上與其他民族——那些擁有最初智慧曙光的人——作戰。會有許多濃煙和烈火的柱子升起，就像白羽曾經看到過的，白人在離此不遠的沙漠中所造成的那樣。只是那些到來的會造成瘟疫和巨大的死亡。

我的許多族人都理解這些預言。他們將是安全的。留下來生活在我族人土地上的人，也將是安全的。那裡將會重建。很快——之後非常快——巴哈那就會回來。他會帶來第五世界的黎明。他將在他們心中種下他的智慧種籽。甚至是在這個時候，那些種籽已經被播撒。它們將鋪平進入第五世界之路。

　　牧師和白羽在那一天分別之後，就再也沒有見過面，但這段非同尋常的經歷和那些預言，都成為了現代霍皮族傳奇的一部分。根據大多數人的解釋，白羽的預言分別有著如下的含義：

　　第一預兆：「雷霆」指的是槍。

　　第二預兆：明顯為乘著大篷車的殖民者到來。

　　第三預兆：「如同野牛，卻有著又長又大犄角的奇怪獸類」，指的是來到西南部和西部的殖民者所養殖的長角牛群。

　　第四預兆：「鐵蛇」指的是鐵路。

　　第五預兆：「巨大的蜘蛛網」指的是電線網。

　　第六預兆：「石砌河流」是混凝土高速公路。「太陽下的圖畫」很可能是炙熱的陽光照射在路面上形成的海市蜃樓。

　　第七預兆：「海洋變成黑色」指的是石油外洩造成的毀滅性災難。

　　第八預兆：「留起長髮的年輕人」、「加入部落，學習處世之道和智慧」指的是 1960 年代後期到 1970 年代早期的嬉皮運

動。嬉皮們對美國土著和印第安人以及他們的文化有著濃厚的興趣。

第九預兆：「有一居處……遠在大地之上。它會掉落下來，發生巨大的撞擊。」指的是 1979 年「太空實驗室計畫」（Skylab）的太空站墜落地球事件。

納瓦霍人的末日（The Navajo End of Days）

神奇的納瓦霍人作家雷·鮑德溫·路易士（Ray Baldwin Louis）在名為《當萬物來到終點時》（When All Things Come to an End）的短篇裡，以優美的語言描述了他的民族的語言和信仰。我將這個故事摘錄如下：

鳥雀將全部落在地上。獐會生出犄角。吹起的風再不會停歇。人們會在氏族內通婚，就像他們在部落之間嫁娶一般。會有話語響起，但那聲音太過微弱，許多人都無法聽見。敵人將穿透納瓦霍一族的堡壘。就在此時，萬物都將到達終點，所有世代的人會聚在一起。

但首先，四個重大的事件將會發生：一頭騾子會生出牠的同類；一個有著白髮和牙齒的嬰兒會在誕生時說話；饑荒會發生，許多人承受苦難；閃電會鞭打天空，從東到西。這些事情將代表世間萬物到達終點……

預見到未來的老人和女人教導他們的孩子秉承自身傳統，

不要背棄他們的信仰。如果他們不夠謹慎，當那一天到來之時，他們就會失去它……

我聽到（巫醫的）預言：他的藥囊將不再像過去那樣有力量，不會再被看重。它將被丟棄。沒有了它，族人將會迷失，再沒有力量對抗敵人。

根據對於古代納瓦霍聖歌的闡釋，「終結之時」並不會給這顆星球帶來毀滅。事實上，偉大之靈會返回地球，而他的到來將意味著新的黎明。他會將新的生命吹進人們的靈魂之中，地球上所有人都將「融為一體」，彼此相愛。人類將不再受到這個世界上各種苦難與危害的威脅和影響，一種充滿喜悅的新宗教會傳播到整個星球，這種宗教沒有先前那些宗教的偏見、專橫律條，而那些律條已經橫行了許多個紀元。

拉科塔族（The Lakota）

人類不可避免地必須開始珍視我們的星球，只有這樣才能讓它免於毀滅。這個理念在一則拉科塔族的預言中得到了美麗的表述。這則預言提到了「星辰一族」，許多部落都相信那是他們古老的外星祖先；另外還有「神聖母親」，那是他們稱呼大地的名字：

被你們稱作流星的星辰一族將回應母親的求救呼喚，來到

這片土地上。你們應明白,我們全都是有關聯的。所以星辰一族也是生命。他們是行星,在天空中,他們也有著其他軀體。

神聖母親正在為生命而呼喊。那些流星會聽到她的喊聲,回應她的求救。他們將從天空落下,擊中大地,強大的力量會讓許多事情在內部發生,正如同有許多事情會在外部發生。撞擊的結果會讓大地移動,導致作為神聖母親全部生命源頭的神聖火焰穿過她的身軀。

雨水將改變落下的方向。風將不再按照原有的路徑吹拂。已經存在了三百年的將不復存在。夏日將變成秋季。秋季將變成寒冬。寒冬則會成為春天。

動物和植物都會迷亂。會有你們所不能理解的大規模瘟疫爆發。這些瘟疫中有許多都誕於你們的科學家之手,儘管他們的本意並非如此。你們的科學家將這些怪物釋放到大地上。這些問題將會在你們的水中擴散,穿過你們的血液和食物,因為你們破壞了你們的神聖母親藉以清潔自身的自然之鏈。

只有那些學會如何在這片土地上生活的人,才能找到避難所。去鷹飛翔的地方,去狼遊蕩的地方,去熊居住的地方。在這裡,你將找到生命,因為生命總是會去水很純淨、空氣可以呼吸的地方。生活在有樹的地方。那是地球的肺,可以淨化空氣。有一個時代會到來,那將是超越氣候的時代。橫隔在實體與靈性世界之間的紗巾正在變薄。

布魯勒蘇族部落（The Lower Brule Sioux Tribe）

布魯勒蘇族的勇牛（Brave Buffalo）提出了一個意味深長的預言，關於大自然的神性，以及我們如何因為違背這份神性而讓自己身處險境，還有關於生命在這個宇宙中的永恆輪迴：

這是偉大淨化的時代。我們正處在一個不可逆轉的時刻。兩條腿的將要為大地上的生命帶來毀滅。這樣的事情以前發生過。它還會再次發生。神聖之環顯示出萬事萬物如何形成一個迴圈。舊的變成新的；新的變成舊的，一切都在不斷重複。白人沒有文化。文化是根植於大地中的。沒有文化的人不會存在太長時間，因為自然才是神。沒有與自然的連接，人只會飄零，變得消極，進行自我毀滅。

在開始的時候，我們有一種心智，那是積極的，是美麗之物，能夠在所有地方看到美。

切羅基預言（The Cherokee Prophecies）

切羅基是一個專注靈性的文明，他們相信每一天早晨，人類都應該感謝造物主，感謝大地母親，感謝天空父親，感謝他們所有的親人，感謝神聖的四方：東方，從大地生出營養與療癒的守護者；南方，風、天空和空氣的守護者；西方，給予生命的水元素守護者；還有北方，火的守護者。對於切羅基人來說，所有存在之間都是有聯繫的，一切存在都是有目標的，萬

事萬物都包含著生命的神聖火花。他們相信，當人們死去的時候，靈魂可以選擇成為幽靈，繼續生活在大地維度之中，如果有需要，就會被看見。換而言之，死亡並不存在，只是造物主暨偉大之靈賜予的一個永世迴圈。

切羅基人非常珍視他們長老的預言。這些預言透過受人尊敬的部落長老們豐富的口語描述代代相傳。以下是這些預言的一部分內容：

✦ 一條黑色的緞帶將會被建造出來，穿過陸地。一隻蟲子將開始在緞帶上移動。這是一個預兆，表明大地很快就會發生劇烈的震動。而那隻蟲子將會被拋入空中，開始飛行。（那條黑色緞帶被認為是第一條公路，而那隻在上面移動的蟲子被認為是第一輛汽車；汽車的大規模生產是從 1908 年開始的。在那之後不久發生的猛烈地震是第一次世界大戰；『蟲子被拋上天空』是飛機的廣泛使用。）

✦ 一片蜘蛛網將會被建起，跨越了整個世界。人們會透過它相互說話。（這則預言的數百年後，電線的確到達了全球的每一個角落。）

✦ 東方會有一個生命的跡象翻轉。它被死亡所環繞。終有一天，太陽會在西方升起，帶來第二次猛烈的地震，甚至比第一次還要可怕。（萬字紋十字架本來是生命的象徵，卻轉變成納粹的標誌；日本帝國的標誌是升起的太陽；而大地的『猛烈震動』則是比第一次世界大戰更加恐怖的第二次世界

大戰。）

✦ 大團大團灰燼從天空落下，從被它們籠罩的生物那裡製造出更多的灰燼，在許多年裡阻礙了新的生長。（原子彈非常符合這個描述。）

✦ 鷹會在某一天夜晚飛翔，落在月亮上。（1969 年，太空人尼爾‧阿姆斯壯向 NASA 控制室宣佈阿波羅 11 號太空飛船安全抵達月球，他只說了一句話：『鷹著陸了。』）

✦ 有一幢房子將在東方建起，那裡歡迎大地之上的所有人。它會放射出耀眼的光芒，就像陽光照射在沙漠的雲母上。（聯合國原址建成於 1945 年，它最初的總部在舊金山。1952 年，它遷移到紐約一幢有著閃耀金色玻璃帷幕牆的大廈裡。）

✦ 如果我們錯過機會，沒能在前兩次大地震動的時候團結起來，組成一個人類家庭，成為兄弟姊妹——就像我們曾經那樣——大地就會發生第三次震動，這一次的猛烈程度將是空前的。

切羅基預言的核心相信他們的靈魂來自星星，以星星種籽的形態誕生成為人類種族，帶來光和智慧。他們死去的時候，靈魂就會回到天上，重新成為星星。根據一些切羅基長老傳授的智慧，他們的祖先全部來自於傳說中的昂宿星團——在金牛星座中，那個星團組成了「公牛」的「眼睛」。

根據切羅基神話，昂宿星團中肉眼可見的六顆星星是離

家的孩子，因為玩得太晚，沒有在規定的時間回家，受到母親
的嚴厲懲罰。七個男孩認為憤怒的母親們一定不再愛護他們，
也不想要他們了，於是再一次從家裡逃走，回到村子外面的山
丘裡，也是他們一直玩耍的地方，開始圍成一圈跳舞，一個小
時接著一個小時，沒有停歇，口中吟唱著：「我們族人的靈魂
啊，帶我們進入那藍藍的天空。我們的母親不再想要我們，我
們想要與你們在一起。」

　　村子裡，男孩的母親們發現她們的兒子失蹤了，急忙去
山裡尋找他們。母親們跑進山裡，看見男孩們跳舞歌唱。突然
間，一位母親喊道：「看啊！他們離開地面了！如果我們不快
一些，他們就要永遠地離開了！」

　　當那些慌亂的母親趕到時，男孩們已經騰空在她們的頭頂
跳舞了。每一位母親都拚命跳起來，想要抓住自己的兒子，但
只有一個人成功，她勉強抓住了兒子的腳，用力把男孩拉下。
男孩重重地落在地上，將地面砸出一個深坑，大地卻迅速在男
孩周圍合攏，母親哭泣著跪倒。然後她抬起頭，看見另外六個
男孩在雲中舞蹈，隨後就消失在天空裡。

　　根據傳說，那七位母親餘生中的每一天再也沒有笑容，再
也不曾感受片刻歡愉，六位母親不斷地回到失去兒子的地方，
看向天空，尋找她們的兒子，而第七位則總是跪倒在地上，她
的淚水浸潤了大地。

　　有一天，六位母親看見在她們兒子消失的那片天空中，出

現了星星。那些星星就是人們所說的昂宿星團。第七位母親向吞沒她兒子的大地看過去，驚訝地發現那裡有一株小松樹生長出來。

因而直到今日，切羅基人認為松樹是最神聖的樹種之一，也保持向昂宿星團祈禱的傳統。

昂宿星團在另一個切羅基人最珍視、也最為著名的預言中，也有著重要的位置，那便是響尾蛇預言。當切羅基曆法在2012 年結束的時候，天空中的一個標誌也發生了變化。是的，切羅基和馬雅曆法在同一年結束並非巧合。切羅基人是馬雅和阿茲特克人從中南美洲遷徙到北方，最後在美國定居的分支。但響尾蛇預言的核心，紮根在古代切羅基長老們的教導之中。

就像所有文化都會將星星和它們的運行解釋成黃道系統和各種預言一樣，切羅基人也看到了他們自己的黃道。他們珍視自己的古老智慧，那是關於永恆或世間無常的故事，它被書寫在整個宇宙的面孔上，這個宇宙本身是由水晶製成的，以四根生皮繩子吊掛在被稱為「大地」的島嶼上方。儘管天國的輪廓始終保持不變，但在切羅基黃道內部的移動讓它看上去像是活生生的，能夠呼吸和變形，可以在生命永恆輪迴的背景中預兆地球的命運。

切羅基黃道有十三個星座，大部分被描述成動物，最為耀眼奪目的就是響尾蛇星座。切羅基人根據它寫下了一則預言：這條響尾蛇有一個頭，它的尾稍就是切羅基人所崇敬的昂宿星

團；在頭和尾之間是蜿蜒曲折、進行側向滑動（響尾蛇特殊的移動方式）的蛇身；蛇嘴上有五十二塊鱗片，「五十二」這個數字在極為複雜的切羅基曆法中佔據了一個關鍵位置。響尾蛇的外形保持著基本穩定樣貌，但蛇身上還是會有些不同的部位不斷地發生變化，時隱時現，而這些變化被解讀成關於宇宙過去、現在和未來的不同徵兆。

從 1994 年 7 月 16 日到 22 日，全世界的天文學家們都全神貫注地觀察休梅克－利維 9 號彗星，有著超過二十塊殘片墜落在木星的南半球一事。而切羅基曆法中早已預言了這個天文現象。在他們的神話中，這些彗星碎片其實是一個名叫「長矛指」（Spearfinger）的恐怖嗜血女巫對木星進行的攻擊。長矛指有四十英尺高，皮膚是石頭，沒有任何武器可以穿透。她擁有一根剃刀般鋒利的長手指，會用這根手指從背後刺穿她的獵物，剜出牠們的肝臟，連一點痕跡都不會留下，然後她會把肝臟一口吞下。不管撞上木星的是一顆破碎的彗星還是長矛指殘忍的攻擊，這個天象都被認為是切羅基民族從自滿中覺醒，開始變得警覺的預兆。

這次木星撞擊也被認為是獵戶座甦醒的預兆。這個天空中的獵人將會繼續他對昂宿星團少女們的追逐。（希臘神話中，昂宿星團的七顆星星是擎天神阿特拉斯的七個女兒，畢宿星團七姊妹同父異母的姊妹，她們被安置在群星之中，以避免獵戶座的追獵。）而木星和金星將開始相互戰爭，切羅基人的

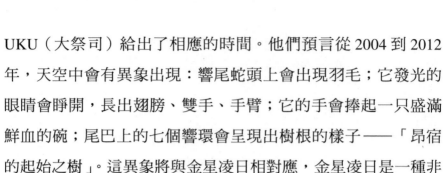

UKU（大祭司）給出了相應的時間。他們預言從 2004 到 2012 年，天空中會有異象出現：響尾蛇頭上會出現羽毛；它發光的眼睛會睜開，長出翅膀、雙手、手臂；它的手會捧起一只盛滿鮮血的碗；尾巴上的七個響環會呈現出樹根的樣子——「昂宿的起始之樹」。這異象將與金星凌日相對應，金星凌日是一種非常罕見的天象，地球、金星和太陽將排成一條直線，從地球上看過去，就好像金星正穿過太陽的表面。2004 年 6 月 8 日發生過一次金星凌日，天文學家預測它在 2012 年 6 月 5 ～ 6 日會再次發生。

在 2012 年，切羅基曆法就像馬雅曆法一樣，來到了一個終點。

有些南美洲的古印加文明中，「終點」標誌著造物之神、羽蛇神克察爾科亞特爾的到來。他經常被描述成一條長有羽毛的長蛇，就像是切羅基預言在終結來臨之時，天空中會出現生了羽毛的響尾蛇一樣。

對於切羅基人而言，2012 年的「終點」意味著一切都將重生。

蘇族和白野牛女子

（The Sioux Nation and the White Buffalo Woman）

對於蘇族來說，再沒有任何生物能夠比白色野牛更加神聖了。白色野牛犢的誕生非常罕見，這種現象曾分別發生在 1994

年、1996 年和 2005 年。整個北美大陸的美洲土著都因此舉行了慶祝儀式，向這些牛犢致敬。白色野牛被他們認為是希望和療癒的新生跡象，是預言實現的明證。「對於我們而言，」他們說，「這有如看到耶穌躺在馬槽裡。」

白色野牛女子的傳說是蘇族文化傳承中一塊美麗、意義重大的基石。鴉狗（Crow Dog）是蘇族的一位巫醫，他在描述白色野牛女子的重要性時說：「在她到來之前，人們不知道如何生活。事實上他們什麼都不知道。是那位野牛女子將她神聖的思想，灌注入到了他們的意識之中。」

這個故事透過蘇族長老和巫醫，由一代又一代蘇族人傳承下來，經歷了許多個世紀。它表述了一個傳統的戰士部落深刻的靈性本質，以及他們對於地球和大地之上所有人類的預言。

傳說中，在任何人都已無法追溯的久遠古早，有一個夏天，蘇族的神聖議會召集了蘇族大聯盟（Oceti-Shakowin，意為七色火焰議會，每一種火焰代表一個種族或部落）。眾人因為對族群的擔憂而聚集起來，安紮營寨。儘管陽光穩定明亮，但大地上卻沒有獵物可供勇士們狩獵，各個地方的人都在捱餓。每一天，議會都派出斥候去尋找可以捕獵的野獸，但他們什麼都找不到。

在前來參加議會的人之中，有一位名叫「屹立空角」（Standing Hollow Horn）的酋長，他率領著「無弓部落」（Itazipcho）。某一天破曉時分，屹立空角派遣兩名年輕的勇士前

61

去狩獵。那時蘇族人沒有馬匹，所以兩名勇士是步行出發的。他們在營地周圍一無所獲，決定爬上附近一座比較高的山頭，看一下遠方的原野中有什麼。

當他們爬上那座綠草覆蓋的小山，隨即注意到一個人影從非常遙遠的地方，向他們移動而來。看上去，那個人更像是在飄浮，而非行走。他們相信有一位神聖的人物來到了他們面前。那個人越來越近，兩人能看清那個嬌小的身軀是一位明豔、美麗的女子。她深褐色的眼睛彷彿充滿了能量，黑色長髮自由地披散在背後，只有其中一絡用野牛毛束起，顯得格外優美高潔。她的顴骨上畫著一個個紅色圓環，與深褐色皮膚形成了鮮明的對比。她那件閃閃發光的白鹿皮衣服上繡著神聖的圖案，顏色濃烈得令人神魂迷離。她的雙手拿著一個很大的包裹。

兩名勇士注視著她，完全呆住了。隨後，兩人之中的一個為她的魅力所折服，想要將她佔為己有，於是伸手去碰觸那女子。但那女子太過神聖，無法容忍自己成為世俗慾望的對象，於是這個衝動的年輕人突然被一團黑色烈焰吞噬，變成了一堆燒成灰燼的骨頭。

另一名斥候保持著沉靜，他心中只有純粹的敬畏。白野牛女子黑色的眼睛轉向他說：「我從野牛國度帶來了一個訊息給你們，連同我為你們在這個困難時期準備的神聖禮物。返回你的營地，讓人們為我的到來做好準備。你們的首領需要建造一棟

療癒廳堂，由二十四根柱子支撐，要讓它成為接受我的聖地。」

年輕勇士聞言急忙跑回營地，見到酋長屹立空角和其他人，氣喘吁吁地重複了白野牛女子的指示。人們立刻興奮地建起療癒廳堂，用二十四根柱子來支撐它，並舉行儀式讓它變得神聖潔淨。隨後他們便開始急切地等待那位令人尊敬的女子到來。

四天後，他們看見一個身材嬌小的人向營地走來。太陽照在她白色的衣裙上，放射出明亮的光彩。不久之後，眾人就感到自己沉浸在白野牛女子聖潔的氛圍之中，使他們滿懷敬意地低下了頭。酋長屹立空角走上前，向她致敬，他的聲音因為敬畏而變得低沉。「姊妹，」他說，「您來幫助我們，讓我們深感榮幸。」

白野牛女子示意眾人跟隨自己進入療癒廳堂，教導他們在二十四根柱子組成的環中央建立起神聖的大地祭壇。在她的指導下，他們撫平了祭壇的紅色土壤。她在上面畫出一枚聖徽，然後站在酋長面前，打開了帶來的包裹，從裡面拿出一根神聖的菸斗，名為查努帕（chanunpa）。她將這根菸斗舉到眾人面前，斗柄在她的右手，斗碗在她的左手。從那一天起，蘇族人便一直以這樣的姿勢持握查努帕。

白野牛女子在菸斗中裝滿菸草，環繞療癒廳堂走了四圈，代表沒有終結的神聖迴圈，如同偉大太陽的道路。隨後，她用一簇乾野牛毛和祭壇上的火點燃了菸斗，創造出永不熄滅的火

焰——佩塔奧維翰凱西尼（petaowihankeshini）。它將藉由一代又一代的蘇族人之手，永遠被傳承下去。

　　女子再一次向聚集在她面前的人們舉起菸斗。「這支神聖的菸斗，」她對眾人說，「將我們團結在一起，將神聖的大地和神聖的天空連結在一起。當你們的雙腳站在大地之上，菸斗的斗柄指向天空，你們便成為現世的禱告者，成為一座橋，連接大地、天空和一切生命，無論兩條腿還是四條腿，有翅膀還是完全沒有肢體的，以及樹木、野花和在風之靈的律動中低伏的青草，一切都是相互關聯的，一切都屬於一個家庭，圍繞這支菸斗結合在一起。這石雕的斗碗是野牛，也是紅色人的血和肉。野牛用四條腿站立，榮耀宇宙的四方和人類的四個紀元。當偉大之靈創造這個世界的時候，牠在西方被創造，以阻擋洪水。每一年，牠都會失去一根毛髮。在四個紀元中的每一個裡面，牠會失去一條腿。當野牛的毛髮和腿完全消失，無法再阻擋洪水覆蓋大地，神聖迴圈就會結束。」

　　然後，她將菸斗遞給酋長屹立空角，「尊敬這根神聖的菸斗，它就會護佑你們平安地到達這條路的盡頭。每一個世代，我都會回來一次，看顧你們。」

　　說完，她就從來時的方向離開了營地。酋長和他的族人尊敬地看著她朝落日飄去。突然間，他們看見已經飄遠的女子停下來，翻了個身，變成一頭黑色的野牛。她一下子又第二次翻身，變成一頭褐色的野牛。隨後她再次翻身，變成一頭紅色的

野牛。第四次翻身的時候，她變成了一頭美麗的白色野牛犢，一轉眼就消失在地平線之後。

白色野牛一消失，巨大的野牛群就奇跡一般地出現了。牠們將自己奉獻給蘇族的獵手，於是人們得到食物、存活下來。從那天開始，野牛成為蘇族摯愛的親屬。牠們為蘇族人提供了所需要的一切，從果腹的肉到製作衣服和帳篷的皮，還有能夠加工成各種工具的骨頭。

許多美洲土著部落都信奉、敬畏偉大之靈在創世的時候交付他們的一系列神聖指示。他們相信，只要遵循這些神聖的指示，就能夠讓神聖迴圈生生不息，永不停止。

造物主所致力推動的生命迴圈只會因為我們的意願而停止。這些指示竟是如此簡單，使我禁不住會想——無論我們有著什麼樣的文化和宗教背景，如果我們無法讓自身依循這樣的指示去行事為人，那完全是我們自身的恥辱。因為它們給予我們的是地球存續的可能，而要求我們付出的卻是那樣的少：

✦ 關心大地母親和其他膚色的人。

✦ 尊重大地母親和各種造物。

✦ 對所有生命充滿敬意，並為這樣的敬意而行動。

✦ 衷心感謝所有生命。正是因為這些生命的存在，我們才得以存在。在一生中的任何時刻都要感謝造物主。

✦ 去愛，並表達愛。

✦ 謙遜。謙遜是智慧和理解的禮物。

✦ 對自己和善，對他人和善。

✦ 分享自己的心情、個人憂慮和關切。

✦ 對自己誠實，對他人誠實。

✦ 為這些神聖的指示負責，分享它們給其他族群。

澳洲土著民（The Aborigines）

根據可信的資料表示，澳大利亞的土著居民在這片土地上已經生活了超過一萬八千年。他們是在各地流動、狩獵和採集的民族，就像他們古老的祖先一樣，四處遷徙，部落聚居，依靠口耳相傳將他們的文化、傳承和信仰傳授給下一代。澳洲土著民敬畏大自然，也敬畏長者和祖先。他們非常重視在自己人生的現實和靈魂層面取得平衡。他們也擁有恢弘燦爛的神話系統「夢幻時光」（Dreamtime），那是他們信仰的核心。

「夢幻時光」將生命編織進最神聖和最平凡的世界，它的核心是澳洲土著的神靈祖先們走過荒蕪、平凡的土地，將物質形體和神聖律法賜予土地的創生之時。

在澳洲土著民的傳說中，虹蛇（Rainbow Serpent）佔有重要的地位。牠們巨大的身軀游過大地，才讓地上出現了河川和山谷。

還有太陽女士比拉（Bila），她的火焰點亮了世界。

　　兩個蜥蜴一樣的怪物：庫德納（Kudna）和暮達（Muda），牠們毀滅了比拉，隨後降臨的黑暗讓牠們無比恐懼，於是牠們將迴旋鏢朝天空中的各個方向擲過去，想要把光帶回來。庫德納的迴旋鏢飛向了東方的天空，一顆燦爛的火球隨之出現，火球慢慢劃過天空，消失在西方的地平線後面，於是白晝和黑夜就此誕生。

　　澳洲土著神話中無數神靈和故事組成了一個精緻的基石，古老的文明由此建造起對於自然萬物的崇敬和信念：人類能夠生活在如此神聖的造物之中並為之服務，實在是我們的幸運與特權。

　　「夢幻時光」對澳洲土著民來說是真實的過去、現在與未來。它並非是發生在久遠之前、已經與現在沒有關係的過去，而是一種持之以恆的感悟和責任。如果忽略它，將會引來悲劇性的後果。

　　一位澳洲土著部落的長老古布・特德・湯瑪斯（Guboo Ted Thomas）向我們口述了一個預言，後來有人用文字將這個預言記錄下來。這個預言反映了澳洲土著簡樸、深刻的信仰，以及他們對於終末之日的理解。

　　我那時正在夢幻時光中。
　　我看見了這偉大的波濤行進。
　　我和人們講述了這個波濤。

它不是潮汐的波浪，

而是靈魂的波瀾。

所以，對我而言，我相信夢幻時光將會如此。

我相信這樣的復興將會在澳大利亞開始，當我們做夢的時候。

我所說的是嗡嗡唱響的蜜蜂。

還有愛。

我們要學會愛彼此。

你要明白，這正是將會在地球上發生的事。

我們將迎來大潮。

我們將遭遇地震。

這樣的事情會發生。

因為我們沒有將這片土地看成是我們的母親。

我們在破壞平衡，而且我們沒有讓它恢復。

我看著灌木叢。那些樹是活的。

它們並非死物，它們是活的。

它們想得到你的擁抱。

北歐神話（Norse Mythology）

對於世界末日的描述，很難找到比北歐神話更加豐富多彩、曲折複雜的版本。北歐神話稱世界的毀滅為「拉格納洛克」（Ragnarok），意即「諸神的黃昏」。它起源於前基督教時

代的北方日爾曼人、歐洲人和斯堪地那維亞的盎格魯—撒克遜人的信仰。其實，若深入探究「拉格納洛克」這個詞，只將它理解為「毀滅」或「末日」，那真是太保守了一些。

根據傳說的描述，「諸神的黃昏」首先會迎來芬布林之冬——一場人們想像中最殘酷的嚴冬風暴，將無休止地吹襲整整三年。在芬布林之冬中，也許是因為過於深重的苦難，人們開始互相殺戮，以彼此為食，放棄了一切道德的假相。這是末日來臨的第一個跡象。

隨後，一頭狼到來了，這頭狼的名字是斯庫爾。牠一出現就會吞吃掉太陽；牠的兄弟海迪會一口吃掉月亮，整個世界都將陷入黑暗。

接著三隻公雞啼鳴，召喚眾神和大地的巨人，甚至喚醒了死者。

大地開始在強烈地震中崩碎，山脈轟然倒塌，從地獄深淵中釋放出一艘裝滿死者的船。洛基正是這艘船的舵手，他的兒子芬里厄——另一頭有著血盆巨口的狼——就陪在他身邊。

海水猛烈翻動，塵世巨蛇耶夢加得出現在海中，海水的翻騰激怒了牠，讓牠向被稱為維格利德的末日戰場衝去。在那裡，大地上最後的戰爭正在進行，所有戰士們都聚集在一起、奮死拚殺。前往維格利德的路上，耶夢加得將自己的劇毒灑向海洋、陸地和天空。

海嘯的巨浪將大船納吉爾法從自身的繫錨處釋放出來。在

巨人希密爾的指揮下，這艘裝滿了巨人的船揚帆、駛向戰場。

從南方來了另一支巨人軍隊，它的統帥是火巨人蘇魯特，他手中擎著一柄比太陽更加灼熱的劍；當他和他的軍團向維格利德進軍的時候，這把劍將沿途的一切全都燒毀。

海姆達爾是維京人的光明之神，他看見戰士們從四面八方殺來，便吹響號角，召喚眾神。北歐的眾神之王奧丁、雷霆之神索爾，還有奧丁的兒子們和天堂裡的其他英雄神祇，都身披金甲，騎著壯麗的白色駿馬，來到了戰場上。

所有強大的生命紛紛趕來，直到神明、巨人和惡魔全都到齊，只為了這場北歐神話中恢弘壯麗的毀滅一戰。

奧丁和芬里厄立刻開始相互攻擊，他們的戰鬥持續了很長一段時間。

索爾攻擊劇毒之蛇耶夢加得，毀滅了牠，但巨蛇的毒液也緩慢、不可逆轉地殺死了索爾。

火焰巨人蘇爾特找上了沒有武裝的太陽和雨露之神弗雷，迅速將他殲滅。

獨手的英雄、光榮之神提爾，與地府的看門犬、巨大醜惡的加姆作戰，他們在戰鬥中同歸於盡。

洛基和海姆達爾，兩個人從人們有記憶開始就是不共戴天的死敵。他們廝殺在一起，都沒能活下來。

最終，奧丁和芬里厄的戰鬥結束。那頭邪惡的巨狼咬住、吞掉了奧丁。

奧丁的兒子維達在盛怒之下，用自己的一雙赤手殺死了芬里厄。

蘇爾特在最後一刻發生了猛烈的爆炸。他的火焰向各處迸飛，讓整個世界都燃燒了起來，所有還活著的生命全死於火海之中。

而土地也全都沉入了大海。

但這還不是結束。

在天堂裡有一棵非常特殊的樹——世界樹，或者被稱為尤克特拉希爾。這棵樹擁有世界上所有曾經生活過、以及將會出現的生命的精質。當世界毀滅的時候，有兩個人——利夫和利芙沙——躲在尤克特拉希爾庇護的枝幹間倖存了下來。幾位神祇也活了下來，包括奧丁的兄弟和兒子們，還有索爾的兒子們。

於是，當一個美麗、潔淨的新世界從海中升起，太陽與月亮也得以重生的時候，利夫、利芙沙和倖存的神祇們便欣然歡迎這個新世界，快樂地居住在那裡。這個新世界沒有邪惡，充滿了勃勃生機與安寧和諧。慢慢的，利夫和利芙沙的子孫後代在這個世界生息繁衍，數量越來越多。

至於之前那個世界的居民，他們死於蘇爾特的火焰中，或是皆已隨著陸地的沉沒而被淹死。不過他們的靈魂依舊存在。也許他們和格里莫利（諸神之家）的眾神在一起，或存在於布里米爾的輝煌光彩之中。當然，這都是一生行善之人的去處。

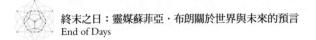
那些壞人將流亡到納斯特隆德，那是一個可怕的地獄夢魘，牆壁和屋頂完全是由活生生的毒蛇形成之處。

我必須承認，當我閱讀這些神話的時候，曾經不止一次因為其中對於世界末日荒誕無稽的描寫而失笑出聲，然後我會想起自己在天主教學校被教導的天啟災難內容，不由得又有些好奇，當北歐人讀到那些關於戴著王冠的蝗蟲從無底深淵中湧出、折磨所有額上沒有上帝痕跡的人時，是不是也會輕輕笑一下？突然之間，我覺得自己沒有任何立場可以笑話導致海嘯的巨蛇和吃掉太陽的惡狼了。我意識到，人類永遠都在竭盡全力拼湊出我們不可能認知的圖景，過去是如此，未來也一直會是。

Chapter 3

基督教、猶太教和天主教的
終末之日

　　我對世界上的各種宗教都十分熱衷，從大學時期開始研究它們，從此再也沒有中斷過。我相信這份熱情的種籽在孩提時代就已經被種下，我從家人們那裡同時受到了基督教、猶太教和天主教的影響，讓我的思想變得開闊，讓我對於人類不同的定義方式、溝通方式和崇拜造物主的方式，充滿了熱愛與好奇。這三種美麗信仰從它們的傳統到歷史事件的詮釋，再到它們對地球上的生命是否會終結，或者如何終結的信念之間的不同之處，就像它們每一個相同點一樣，令人著迷不已。

基督教（Christianity）

　　「末世論」（eschatology）這個詞在《韋氏大字典》中的定

義是：「神學的一個分支，研究世界或人類歷史上的最終事件；關於死亡、世界末日或人類最終命運的信仰；尤指基督教關於第二次降臨、死者復活或最後審判的教義。」而基督教末世論的幾個問題在《聖經》寫成上千年之後，世界各地的神學家們仍然爭論不休。

《聖經》的舊約和新約都充滿了對終末之日的預言，按照一般邏輯，通常認為如此豐富的資訊應該能夠給予我們一個清晰的結論。然而《聖經》中許多大災變的段落和章節，都被作者故意用象徵和符號做了掩飾，只因這些內容被書寫時的環境往往並不歡迎「先知和預言者」。作者也不願意清晰地表明終末之日的確切日期和時間，《馬太福音》24 章 36 節中，耶穌說過：

那日子、那時辰，沒有人知曉，連天上的使者也不知道，子也不知道，唯獨父知道。

因此關於《聖經》中末日災變的內容，不同解釋的數量幾乎就和研究過這些內容的學者們一樣多。

這些千差萬別的釋義數不勝數，隨便舉個例子來說：你們可以看到、聽到各種「專家」的警告，因為世上充斥了正在進行中的戰爭、頻繁爆發的各類自然災難，還有人們普遍認為的道德與宗教的墮落，在在昭示世界末日就在不遠的前方。否

則，所有這些「正確無誤的預兆」還能代表什麼？

　　迦太基的聖居普良（Saint Cyprian of Carthage）也有完全一樣的感覺。他在大約西元 250 年寫下了類似的判斷。在他之前，西元第一個世紀，基督徒們都堅信世界末日會在自己的有生之年到來，因為這個世界正在迅速地自我毀滅。可以肯定，人類的每一個世代，都會有至少幾位「專家」能夠找到、闡釋足夠多的預兆，確定末日即將到來，並以此來吸引公眾的注意。這種情況在基督到來之前就已經是如此了。

　　我本身不止閱讀過，更是深入研究過全部二十六個版本的《聖經》。根據這些研究，我總結出了一個非常簡潔的《聖經》末日預言清單，稱之為「重點」——因為實在找不出更合適的形容了：

✦ 所有獻身於主的虔誠基督徒都將從地上復活，被耶穌迎接到天上，得到永世的救贖。這種與基督在雲中的喜悅團聚稱為隨基督升天之喜（Rapture，被提）。

✦ 一個強大的敵基督將與以色列簽署一份七年的和平盟約。此約是神對世上所有邪惡的懲罰，這個世界被戰爭、瘟疫、自然災害和其他形式的苦難所折磨。這段可怕的混亂時期被稱為苦難時期（Tribulation，大災難）。

✦ 這個敵基督完全不顧自己簽下的和平條約，召集他的軍隊襲擊以色列。他塑造出自己的形象、放在廟宇裡，要求人們崇拜他、頌揚他的榮耀。

✦ 歷經七年的苦難時期以敵基督和他的軍隊對耶路撒冷的攻擊
而告終。在《聖經》所指的世界末日之戰中，耶穌回來了，
摧毀了敵基督及其所有士兵和追隨者。

✦ 最終，敵基督被永遠擊敗，基督為新的耶路撒冷和一個沒有
罪惡、沒有痛苦、沒有死亡的世界開闢出道路。

　　順便說一下，關於這一系列事件的無數爭論之一，就是
「被提」是發生在「大災難」之前、期間，還是之後。請不要
把我列出的這些重點內容，解讀為我已經將它們按照時間排
序，以為我也試圖在這場辯論中發表意見。事實上，在我看
來，《聖經》中提到的隨基督升天之喜是象徵性的，而不是字
面上的。舉例來說：

　　因為主必親自從天上降臨，必有命令的喊喝，和大天使的
　　呼召，並神的號角。因基督之名而死的人必將復活；然後是我
　　們這些活著的人，還存留世間的人，必將和他們一同被提到雲
　　裡，在空中與主相遇。於是，我們將永遠與主同在。

　　　　　　　　　　　　　　　──《帖撒羅尼迦前書》，4 章 16 ～ 17 節

　　這同樣是一種美麗的想像，只要結果是一樣的──「我們
將一直與主同在」──我猜測我們之中不會有人因為走在回家
的道路上，並沒有實際被提到雲裡、在空中與主相見的過程而

感覺失望。

《啟示錄》最常出現關於終末之日的預言。其中有許多內容都變成了傳奇，卻無法被清楚地理解，而我相信那本書中的任何內容都不是為了表達它們的字面意思。天啟四騎士的神話便是很好的例證。

根據《啟示錄》第 6 章，終末之日時，上帝會向人類施行一連串的判決，每一項判決都會比前一項更具毀滅性。第一項判決就是「七道封印」，前四個封印就是那四名騎士。

我看見羔羊揭開七印中的第一印……我注目而視，見有一匹白馬，騎在馬上的，拿著弓並有冠冕被賜給他，他就去征服，勝了又勝……

揭開第二道封印……另有一匹馬出來，色彩鮮紅，有權柄給騎在馬上的，被允許奪走地上的和平，叫人彼此殺戮。又有一把大刀賜給他……

揭開第三道印的時候……我注目而視，見有一匹黑馬。騎在馬上的，手中拿著天平。我聽到一個聲音……說：「一升小麥一銀元、三升大麥一銀元。不可糟蹋油和酒！」

揭開第四道印的時候……我注目而視，見有一匹灰馬。騎在馬上的，名叫死亡。冥府跟隨著他。有權柄賜給他們，可以用刀劍、饑荒、瘟疫，和地上的野獸，殺害地上超過四分之一

的人。

——《啟示錄》，6章1～8節

對於這段文字最常見的翻譯是：四騎士的第一位白馬騎士會帶來敵基督。第二位會煽動起毀滅性的戰爭。第三位會造成大規模饑荒。第四位會用更多戰爭、饑荒、瘟疫和凶惡的猛獸殺死許多人。天啟四騎士全都是終末之日的序曲，但他們更具有戲劇性的意象，顯然不是單純字面上所表達的意思。

我應該再提一下，七封印中的第五道是殉難的耶穌追隨者們的靈魂；第六道封印將釋放一場大規模、毀滅性的地震；地七道封印包含了七聲號角，它們會造成：

✦ 摧毀植物生命的火焰和冰雹。

✦ 如同一座巨大的山脈，燃燒著烈焰。（《啟示錄》8章8節）
撞入大海，毀滅了海洋中的生命和航行的船隻。

✦ 同樣的毀滅發生在湖泊與河流之中。

✦ 太陽和月亮變暗。

✦「惡魔蝗蟲」造成大規模災難。

✦ 規模同等的惡魔軍隊。

✦ 七位天使到來。他們捧著七只碗，裡面盛滿了上帝的憤怒。

同樣的，來自上帝的這一連串懲罰，只是接近終末之日的一個過程，而七天使帶來的七只碗是其中最為可怕的：

我聽見有偉大的聲音從殿中傳出來，吩咐那七位天使說：「你們去，把盛有上帝之怒的七只碗倒在地上。」

第一位天使就去，把碗傾倒在地上，就有惡瘡生在那些帶著獸（敵基督）的印記、拜獸像的人們身上。

第二位天使把碗倒在海裡，海就變成血，好像死人的血，海中的活物都死了。

第三位天使把碗倒在江河與眾水的泉源裡，水就變成了血。

第四位天使把碗倒在日頭上，教日頭用火烤人。有人被大熱所烤，就咒罵有權柄降下這許多災害的上帝之名，卻不悔改，不知將榮耀歸給上帝。

第五位天使把碗倒在獸的寶座上，獸的國就黑暗了……

第六位天使把碗倒在幼發拉底大河上，河水就乾了。

第七位天使把碗倒在空中，就有偉大的聲音從殿中的寶座上出來，說：「成了！」又有閃電、大噪音、雷轟和大地震——自地上有人以來，還沒有過這樣大、這樣厲害的地震。

——《啟示錄》，16 章 1 ～ 18 節

這些可怕的事件（苦難時期）依然和之前相同，只是一系列接近終末之日的過程，在它們之後才是最終的末日之戰「阿瑪迦頓」——善與惡的血腥戰爭。撒旦被捆綁、封印在無底深淵中一千年，根據《啟示錄》21 章 1 節：「一片新的天空和新

的大地。因為第一個天空和第一個大地已經過去，海也沒有了。」

關於《啟示錄》的話語

無論你認為終末之日是什麼樣子，例如相信它們基本上會依照《聖經》中的《啟示錄》發生，希望你能夠將這些令人不安的文字和精確的歷史紀錄分開來看待。

對於《啟示錄》的作者究竟是誰，學者和神學家們甚至沒有一致的意見，讓我們先假設它是使徒約翰所寫的——這是最常見的一種說法。

約西元 10 至 15 年，約翰出生在以色列加利利，是西庇太和撒羅米之子。當他成為耶穌的門徒時，他和他的兄弟雅各正從事他們父親的漁夫事業營生。約翰在耶穌受難的前夕和耶穌一起留在客西馬尼園，在所有門徒都離開後，仍然陪伴在即將赴死的基督身邊。耶穌將自己死後照顧母親瑪利亞的責任託付給約翰。

約翰和使徒彼得被定罪為「顛覆國家權威」。當時的羅馬皇帝尼祿和他的繼任者多米蒂安宣稱自己是「主和神」，他們迫害任何拒絕服從此宣告的人。尼祿是歷史上第一個有紀錄在案、操縱政府迫害基督徒的人。約翰被判流放到愛琴海的派特莫斯島，為期四年。據傳約翰便是在派特莫斯監獄的一個洞穴裡寫下了《啟示錄》。

約翰就這樣被關在一個毫無疑問帶給他許多痛苦的地牢裡。那時他已風燭殘年，他的兄弟雅各和朋友彼得已經殉道。他日復一日的生活一定是淒涼、殘酷和孤寂的。假設他便是《啟示錄》的作者，那麼書中的許多意象都是如此的淒涼、殘忍和孤寂，又怎麼會令人驚訝呢？

還有一點值得一提：那就是約翰的脾氣，他以激烈的個性出名。對於當時的政治，他懷抱著深深的憤怒，又親眼見證了新興的基督教所處的環境從寬容到極度嚴酷的轉變，政府開始暴力鎮壓基督教徒，拒絕否認自己信仰的基督徒經常被處刑、釘死在十字架上，或被餵給獅子作為娛樂節目。那麼，一個因為反對當權者搞個人崇拜而被監禁、遭受非人折磨的人，為什麼要寫一本從字面上理解完全是在頌揚上帝終極權能的作品呢？難道這不會讓他的生活變成更可怕的噩夢嗎？

有關於《啟示錄》的各種分析，我認為最平淡無奇的就是把它的象徵意義簡化成一個文字遊戲。例如，《啟示錄》13 章 2 節中寫道：「我所看見的獸像豹，腳像熊，口像獅子。」我聽過不止一位神學家指出「它的腳像熊」這句話，正是「顯而易見」對俄羅斯的指稱。然而，《啟示錄》是在三百年後才被添加到《聖經》中的，即使是在那個時間點，我仍然懷疑有人已經開始計畫建立一個名叫「俄羅斯」的國家，更不要說還會決定這個國家的形象將是一頭熊。約翰所針對的讀者是西元一世紀的人，我無法想像他會為了那時的讀者而隱晦地提出俄羅斯

這個國家。

我們還不能忘了，新約的原始手稿，包括《啟示錄》都早已消失無蹤。從西元第一個世紀開始，《啟示錄》的全部原始手稿就盡皆失傳了。如今我們對新約的瞭解，大多來自於西元二世紀至八世紀的希臘手稿，這些手稿在流傳的過程中也經歷了反覆的翻譯，其中很多內容都是早期神學家根據他們閱讀新約文本的個人記憶，甚至是基於其他人的口述所寫下來的。《啟示錄》屬於那些綜合了斷簡殘篇、大量經過後期編輯的文字和多重譯解的書目之一。我不知道在沒有約翰的原稿的情況下，怎麼能從字面上直接推定它的意思，況且我們首先還要確定約翰真的是它的作者。

在各位閱讀或重讀《啟示錄》的時候，我希望你們能夠將這一切記在心中，同時再思考一下其他的推測：

許多《聖經》學者認為這是一篇激烈的政治檄文——考慮到約翰所處的環境和他的性格，這種推論是可以成立的。

另一些人則根據理論，推測這是一系列痛苦的夢，被書寫在紙上。

「獸」在《啟示錄》中經常被提及，並與數字 666 聯繫在一起，於是 666 成為了邪惡的象徵。人們通常認為它指的是尼祿。「尼祿」這個名字在希伯來語的數字命理學中被稱為 gematria，翻譯過來就是數字 666。

根據知名預言家和預見未來者愛德格・凱西的解釋，《啟

示錄》與外在的鬥爭無關，而是在表達我們每個人都經歷過善與惡在精神內部的鬥爭。

最後，我認為過於僵硬地按照文字檢驗《啟示錄》，最大的危險可能是會錯過它最根本的資訊：無論「獸」有多麼邪惡和強大，無論戰鬥有多麼致命，最終勝利、榮耀和歡樂都屬於上帝。

　　我聽到偉大的聲音從寶座出來說：「看哪，神的帳幕在人間。祂要與人同住，他們要作祂的子民。神要親自與他們同在，作他們的神。神要擦去他們一切的眼淚；不再有死亡，也不再有悲哀、哭號、疼痛，因為以前的事都過去了。」

——《啟示錄》，21 章 3 ～ 4 節

關於《但以理書》的話語

《但以理書》經常被視作舊約版本的《啟示錄》，因為它包含了對大災變的預言。但就像《啟示錄》一樣，它也一直圍繞著許多爭論。

巴比倫軍隊在西元前 605 年進攻耶路撒冷的時候，年輕的但以理（Daniel）成為了戰俘，隨後的人生都在巴比倫度過，他為巴比倫王室，主要是為尼布甲尼撒王服務，以見證者、預言家和解夢師的身份，在巴比倫帝國生活了七十二年。

耶穌曾在橄欖山上對門徒談起過但以理，這些言語都被書寫在《馬太福音》24 章 15 ～ 16 節：

當你們看見先知但以理所說的，那行毀壞可憎的站在聖地（讀這經的人須要會意）。那時，在猶太的，應當逃到山上。

耶穌所提到的「毀壞可憎的」應該是特指兩百年以前的一件事。西元前 167 年，希臘統治者安條克四世（Antiochus Epiphanes）在耶路撒冷的猶太聖殿，建起了一座希臘主神宙斯的祭壇，並在祭壇上向宙斯獻祭了一頭豬。《但以理書》9 章 27 節便講述了這件事：

一七之內，他必與許多人堅定盟約，一七之半，他必使祭祀與供獻止息，那行毀壞可憎的如飛而來，並且有憤怒傾在那行毀壞的身上，直到所定的結局。

神學家的普遍共識是：「行毀壞的」將上帝的聖殿變成自我崇拜的地方，做出這可憎之事的人便會是敵基督。「一七之約」實際上是與以色列長達七年的和平條約，而敵基督將打破該條約，以他自己的方式在耶路撒冷聖殿做出毀壞可憎之事。《啟示錄》同樣提到了敵基督打破七年和約，以此作為基督第二次降臨、世界末日即將到來的預兆之一，這不是巧合。

事實上，舊約《但以理書》和新約《啟示錄》之間有許多非常相似的景象描繪，它們全都敘述了同樣順序的災難事件。

如但以理所說：「歷史的終結。」——死人復活；根據人類在地球上的行為對其進行審判，並基於審判的結果，將不同的人送上天堂或放逐地獄。

你會在本書關於先知的那一章中看到，以撒・牛頓爵士，一位傑出的數學家和《聖經》研究者，根據《但以理書》12 章 6～13 節中的暗示訊息，用一年時間計算出世界末日：

我問那站在河水以上、穿細麻衣的人：「這些奇事到幾時才應驗呢？」那個人……向天空舉起他的右手和左手。我聽見他指著那永生的人起誓說：「要到一載，二載，半載，打破聖民權力的時候，這一切事就都應驗了……從除掉常獻的燔祭，並設立那毀壞可憎之物的時候，必有一千二百九十日。等到一千三百三十五日的人便為有福。你且去等候結局，因為你必安歇。到了最終之日，你必起來，享受你的福分。

有些人認為《但以理書》是在西元前六世紀由但以理所寫的。另一些人則認為，它實際上是在許多世紀之後，由一位匿名作者或幾位作者撰寫的，並偽稱是但以理的作品，以增加其可信度。懷疑者提出了這樣的問題：

- 《但以理書》中包含了若干希臘詞彙。希臘佔領以色列是在西元四世紀，而《但以理書》一般被認為寫於西元前六世紀。

- 《但以理書》的最後一章指出，在最後的審判之後，人類將上天堂或下地獄。但在但以理的生活和著作時期，猶太人相信所有的死人都直接下到陰間（Sheol）。在希伯來語中，Sheol 指的是一個墳墓或地下的坑。在那裡，死者雖然還有意識，卻只能生活在一個永遠沒有希望、沒有快樂的場所中，與上帝分離。直到但以理死後數百年，希臘人對天堂和地獄的概念才傳入以色列。

　　無論《但以理書》是否為一部他人偽託在但以理名下的虛構作品，還是正如基督在橄欖山上所認可的那樣，是來自一位先知的真實智慧，裡頭關於世界終結的訊息與《啟示錄》是一致的，它們都強調最終邪惡將被擊敗，上帝將永遠統治一切敬拜他的人。

關於使徒保羅的話語

　　耶穌改變一個人一生，這在掃羅（Saul）的故事上是一個非常鮮明的例證。他的拉丁名字是保羅（Paulus），在《使徒行傳》22 章 1 ～ 8 節和 26 章 4 ～ 11 節，分享了自己的人生經歷：

　　我是猶太人，生在基利家的大數，但在（耶路撒冷）被養大，在名師迦瑪列的身邊成長，是按著我們教中嚴格的教規受的教育。我向來都是法利賽人，照我們祖宗的律法，熱心侍奉

上帝，像你們眾人今日一樣。

因此，我相信自己應該竭盡全力，反對以拿撒勒的耶穌之名而行的所有事。正因如此，我才迫害這道（Way，耶穌追隨者團體最初的名字），必致他們於死地，將男人和女人捆綁起來、送去監獄，大祭司和整個長老會都見證過我的行徑。當那些人要被處死的時候，我還投出了不利於他們的一票。

我從大祭司和長老會那裡領了給弟兄的書信，就往大馬色去，要把在那裡奉這道的人捆綁起來，帶到耶路撒冷受刑。當我在旅途中……忽然從天上有一道大光籠罩我。我就撲倒在地，聽見有聲音說：「掃羅，掃羅，為什麼迫害我？」我回答：「主啊，你是誰？」他回答：「我是拿撒勒人耶穌。」

掃羅因為天上的光而瞎了眼睛，三天不能看見東西，也不能飲食。門徒亞拿尼亞（Ananias）得到指示找到他，並將雙手放在他身上，恢復了他的視力，然後將他的使命告知他：「將我的名字帶給外邦人（那些猶太律法禁止有所交往的人，《使徒行傳》10 章 28 節）和以色列的國王以及兒子們。」（《使徒行傳》9 章 15 節）。這神聖的使命引領了保羅的三次傳教之旅，以及他收錄在新約中的書信所提出的教會的建立。

保羅得到的主要訊息之一涉及耶穌的回歸，天使在《使徒行傳》1 章 11 節中應許、描述了基督的回歸：

離開你們被接升天的耶穌，你們見他怎樣往天上去，他還要怎樣來。

保羅說，就是那一刻預示著這個世界的終結。

保羅相信終末之日將在第一個世紀之內來臨，這種想法多次出現在他的書信中，在那些寫給帖撒羅尼迦教會的信中尤其顯著。他催促他們做好準備：

那時，主耶穌同他強大的天使從天上在火焰中顯現，要報應那不識上帝、不聽從我主耶穌福音的人。他們要受刑罰，就是永恆的沉淪，離開主的面和他權能的榮光。這正是主降臨、要在他聖徒的身上得榮耀，又在一切信的人身上顯為稀奇的那日子。

　　　　　　　　——《帖撒羅尼迦後書》，1 章 7 ～ 10 節

你們敬重那在你們中間勞苦的人，就是在主裡面治理你們、勸戒你們的。又因他們所做的工，用愛心格外尊重他們。你們也要彼此和睦。我們又勸弟兄們，要警戒不守規矩的人，勉勵灰心的人，扶助軟弱的人，也要向眾人忍耐。你們要謹慎，無論是誰都不可以惡報惡；或是彼此相待，或是待眾人，常要追求良善。要常常喜樂，不住的禱告，凡事謝恩；因為這是神在基督耶穌裡向你們所定的旨意。不要消滅聖靈的感動；

不要藐視先知的講論。但要凡事察驗，善美的要持守，各樣的惡事要禁戒不做。

——《帖撒羅尼迦前書》，5 章 12 ～ 19 節

我們聽說，在你們中間有人不按規矩而行，什麼工都不作，反倒專管閒事。若有人不工作，就不得食。我們靠主耶穌基督吩咐、勸誡這樣的人，要安靜工作，吃自己的飯。

——《帖撒羅尼迦後書》，3 章 11 ～ 13 節

最後，保羅描述了終末之日。他的話中帶著希望。這一段可以在《帖撒羅尼迦前書》，4 章 13 節～ 5 章 11 節找到：

論到睡了的人，我們不願意弟兄們不知道，恐怕你們憂傷，像那些沒有指望的人一樣。我們既信耶穌死而復活了，那已經在耶穌裡睡了的人，神也必將他與耶穌一同帶來。我們現在照主的話告訴你們一件事：我們這活著還存留到主降臨的人，斷不能在那已經睡了的人之先。因為主必親自從天降臨，有呼叫的聲音和天使長的聲音，又有神的號吹響；那在基督裡死了的人必先復活。以後我們這活著還存留的人必和他們一同被提到雲裡，在空中與主相遇。這樣，我們就要和主永遠同在。論到時候、日期，不用寫信給你們；因為你們自己明明曉得，主的日子來到，好像夜間的賊一樣。人正說平安穩妥的時

候，災禍忽然臨到他們，如同產難臨到懷胎的婦人一樣。他們絕不能逃脫。弟兄們，你們卻不在黑暗裡，叫那日子臨到你們像賊一樣。你們都是光明之子，都是白晝之子。我們不是屬黑夜的，也不是屬幽暗的。所以我們不要像別人一樣睡覺，總要警醒謹守。因為睡了的人是在夜間睡，醉了的人是在夜間醉。但我們既然屬乎白晝，就應當謹守，把信和愛當作護心鏡遮胸，把得救的盼望當作頭盔戴上。因為神不是預定我們受刑，乃是預定我們藉著我們主耶穌基督得救。他替我們死，叫我們無論醒著、睡著，都與他同活。所以，你們該彼此勸慰，互相建立，正如你們素常所行的。

猶太教（Judaism）

《妥拉》（Torah）是《聖經》的前五卷，也是猶太教信仰的律法。《塔木德》（Talmud）是猶太律法和傳統的合集，描述了如何將《妥拉》的規則應用於各種情況。

根據《塔木德》的記述，我們所知道的世界將存在總共六千年，從上帝創造世界開始算起，根據猶太曆法，2008 年被計算為世界存在的第 5765 年，末日則是西元 2240 年。

世界末日在猶太教中被稱為 *acharit hayamim*，它將充滿了災難性的暴力，恐怖非常。一位《塔木德》的智者曾寫道：「就讓世界末日到來吧，但希望我不會活著看到它。」然而，

這個巨大的苦難時期之後，將迎來一個和平、神聖和全球靈性得以啟迪的時代。

猶太教傳統中對於世界末日預兆的描述有：

✦ 全世界的猶太流亡者返回耶路撒冷；

✦ 瑪各的王歌革（Gog）進攻以色列。雖然對這些術語沒有明確的解釋，但歌革被描述為以色列北方之地的君主，或「北方野蠻人」，可能是俄羅斯或中國（契丹）。以色列和瑪各格之間的戰爭，真正的阿瑪迦頓——最終末日之戰——它將是如此可怕，需要七個月的時間埋葬死者；

✦ 死者復活，或者說是得回生命（Resurrection）；

✦ 所有耶路撒冷的敵人被擊敗；

✦ 第三猶太聖殿在耶路撒冷被建立；

✦ 彌賽亞，或稱受香膏者到來。

彌賽亞是一名人類，他將接受塗膏，成為以色列的王。在阿瑪迦頓之後的事件中，他顯然會扮演一個關鍵而神聖的角色，從而迎來純淨的第七個千年，和全世界對於唯一上帝的崇拜。猶太教徒完全按照經文字面的意思理解這件事，他的回歸會被嚴肅對待，耶路撒冷也為他做了特別的準備。

在耶路撒冷舊城的一堵牆上有一個門口被稱為「金門」（Golden Gate），也被稱為「仁慈門」和「永生門」。根據猶太教傳統所述，彌賽亞回歸時，將穿過金門進入耶路

撒冷。但在 1541 年，當時統治耶路撒冷的奧斯曼蘇丹蘇萊曼（Suleiman）下令封閉這道門，據說便是為了阻止彌賽亞進入。直至今日，金門仍然封閉著。

在關於彌賽亞以及其事跡的猶太語言中，有如下數則：

✦ 他將是大衛王的子孫。

✦ 他將以人形到來，將是一位「虔誠的猶太教徒」。

✦ 邪惡和暴君將在他面前被擊敗。

✦ 他將擁抱所有文化和種族。

✦ 他將永遠驅逐饑餓、苦難和死亡，以永恆的喜悅取而代之。

✦ 以色列將從古老的廢墟中得以重建。

✦ 猶太人將不需學習就知曉《妥拉》，全世界都將認識上帝。

✦ 貧瘠的土地將變得豐饒。

✦ 戰爭武器將被摧毀。

作為猶太教信仰的核心，《以賽亞書》中包含有許多關於世界末日的預言。尤其是其 2 章 1 ～ 5 節：

末後的日子，主的聖殿的山必堅立，超乎諸山，高舉過於萬嶺；萬民都要流歸這山。必有許多國的民前往，說：來吧，我們登主的山，奔雅各神的殿。主必將祂的道教訓我們；我們也要行祂的路。因為訓誨必出於錫安；主的言語必出於耶路撒冷。祂必在列國中施行審判，為許多國民斷定是非。他們要將

刀打成犁頭，把槍打成鐮刀。列國不舉刀攻擊那國；他們也不
再學習戰事。

　　先知約珥（Joel）的預言也是希伯來聖經以及其末日觀的
重要組成。約珥生活在西元前 9 世紀到 5 世紀的某個時候，定
居於摩西將以色列人從埃及的奴役中解放出來、率領他們前往
的迦南地（應許之地，相當於今日以色列、西岸和加沙，加上
臨近的黎巴嫩和敘利亞的臨海部分）。

　　以色列人到達迦南時，遇到了許多複雜的問題。這片土
地已經被他人佔領，沒有安全可言，他們從不懷疑自己會遭受
攻擊，只擔心攻擊會發生在什麼時候。以色列人本身也缺乏組
織，沒有自治經驗。而迦南氣候乾旱，缺水，土壤堅硬多岩
石，幾乎不可能種植和培育可食用的作物。

　　在約珥的時代，約西元前 835 年至西元前 800 年，迦南的
南部地區猶大，遭到了蝗蟲的襲擊。蝗蟲吃掉了乾癟的莊稼。
蝗災之後是一場嚴重的乾旱，促使約珥向全能的神、掌管一切
的主說話。

　　約珥對這一連串災難性苦難的解釋是，這個民族因為他們
自身的罪受到了神的審判。他以比喻的方式將蝗蟲描述為行進
中的人類軍隊，並在《約珥書》1 章 13 ～ 14 節和 2 章 1 ～ 2
節中，寫下他的預言：

祭司啊，慟哭吧！祭壇的執事啊，哀號吧……召集一個莊嚴的集會……讓長老們和國中的居民聚集到你們的神、主的聖殿前，向主哀求。因為他們若不改邪歸正，敵人的軍隊就必吞滅這地，如同自然的力量一樣。酒醉的人哪，醒來吧，哭泣吧！

為了主的日子而哀歎吧！因為主的日子近了，這日到來，毀滅便從全能者而來……願這地的一切居民都戰慄，因為主的日子來到了……那是黑暗、陰晦、密雲、烏黑的日子。

就像絕大多數預言一樣，約珥也在預言中寫下了希望：

「雖然如此，」主說：「你們仍要禁食、哭泣、悲哀，一心歸向我，而不只是外表順從。」皈依主，你們的神。因為祂有恩典、有憐憫、不輕易發怒、有豐盛的慈愛、並且痛恨邪惡。
——《約珥書》，2 章 12 ～ 13 節

耶穌在世的日子，過了聖靈顯現的五旬節之後，門徒彼得在《使徒行傳》2 章 17 ～ 21 節中引用了《約珥書》2 章 28 ～ 32 節的話：

上帝說，在最後的日子，我要將我的靈澆灌給凡有血氣的。你們的兒女要說預言。你們的年輕人要見異象，你們的老年人要做異夢……我要將我的靈澆灌，他們要說預言。我在天

上要顯出奇事，在地下我要顯出神跡，有血、有火、有煙霧。日頭要變為黑暗，月亮要變為血。這都要在主到來的日子之前，那是大而清楚無誤的日子。凡求告主名的，就必得救。

根據猶太教的說法，彌賽亞以及全世界和平、歡樂、精神純潔的神聖時代，注定將在不可言說的苦難之後才能到來。因此許多猶太領袖都認為，猶太人在大屠殺時期所經歷的種種非人迫害、那一段失去上帝眷顧的黑暗歲月，都可以歷史性地視為彌賽亞即將到來的預兆，是黎明之前的深深闇黑。

天主教（Catholicism）

儘管天主教徒認為預測世界末日會在哪一年、哪一天是毫無意義的，但如果向一位在天主教學校長大、決心要成為修女的女子提問，她肯定相信世界末日在所難免，並且認為一定會按照《聖經》中所描述的那些順序發生以下事件：

一、死者復活

天主教會相信不僅死者的靈魂會復甦，他們的肉體也會復生，就像《使徒信經》裡特別寫明的那樣：

我信仰上帝，全能的聖父，

天地的創造者，

信仰祂的獨子，我們的主耶穌基督，

他是聖靈的化身，

由聖母瑪利亞所生，

在本丟·彼拉多手下受苦，

被釘在十字架上，死後被埋葬。

他下了地獄。

第三日他從死裡復活。

他升入天堂，

他坐在全能之聖父的右邊。

從此他要來審判活人死人。

我信仰聖靈，信仰神聖〔全世界唯一〕的天主教會，

聖徒的交流，

罪的赦免，

身體的復活，

和永生。

阿門。

二、全世界的審判

在所有地上的肉體復活之後，基督將坐在審判的寶座上，
人們將一個接一個地因為我們在世上的所做所為，得到應得的
公正審判。

人子要同他的使者一起，在他父的榮耀裡降臨；那時他要照各人的所行報應各人。

　　　　　　　　　　　　　　——《馬太福音》，16 章 27 節

三、世界的毀滅

在耶穌基督的命令下，世界將被毀滅，不是經由人類的手，也不是地質破壞或宇宙天體碰撞，而是純粹的超自然手段。

四、教會的勝利和主宰

基督和每一個他的忠實信徒將永遠一起生活、主宰世界，而所有追求邪惡、效忠魔鬼的人永遠被詛咒。

天主教會完全相信 *Parousia*（基督的第二次具身顯現），這個詞在希臘語中是存在或到來的意思。但它還有另一番含義，那就是耶穌復活後並沒有離開地球、從此不在這裡，他的靈每一年每一天每一分都在我們之中，正如他肉身死後在加利利向門徒顯現時的應許：

天上地下所有的權柄都賜給我了。所以，你們要去，使萬民作我的門徒，奉聖父、聖子、聖靈的名給他們施洗。凡我所吩咐你們的，都教訓他們遵守。看哪，我就常與你們同在，直

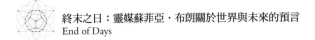

到世界的末了。

——《馬太福音》，28 章 18 ～ 20 節

　　我必不撇下你們。我必到你們這裡來。還有不多的時候，世人將不再看見我。你們倒要看見我；因為我活著，你們也要活著。到那日，你們就知道我在父裡面，你們在我裡面，我也在你們裡面。

——《約翰福音》，14 章 18 ～ 20 節

　　關於世界末日最著名、最有爭議的三個預言都起源於天主教會，說出這些預言的發聲者就像預言本身一樣引人注目。

畢奧神父（Padre Pio）

　　2002 年 6 月 16 日，一位出生於 1887 年的義大利修士畢奧，被羅馬天主教會晉升為聖徒。他的虔誠、他的慈善事業、他的苦難、他偶爾的嚴厲、他的神聖指導、有爭議的超自然力量——從治療到預言——都非常著名。最不同尋常和最具爭議的則是畢奧神父手上和腳上的傷痕，這些傷痕與基督在受難時所受的傷是一模一樣的。

　　畢奧神父在出生第二天接受洗禮，得到了「方濟各‧弗哲」這個名字。他在一個虔誠的天主教家庭長大，十歲的時候，被一個路過此地的年輕僧帽修士所吸引，受到這位修士的

啟發，他向父母宣佈：「我想成為一名留鬍子的修士。」他的父母非常高興，為了實現兒子的夢想，他們到處旅行，還為他請了一名私人教師。1903 年 1 月 22 日，15 歲的方濟各·弗哲成為畢奧修士，他選擇這個名字是為了紀念教宗聖庇護一世。

七年後，他成為了一名聖職神父。據傳，在他被授予聖職後不久的一個早晨，當耶穌和聖母出現在他面前、並賜予他聖痕時，他正在專心地祈禱。他祈禱傷口消失，並說：「我真的想要受難，哪怕是導致死亡的苦難，但我希望這只是一個祕密。」聖痕消失了，但只是暫時的。

雖然畢奧神父長期健康狀況不佳，但連續數年之中，他仍不斷進出多個宗教社區。無論走到哪裡，他都堅持日常彌撒和虔誠的生活。最終他成為了義大利加爾加諾海角一個名叫聖喬瓦尼·羅通多的農業社區的精神導師，在那裡發展並遵循了精神成長的五條規則：

每週懺悔

每日聖餐儀式

靈性閱讀

冥想

審視自我的良心

他還創建了自己的座右銘：祈禱、希望和不要憂心。

1918 年，在所有基督徒為結束第一次世界大戰而全心祈禱期間，畢奧神父的聖痕又回來了。首先是一個異象，在異象中，基督來到他面前，刺穿了他的肋旁，留下了一個明顯的傷口。幾周後，基督再次出現，在他的手上和腳上留下了明顯的傷口。這一次，耶穌被釘死在十字架上的五處傷口，伴隨神父的餘生長存。

畢奧神父的聖痕和他反覆見到基督的訊息就此傳開，他因此被無數的醫生檢查，被天主教會內外的信徒和詆毀者無休止地質疑。無論是好是壞，他成為了一個現象，一個萬眾矚目的源頭，大量的人群開始聚集在聖喬瓦尼‧羅通多這個小社區。教會被迫限制公眾接觸他以防止騷亂，最終他被命令停止所有與教會相關的責任和行為，只能進行私人彌撒。他越出名，對他的指控就越激烈。這裡可以舉幾個例子：

- 指他精神錯亂，最主要是他宣稱自己看見了耶穌基督。
- 指他是騙子，尤其是指控他使用醫療手段製造、維持身上的聖痕。
- 指他對女性有不道德行為，包括指控他在懺悔室中與女子交合。
- 指他「扭曲了男孩脆弱的生命和靈魂」，因此他被禁止在修道院教授年輕男性。
- 指他濫用資金。

　　許多指控他的人都是天主教會中的高階人士。1933 年，教宗庇護十一世（Pius XI）開始親自審視圍繞在這位名人神父的所有醜陋爭議。最後，教宗幾乎是憑一己之力，恢復了畢奧神父的名聲和尊嚴。教宗在一份聲明中宣告：「我對神父畢奧沒有不好的評價，而我得到的訊息卻很糟糕。」畢奧神父的職責和權力獲得恢復和提升。1939 年，教宗庇護十二世（Pius XII）甚至鼓勵信徒們去他那裡拜訪和朝聖。

　　1940 年，畢奧神父開始計畫在聖喬瓦尼‧羅通多建一所醫院，稱之為「減輕痛楚之家」。它於 1956 年正式開業，至今仍是歐洲最好的醫院之一。「減輕痛楚之家」給了畢奧神父的敵人們另一個機會來指責他挪用資金。但這一次，教宗保祿六世（Paul VI）高調宣告撤銷對他的所有指控。

　　畢奧神父的慢性疾病終於在 1968 年 9 月 23 日奪走他的生命，超過十萬人參加了他的葬禮。在他死後三十四年，他被教宗若望保祿二世（John Paul II）和羅馬天主教會封為聖徒。羅馬天主教會非常珍視他，不允許某些大主教和主教試圖摧毀他的名聲。

　　不管是否有意，那些在畢奧神父死前和死後幾個小時裡和他待在一起的人聲稱，在神父臨終時，聖痕便消失得無影無蹤了。

　　神父的佳名和惡名大多來自於他的療癒和預言的天賦。從無數療癒疾病的故事中，我們可以挑幾個例子出來，看看他那

神聖又獨特的力量：

　　一位家境貧寒的婦女趕了很遠的路，把她失聰的女兒送到畢奧神父那裡。畢奧神父立刻療癒了孩子的聽力。婦人懷著敬畏和感激之情，從小女兒的脖子上取下她唯一值錢的金項鍊，以奉獻聖母的名義獻給了畢奧神父。回到自己的家之後，第二天早上她醒來，卻發現那條金項鍊就在自己床上。

　　另一個生來就沒有瞳孔的盲童，由她的祖母帶到了畢奧神父面前。和畢奧神父在一起的日子裡，她生平第一次開始能夠看到、辨認物品。在這個小女孩康復前後，眼科專家都檢查過她，但他們無法解釋瞳孔如何在小女孩的眼睛裡生成。

　　一名男子將病入膏肓的孩子送到畢奧神父之前，當時醫生已經放棄了對這個孩子的治療。但當男子進入修道院時，畢奧神父卻把他趕出門外，高聲說這人不是信徒，所以沒有理由來「上帝的法庭」。這名男子非常傷心，準備帶著孩子返回家鄉莫斯科，卻碰巧遇到了一位當地的教授。男子向教授講述了自己的故事。教授說服他回到畢奧神父的身邊，承認自己的罪行。他聽從了教授的建議，第二天又帶著孩子去了修道院。一見到畢奧神父，他立刻非常誠懇地跪下來，落淚痛泣。畢奧神父扶他站起來說：「你做得對，你兒子會好起來的。現在，來懺悔吧。」他照做了，並且經歷了一次徹底的靈性覺醒，而他的孩子則被完全療癒。

　　畢奧神父最著名的預言之一，據說是耶穌基督透過他傳達的預言，描述了必將到來的天啟災難，部分內容如下：

　　我的孩子，我對於人的愛是極為巨大的，尤其是對於那些將自身給了我的人……那一刻已經臨近。到那時，我將去找到那些不忠於我的子民，因為當我施以恩典的時候，他們全不在意。我的審判會在他們想不到的時候忽然降臨，沒有一人能逃脫我的手。但我會保護正義的人。看看日月星辰，當它們顯得煩躁不安時，你們就知道日子已經不遠了。

　　你們要同心禱告，儆醒，直到毀滅的天使從你們門前經過。祈禱這些日子能被縮短。我的孩子們，要有信心。我在你們之中。我的國要得榮耀，我的名要蒙福，從日出之地到日落之處。我的王國沒有盡頭。

　　祈禱吧！人們正興高采烈地奔向地獄的深淵……幫助我拯救靈魂。罪惡的尺度已經滿了！報應的日子和可怕的事臨近了！比你們想像的還要近！整個世界都沉睡在虛假的安全中！神聖的審判將像青天霹靂一樣打擊他們！這些不敬神和邪惡的人將被無情地消滅……

　　把你們的窗戶關好。不要向外看。點燃一支祝福的蠟燭，它將延續許多天。用念珠祈禱。閱讀有靈性的書。做出讓我們如此愉悅的愛的舉動。伸開雙臂禱告，或匍匐在地，以便許多靈魂可以得救……

在這些日子裡照顧這些動物。我是所有動物和人類的創造者和保護者。我要先給你們幾個預兆，到時你們就可以在他們面前多放些食物。我將保護被選中者的財產，包括動物，因為他們將在之後也需要食物……

最可怕的懲罰將證明這個時代的到來。我的天使，他們將是這工作的執行者，他們已經準備好了他們的尖刀！颶風般的火焰將從雲層中湧出，蔓延到整個地球！暴風雨、災難天候、雷電和地震將會籠罩地球兩天。一場不間斷的火雨將會落下！它將在一個非常寒冷的夜晚開始。這一切都是為了證明上帝是創造的主宰。

那些對我抱希望、相信我的話的人，不用害怕，因為我不會拋棄他們，也不會拋棄那些傳播我訊息的人。那些受恩典，尋求我母親保護的人不會受到傷害。你們可以為這些將會到來的事做好準備……不要和房子外面的人說話。跪在十字架前，為你們的罪行道歉，請求我母的保護。無視此建議者將被立即處死。風將攜帶有毒氣體，這些氣體將擴散到整個地球。那些無辜地受苦和死去的人將成為烈士，他們將和我一起在我的王國裡。

撒旦會贏得世界！但是三個晚上後，地震和火災就會停止。隨後一天，太陽將再次發光，天使將從天而降，將和平的靈傳播到地球上。那些經受了最可怕的考驗、在降臨的懲罰中倖存下來的人，將會有一種不可估量的感激之情。這些考驗和

懲罰將是自從上帝創世時來到地球以後都不曾有過的⋯⋯

神聖平衡的重量已經到達地球！我父的憤怒要傾向全世界。我再次警告這個世界，就像我以前經常做的那樣。人類的罪惡越來越多。這個世界充滿了罪惡⋯⋯

我自己將在雷聲和閃電中降臨。惡人將看到我神聖的心。因為這完全的黑暗，遮蓋全地，就有大混亂。許多人將死於恐懼和絕望。那些為我的事業而戰的人將從我神聖的心得到恩惠。那喊聲：「**誰能如同上帝！**」應作為保護許多人的一種方式。然而有許多人要在田野被焚燒，像枯草一樣！不信上帝的人將被消滅，這樣之後正義的人將能夠重新開始⋯⋯

黑暗將持續一天一夜，接著又是一天一夜，又一個一天一夜——但在接下來的夜晚，星星將再次閃耀，第二天早晨太陽將再次升起，那就是春天了！⋯⋯

地獄會相信自己佔有了整個地球，但我要收回它⋯⋯

祈禱吧！祈禱吧！我親愛的聖母瑪利亞以及聖人和天使，將成為你們的代禱者。懇求他們的援助。你們要作基督的勇士。在光明回歸之時，讓大家感謝三位一體對他們的保護！破壞將是巨大的。但我，你們的神，必使大地潔淨。要堅信，我與你們同在。我一次又一次地警告人們，並經常給他們特別的機會，讓他們回到正確的道路上。但是現在，邪惡已經達到了頂點，懲罰不能再拖延了。雖然我的心痛苦、流血，但為了我的名字，我必須予以打擊。

告訴所有人，時刻已經來臨，這一切都將實現。

法蒂瑪預言（The Fatima Prophecies）

1917 年 5 月 13 日，11 歲的露希亞‧桑托斯（Lucia Santos）、9 歲的弗朗希斯科‧瑪爾托（Francisco Marto）和 7 歲的哈辛塔‧瑪爾托（Jacinta Marto），三個人帶著家裡的羊，到葡萄牙法蒂瑪鎮附近的科瓦達伊里亞山谷放牧。羊群正在安靜地吃草，孩子們正在玩耍，突然間，一道閃電從萬里無雲的天空中劃過，他們又困惑又害怕，開始趕著羊群回家。這時，又一道閃電出現了，一位身著白衣的女士在一棵小樹上現身。

「別害怕，」那位女士安慰被嚇壞了的孩子們。「我從天上下來，是要請你們在隨後的六個月裡，每個月第十三日的此時此刻都來到此處。到那時，我會告訴你們我是誰，我想要什麼。」

那位女士又傳遞了一些訊息和指示之後，便消失在一團雲光之中。

孩子們跑回家告訴父母這段奇妙經歷。但他們的母親們懲罰了他們，首先是因為撒謊，然後是因為他們拒絕承認自己說謊。孩子們的荒唐故事傳遍了法蒂瑪鎮，遭到了無情的嘲笑。

但隨後每個月的第十三天，孩子們都會乖乖地去科瓦達伊里亞，那位女士也從不讓他們失望。慢慢的，一個月一個月過去了，越來越多好奇的人開始跟著孩子們前去那個幻影出現

的地方。但除了三個孩子之外，沒有人能看到或聽到那位女士分享的重要祕密。最後，女士承諾在十月──也就是她出現在他們面前之後的第六個月──會發生一個奇跡，讓所有人都相信。

1917 年 10 月 13 日，將近七萬人跟著露希亞、弗朗希斯科和哈辛塔，冒著滂沱大雨來到了科瓦達伊里亞。在中午鐘聲敲響的時候，那位女士出現了，正如她第一次出現時所承諾的那樣，她向孩子們透露了她是誰，以及她想要什麼。

「我是玫瑰聖母，」她說，「我想要一座建造在這個位置上的禮拜堂，用來敬拜我。」

她再次上升，向天空張開雙手。在天空中，孩子們看到了《玫瑰經》的奧跡，隨後是約瑟夫、瑪利亞和嬰兒耶穌，他們祝福人群；接著出現了只有露希亞看見的神聖幻象：聖母瑪利亞在她復活的兒子身旁。

與此同時，附近的人群被同時出現在他們眼前的天空奇觀驚呆了：一直下著的雨突然停歇，太陽出現了。不可思議的是，太陽衝破雲層的那一刻就開始跳舞、旋轉，噴出一道彩虹般的火焰，在人群的臉上映照出彩色的光芒。然後，太陽在沒有任何預兆的情況下，以一次迅速、令人目眩的衝刺，似乎從天空中向七萬名目擊者猛衝過來，嚇壞了他們，使其中許多人相信世界末日就在眼前。但在幾秒鐘內，它改變了方向，回到了它在天上合適、無害的位置。直到人們開始從恐慌和困惑的

敬畏中恢復過來，才注意到自己的衣服和周圍的地面已經完全乾燥，而他們先前已經在雨中站了好幾個小時。

按照聖母的要求，人們在異象出現的地方建了一座神龕。1917 年 10 月那神奇的一天之後的三年裡，弗朗希斯科和哈辛塔死於席捲葡萄牙的流感瘟疫，露希亞進入了一所修道院，繼續受到聖母瑪利亞偶爾的拜訪；1927 年，聖母瑪利亞允許露希亞透露她對孩子們預示的三個預言裡其中兩個。她說，第三個預言在 1960 年之前不會公開。

在 1917 年 7 月 13 日與孩子們分享的第一個預言中，瑪利亞告訴三人第一次世界大戰將很快結束，而那場戰爭在一年之後的確結束了。她接著說，就在同一天，「一個被未知之光照亮的夜晚」將導致「一場更可怕的戰爭」。1938 年 1 月 25 日，一場令人驚歎的北極光以前所未有的亮度橫跨北半球天空，整個歐洲都可以看到。第二次世界大戰開始於 1939 年。

在她的第二個預言中，法蒂瑪女士警告俄羅斯將「在全世界傳播它的錯誤，促進戰爭……不同的國家將被消滅。如果人們聽從我的請求，把俄羅斯奉獻給我的純潔之心，俄羅斯就會皈依。」1984 年，教宗若望保祿二世將俄羅斯奉獻給上帝，許多人認為這實現了預言，導致了隨後蘇聯的解體或轉變。

至於第三個預言，露希亞把它寫下來，封在一個信封裡。她把這個信封交給了一位葡萄牙主教，並特意叮囑說要到 1960 年以後才可以打開和閱讀。那位主教把它交給了梵蒂岡。

　　1960 年，據說教宗若望二十三世打開了信封，但拒絕透露裡面的內容，並神祕地說：「這個預言與我的時代無關。」他的繼任者，教宗若望保祿二世據說也讀過這則預言。謠傳它指的是「穿白衣的主教」，也就是教宗在穿過成群的信徒時倒在地上，似乎死於一聲槍響。

　　1981 年 5 月 13 日，也就是法蒂瑪聖母在科瓦達伊里亞第一次出現在三個孩子面前六十四年後，一名土耳其槍手在聖彼得廣場企圖暗殺教宗若望保祿二世。教宗親自感謝這位聖母「指引了子彈的路徑」，挽救了他的生命。後來教宗將這顆可能致命的子彈交給了萊利亞—法蒂瑪（Leiria-Fatima）教區的主教，後者將這顆子彈放在法蒂瑪聖母聖像的王冠上。

　　2000 年 5 月 13 日，教宗若望保祿二世拜訪了露希亞・多斯・桑托斯修女。當時她已經 93 歲，是一名卡梅爾派修女。教宗還為她的表兄弟弗朗希斯科和哈辛塔祈福，他們被葬在聖母聖壇附近。羅馬天主教會在此之前和之後，再也沒有給那些不是殉道者的孩子進行過宣福禮。

　　最後，在 2000 年 6 月 26 日，梵蒂岡發布了整整四十頁第三個法蒂瑪預言的文本，它由修女露希亞在 1944 年 1 月 3 日以葡萄牙語寫成，最終被翻譯成英語、法語、義大利語、西班牙語、德語和波蘭語。

　　以下是法蒂瑪聖母第三預言的部分節錄：

在我們的聖母的左邊稍高一點的地方，我們看到一位天使，左手握著一把燃燒的劍。火焰一閃一閃，彷彿要把整個世界都燒起來。但是，當我們的聖母從她的右手向他放射出華美光彩時，那火焰一碰到那光就消失了。天使用右手指著地面，大聲喊著：「懺悔，懺悔，懺悔！」

　　我們在巨大的光中，那是上帝之光，我們看到了：「有些像是人們經過鏡子時的樣子」一位穿白衣的主教：「我們覺得那是聖父。」其他的主教，修士，男男女女信徒都走上一座陡峭的山，山頂有一個大十字架，是由粗糙的樹幹做成的，好像是帶有樹皮的軟木橡樹。到達那裡之前，聖父經過一座有一半是廢墟、有一半在顫抖的城市。他腳步蹣跚，痛苦和悲傷折磨著他。他在路上遇到屍體，為這些屍體的靈魂祈禱。到達山頂，他在大十字架下跪倒。一群士兵向他發射子彈和箭頭，將他殺死。一個接一個的其他主教、修士、男女教徒、不同階級和立場的人以同樣的方式，在那裡死去了。在十字架的兩臂之下，有兩個天使，每個天使手裡拿著一只水晶灑器（盛聖水的盆），他們收集了殉道者的血，灑在前往上帝那裡的靈魂上。

　　紅衣主教約瑟夫・拉辛格（Joseph Ratzinger）是羅馬天主教會的信仰教義教長，他將法蒂瑪聖母的第三個預言完美地概括為「三聲呼喊，『懺悔，懺悔，懺悔！』」從整體上看，他相信預言應該是這樣的：

　　這是一個令人安慰的異象，尋求開啟一段血和淚的歷史，直至上帝的療癒能力。在十字架的橫臂下，天使聚集了殉道者的鮮血，用它給那些走向上帝的靈魂生命。在這裡，基督的血和殉道者的血合而為一：殉道者的血從十字架的臂上流下來。殉道者死於對基督之愛的交融中，他們的死與基督之死合為一體……既然上帝自己擁有一顆人類的心，並因此引導人類走向善的自由，選擇惡的自由就不會再有置喙之地。從那時起，得勝利的話將是這樣的：

　　在世上，你們有苦難，但你們可以放心。我已經勝了世界。

──《約翰福音》，16 章 33 節

　　法蒂瑪的訊息讓我們相信此一應許。

瑪麗亞・埃斯佩蘭薩（Maria Esperanza）

　　瑪麗亞・埃斯佩蘭薩被認為是當今世界上最有天賦的神祕主義者和預見者之一。她出生在 1928 年的委內瑞拉。在她五歲的時候，見到了「耶穌的小花」聖女小德蘭（Saint Therese）的幻象。聖女將一朵玫瑰拋給瑪麗亞，便有一朵玫瑰花出現在女孩的手中。瑪麗亞十四歲的時候，倍受肺炎和心臟問題折

磨，人們都認為她活不久了。但瑪麗亞以自己堅定的信仰力量向耶穌祈禱，乞求一個快樂的死亡或是完全被療癒——這顯然也是聖父的意願。萬福瑪利亞立刻出現在她的面前。就在那一刻，瑪麗亞奇跡般地恢復了健康。

1954 年，瑪麗亞前往委內瑞拉的一所修道院，為她的人生方向祈禱指引。就是在那裡，聖女小德蘭又出現在她面前，向她拋出一枝玫瑰。這一次，當瑪麗亞伸手去拿時，她的手被一根刺紮了。這只是一個小傷，但預示著瑪麗亞將在她餘生的每個耶穌受難日都承受聖痕——基督在十字架上所受的傷。

1954 年，瑪麗亞在羅馬接受了教宗庇護十二世的祝福，在她停留期間，聖母再次出現在她面前，帶來了另一段訊息：

妳將成為七個孩子的母親：六朵玫瑰和一根幼芽。

1956 年，瑪麗亞嫁給了梵蒂岡衛隊的一名成員，在這段婚姻中，她生育了一個兒子和六個女兒。

1984 年，瑪麗亞和近五百名目擊者，在委內瑞拉卡拉卡斯附近一個叫貝塔尼亞的地方，看見聖母瑪利亞顯現。最受尊敬的主教兼心理學家皮奧・貝洛・里卡多（Pio Bello Ricardo）採訪了目擊者。里卡多與梵蒂岡討論後，宣告這次聖母顯現是真實的，並宣佈貝塔尼亞是「聖地」。

瑪麗亞・埃斯佩蘭薩在 2004 年 8 月 7 日去世前，接受作

家兼傳記作家邁克爾‧布朗（Michael H. Brown）的採訪時，
講述了她對基督第二次降臨和世界末日的預言：

這將和人們所想的完全不同。他〔耶穌〕將無聲地到來。
慢慢地人們就會認識到他在我們之中……在那些日子裡，一個
他深愛、無辜的人會死去，一個無辜的人。這將震驚世界，將
感動世界。很多人會因此而得信仰。他會消失幾天，然後再出
現。

當他消失的時候，人們又會回到混亂無序的狀態。他將在
多地同時出現，他將變成多個，幫助每個人，在他們的家中，
因為這將是一件確定的事情。他會來敲每一扇門。然後人們就
會意識到那真的是他。他暫時讓人看見自己，然後就不見了，
直等上帝命定該怎樣行。

他復活的方式，就是上帝向你、向我顯現的方式……作
為一個幻影……他已經在我們中間，卻不讓我們看見。在這個
物質的現實世界裡，我們的大腦只能看見上帝要我們看見的東
西，但只要上帝稍微觸摸一下，就會在我們的大腦裡打開另一
扇小門，看見耶穌。無論什麼時候上帝要我們看見他，我們就
能看見他……

當他在榮耀裡降臨的時候，就是末日的審判，就是世界的
末日。若他現在來了，迎接他的，就是教宗和世上一切忠心的
人，不是別人，因為他們在期盼他，在等候他。

在這樣的顯現之前的歲月裡，將會有來自天堂的非常之光。許多自然和政治事件也將發生，以進行淨化和準備。

天主教數個世紀以來的世界末日

對於一名天主教學校的畢業生，末日預言是教會豐富、珍貴的傳統遺產，有些預言起源於《聖經》，而另一些則被認為是上帝向這個世界傳達的訊息。

例如，生於 1094 年的聖馬拉奇（Saint Malachy），是第一位被教宗克萊孟三世封為聖徒的愛爾蘭聖人。據說他擁有上天賜予的懸浮、治療、洞察和預言能力。他最著名的幻象是在恍惚中出現的，他看到了從他那個時代一直到世界末日的所有教宗，寫下了對他們每個人簡短的描述，並將其交給教宗伊諾增爵二世。直到 1950 年，手稿才再次被發掘出來，從那時起，它就成為爭議的來源。最後幾任教宗，根據聖馬拉奇在 12 世紀早期的預言，將是：

✦ 聖馬拉奇稱他為「花中之花」（The Flower of Flower）。這被認為是保祿六世（1963～1978），他的盾形紋章上有三朵鳶尾花。

✦「半月」（Of the Half Moon），被認為是若望保祿一世。他出生於義大利的貝盧諾教區。貝盧諾（Belluno）的意思是「美麗的月亮」。在 1978 年 8 月 26 日月亮半滿時，他被選為教宗。一個月後，就在一次月食之後不久，他逝世了。

✦「太陽的辛勞」（The Labor of Sun），被認為是教宗若望保祿
　二世。他的教宗任期從 1978 年到 2005 年。1920 年，他出
　生的那天早上，歐洲上空出現了一次幾乎是日全食的現象，
　教宗的出生地波蘭顯然也在這次日食的籠罩範圍之內。至於
　「辛勞」這個詞，意指他是教會歷史上遊歷最廣的教宗。

✦「橄欖的榮耀」（The Glory of the Olive），這是教宗本篤十六
　世，第 265 位教宗，於 2005 年當選。聖本篤會（The Order
　of Saint Benedict），又稱為橄欖色會眾（Olivetans），宣佈
　倒數第二位教宗將來自他們，並將「領導天主教會與邪惡抗
　爭」。

✦「羅馬人彼得」。根據聖馬拉奇的說法，最後的教宗將是撒
　旦，以一個名叫彼得的人的形態出現，他將激發全世界的忠
　誠和崇拜。他將是人們長久以來等待的最後一個敵基督，他
　將「在許多苦難中餵養他的羊群，在此之後，七山之城〔羅
　馬〕將被毀滅，可怕的法官將審判人民。一切終結。」

　　一位名叫約翰內斯・弗里德（Johannes Friede, 1204 ～ 1257）
的奧地利僧侶寫了下面的預言，這個預言在七百多年後仍然被研
究和爭論：

　　人類必將面臨最後的嚴厲審判。當這個偉大時刻到來時，
將會有大自然的驚人變化作為它的預兆。冷熱交替將變得更加

強烈，風暴將有更多的災難性影響，地震將摧毀大片地區，海洋將漫過許多低地。這些並不全是自然力量所造成的結果，而人類也將深入到大地的內部，又將觸及雲層，用自己的生存去賭博。在毀滅力量的設計成功之前，宇宙將被拋入混亂，鋼鐵時代將陷入虛無。當夜晚變得更加寒冷，白天變得更加熾熱時，一個新的生命將在大自然中開始。熱意味著來自大地的輻射，冷意味著太陽光線的減弱。再過幾年，你們就會意識到陽光已經明顯地變弱了。當你們的人造光也失去功效的時候，天上的大事就要來臨了。

聖樊尚・費雷爾（Saint Vincent Ferrer, 1350～1419）是一名多明尼加傳教士，據說他的信徒超過一萬人。他過著一種簡樸、自律的生活，服務了無數的孩子，治癒了無數苦惱的靈魂和患病的軀體，最終被教宗加理多三世封聖。根據他的預言：

革命和戰爭的毀滅之後到來的和平時期，乃是世界末日的前奏。那時，基督徒們對於宗教的虔誠會變得無比鬆懈，他們會拒絕接受堅振禮，說：「這是一種不必要的聖禮。」

教宗庇護十世（1835～1914）一開始拒絕了教宗的提名，因為他覺得自己不配這份榮譽。他最終在 1951 年被庇護

十二世封為聖徒，充分說明了他是多麼誤解了自己。

1909 年的某日，庇護十世在接受方濟各修道會使團的覲見時，似乎進入了一種恍惚狀態。幾分鐘後，教宗睜開眼睛，站起來高聲說：「我看到的太可怕了！是我，還是它會成為繼任者？可以肯定的是，教宗將離開羅馬，他在離開梵蒂岡時，將不得不從他的修士的屍體上走過！」然後他要求房間裡的每個人對這番話保密，在他活著的時候萬萬不要洩露出去。

在他去世之前不久，他看到了第二個幻象，更加闡明了他之前看到的第一個幻象：

我見過我的一個繼任者，和我同名，他跨過他的同胞的屍體逃跑了。他必投靠在隱密處，但在短暫的喘息之後，他就會悲慘地死去。對上帝的尊敬從人們的心中消失了。他們甚至想抹掉對上帝的記憶。這種反常正是世界末日的開始。

Chapter 4
其他偉大宗教和世界的終結

　　請不要因為這一章標題中有「其他」二字，就認為本章所涉及的內容「不那麼重要」。大多數人可能已經知道，我出生在一個天主教／猶太／路德宗／聖公會的家庭，此生都在研究世界宗教。所有宗教都很迷人，它們全都包含著非常美麗的特質。無論你是否同意這些信仰的每一個細節，它們都值得我們的關注和尊重。

伊斯蘭教（Islam）

　　伊斯蘭教的追隨者被稱為穆斯林（Muslims），他們相信在西元 570 年，真主（或稱安拉 Allah），將最後一位先知派到地球上向人類傳遞祂的訊息。這位先知就是穆罕默

德（Muhammad），他出生在麥加，也就是現在的沙烏地阿拉伯。穆斯林認為穆罕默德是人，不是神的一部分，所以他們從來不稱他為安拉。安拉是唯一的神，人類的創造者，無所不能，無所不知，無上仁慈，至尊至高，是宇宙中唯一值得崇拜的個體。

穆罕默德很小的時候就成了孤兒，由叔叔阿布‧塔利布（Abu Talib）撫養長大。他在人生早期就已經因為他的智慧、誠實、慷慨和真誠，得到了眾人的認可。四十歲時，他經常去麥加附近的希拉洞靜修，天使加百列出現在他面前，給他帶來了最初的啟示，這樣的啟示一直持續了二十三年。真主透過加百列天使給予穆罕默德的這二十三年啟示，最終成為伊斯蘭教的聖書《古蘭經》（Qur'an）。

穆罕默德去世時享年 63 歲。在他死後的一百年裡，伊斯蘭教傳遍了整個歐洲和亞洲，遠至中國。穆斯林視穆罕默德為真主最後的使者和先知。儘管如此，他們還是嚴格地只崇拜真主。

沒有什麼比伊斯蘭教復活日（Qiyaamah）的終末之兆，更能完美地概括伊斯蘭的世界末日觀了，它是伊斯蘭世界最著名的預言之一：

大地會塌陷：

一個在東方，

一個在西方，

還有一個在沙烏地阿拉伯的漢志。

霧或煙將籠罩天空四十天。

無信仰者會失去知覺，

而穆斯林會生病〔嚴重感冒〕。

然後天空就會放晴。

大霧之後是一個夜晚，足有三個夜晚那樣漫長。

這事將發生在埃德爾・亞哈之後的茲爾・哈吉月 *，

並且叫眾人大大不安。

三個夜晚長的一夜過後，

第二天早晨太陽將從西邊升起。

這次事件之後，人們的懺悔將不會被接受。

一天之後，野獸將奇跡般地在大地上

從麥加的薩法山出現，導致地面裂開。

那獸能和人說話，還能在人的臉上做記號，

使信仰者的臉閃閃發光，而無信仰者的臉變黑。

來自南方的微風使穆斯林的腋窩生瘡，

結果他們就會死。

克爾白 *聖石將被一群非穆斯林的非洲人摧毀。

---

*埃德爾・亞哈（Eidul-Ahja）：古爾邦節，又名宰牲節。
　茲爾・哈吉月（Zil-Hajj）：伊斯蘭曆法的最後一個月。
　克爾白（Ka'aba）：麥加聖城中心的長方形石頭建築，存放了天使加百列
賜給亞伯拉罕的神聖黑石。

Kufr〔無神性〕將會氾濫。

Haj〔麥加朝聖〕將中斷。

《古蘭經》將從人們心中被取走，

統治者穆誇德死後三十年，

大火會隨著人們來到敘利亞，之後就會停止。

在第一次之後的幾年，

復活日〔伊斯蘭的〕以 Soor〔小號〕被吹響開始。

誰也不知道這一年。

復活日將會遇到最糟糕的造物。

值得一提的是，穆斯林非常尊重耶穌，說到他的名字時一定要加上「願和平歸於他」的敬辭。《古蘭經》提到了基督完美無瑕的誕生，承認了他的奇跡，並預言了他的第二次降臨。伊斯蘭教信仰相信在最後的日子裡，耶穌和伊瑪目，亦即穆罕默德的後裔、先知馬赫迪（Imam Mahdi）將來到地球，聯合起正義的力量對抗邪惡，迎來世界末日。

印度教（Hinduism）

印度教是世界第三大宗教，有超過十億信徒。它被認為是在西元前 4000 年到 2200 年間開始出現於印度北部。關於它的信仰起源有一些分歧，有一種觀點認為它是由印歐人的入侵帶來的，

這些雅利安入侵者尊奉一種被稱為「吠陀」（Vedism）的宗教；另一種觀點則認為它是從印度已經建立的吠陀文化發展而來。

與世界上其他偉大的宗教相比，這個古老宗教具備許多獨有的特質。印度教不是由任何一個彌賽亞、領袖或領袖團體所創立出來的，在它豐富的歷史中沒有先知，也沒有具體的事件導致它的誕生。

實際上，印度教似乎是經過漫長時間的逐漸演進，才成為今日的狀態。西元前800年到400年間，《吠陀經》（Vedas）和《奧義書》（Upanishads）被書寫於紙上。根據「梵」（Brahman）的教義，印度教崇拜一個至高的神，這位神和宇宙是一體的，同時又超越了宇宙。「梵」以三個獨立的特性存在：

✦ 創造者梵天（Brahma），永恆地創造新的現實；

✦ 毗濕奴（Vishnu），又被稱為「克利須那」（Krishna），保護者。世間萬物的保護者。當永恆的秩序受到威脅時，毗濕奴就會來到凡間，將其恢復；

✦ 毀滅者濕婆（Shiva）。

印度教徒相信一切都會變成虛無，虛無又變成一切，循環往復。換句話說，梵天創造了宇宙，毗濕奴接管，成為它的看守者，然後濕婆破壞它，以便梵天可以再次開始輪迴。這種周期是非常漫長的，目前的印度智慧表明，在這個周期結束和一

個新的周期開始之前，宇宙大約還有 42.7 萬年的時間。這些周期被認為是不同的紀元。正統印度教中有四個紀元，從絕對純潔的紀元到絕對腐敗的紀元，如今我們所處的是第四個腐敗紀元——迦利紀元（Kali Age），或稱鐵器紀元（Iron Age），其特徵是文明的精神衰落、暴力、瘟疫和對自然的悲劇性褻瀆。迦利紀元之後就是徹底的毀滅，然後宇宙演變進入純淨的黃金紀元（Golden Age），輪迴再次開始。根據印度教教義，當世界上的邪惡和混亂達到無法忍受的污穢頂峰時，一個神明——至高神——的化身就會出現在地球上，為人類恢復正義和純潔。

印度教的《往世書》（Puranas）是神話和歷史融合交織的典籍，其中包含了一系列與這種輪迴概念有關的預言，描述了印度教與其他宗教一樣有著關於世界末日的概念：

✦ 對印度人來說，天啟災變是世界在第四紀元的自然終點，第四紀元即為迦利紀元，這是黑暗和不和的紀元。

✦ 這只是一系列天啟災變之一，每一次天啟都標誌著一個周期的結束和另一個創造的開始。這種轉變的核心為守護之神毗濕奴，世界在重生之前會被他吸收進體內。

✦ 毗濕奴已經多次拯救過人類。作為拯救者，他以不同形態出現在凡間。據說他很快就會再次出現。這一次他的化身將是白馬迦爾吉。他的使命是毀滅現在的世界，將人類提升到一個更高的層次。

✦ 迦利紀元中，所有佔據大地的君王都將陷入死寂、充滿強烈

的怒火，無時無刻不沉溺在謊言和欺詐之中，導致女子、孩童和牛隻死亡，奪取他人微不足道的財產，性情卑鄙至惡，輕易便掌握大權，又迅速衰落。

✦ 他們將是短命、無美德、貪婪的。人們不顧種姓階級之分而隨波逐流，肆意通姦。怪異而毫無節制的野蠻人會得到統治者的大力支持。因為他們繼續過反常的生活，所以必將遭受毀滅。

✦ 法〔Dharma，永恆的秩序，正義〕在迦利紀元變得非常脆弱。人在思想、言語和行為上都犯了罪。

✦ 紛爭、瘟疫、致命的疾病、饑荒、乾旱和災難都出現了。證詞和證據都不可靠。在徹底進入迦利紀元之後，就沒有任何標準了。

✦ 人們失去了活力和光彩。

✦ 他們變得狠毒、充滿怒意、罪行累累、虛偽狡詐，並且貪得無厭。

✦ 邪惡的野心、邪惡的教育、邪惡的交易和邪惡的獲利激起了恐懼。

✦ 全人類都變得貪婪和不誠實。

✦ 許多首陀羅〔sudras，無神之人〕將成為國王，許多異教徒將會出現。

✦ 各種各樣的教派，桑雅生〔sannyasins，被提升者，上師〕會穿著紅色的衣服出現。

+ 許多人會聲稱自己擁有至高無上的知識，因為這樣他們就可以輕易謀生。

+ 在迦利紀元，會出現許多偽宗教者。

+ 印度會因為不斷的災難、生命夭折和各種疾病而變得荒涼。

+ 每個人都會因為罪惡和惰屬性〔Tamoguna，冷漠，不作為〕的氾濫而痛苦。

+ 大地將變得只因為它所出產的礦藏財寶才有價值。

+ 只有金錢才會被認為是高貴的。

+ 權力會成為定義美德的唯一準則。

+ 娛樂會成為結婚的唯一原因。

+ 色慾會成為做女人的唯一原因。

+ 在辯論中勝出的只有謊言。

+ 土地唯一的特徵將只剩下乾旱無水。

+ 只有聚斂財富才會受到讚美。

+ 道貌岸然被認為是良善操守，被解雇的唯一原因是行事軟弱。

+ 魯莽傲慢和學識修養會被等價齊觀。

+ 只有不擁有財富的人才會有誠實的表現。

+ 只是沐浴就會被看作是淨化，施捨變成了唯一的美德。

+ 綁架就是結婚。

+ 穿得好就是舉止得體。

+ 所有難以到達的水域都將被視為聖地〔聖地氾濫〕。

+ 偽裝的偉大卻成為偉大的確鑿明證，有許多嚴重污點的權勢

者將統治地球上的所有階級。

✦ 人們被過度貪婪的規則所壓迫,躲在高山之間的峽谷裡,在那裡,他們會收集蜂蜜、蔬菜、樹根、水果、鳥類、花朵等等。

✦ 他們遭受寒冷、風、熱、雨水的侵襲,會穿上樹皮和樹葉做的衣服。

✦ 沒有人能活過二十三歲。

✦ 因為上述種種,人類將在迦利紀元被徹底毀滅。

關於迦利紀元的許多描述,聽起來都非常熟悉,只有我這樣覺得嗎?

佛教(Buddhism)

根據傳說,二千五百年前,北印度國王淨飯王的妻子摩耶王后有天晚上做了一個夢。在這個夢裡,一隻美麗的白象環繞她,進入了她的右側。智者把這個夢解釋為王后和國王即將誕育一個偉大的兒子。這位王子如果繼續留在王宮裡,就會成為一個偉大的統治者;如果他放棄了他的皇室血統,便將成為佛陀*,或一位覺醒者。

---

*「佛陀」(Buddha)這稱謂最早來自於耆那教。

王后和國王後來確實生了一個兒子，命名為悉達多（Siddhartha），意思是「一切願望得以實現」。高牆圍繞著極盡精緻美麗、完美無瑕的宮殿，阻隔了悉達多王子接觸任何外物，以免他避世而居的美好生活受到打擾——這都是為了避免他暴露在嚴重的疾病、凜冽的寒風和凋亡的生命之前。而淨飯王最不願讓兒子見到的，乃是任何不期而至的聖者。

　　悉達多王子在 26 歲之前一直過著這樣的奢華生活，並和耶輸陀羅公主度過了半年幸福的婚姻生活。但他總是覺得自己的生活缺少了一些東西，有些事情還不完整，於是他心中湧現越來越強烈的好奇心，想知道高牆外的世界是什麼樣子。在他的車夫闡陀的幫助下，王子開始了一連串的祕密旅行，越過宮牆、進入北印度村莊的街道之中。

　　平生第一次，悉達多王子看到了生病的、垂死的、死去的和饑餓的人。他的人生觀被他們狠狠擊碎。他被告知了一種信念——生與死只是永恆迴圈的一部分，只有逃出這個不斷重生的陷阱，才能讓這種迴圈停止。那些貧困潦倒的村莊被無以計數的貧乏和疾病所包圍，使悉達多王子心中充滿了因這種注定難逃的命運而生出的悲憫之心。

　　就在最後一次出遊中，悉達多王子的生活永遠地改變了。最初他以為來到自己面前的只不過又是一個乞丐，一個光頭赤腳、看上去快要餓死的小個子男人，身上披著一件黃色長袍，手裡拿著一個碗，只要陌生人願意好心施捨，他就會接受。可

是，王子再仔細一看，卻發現那人臉上散發出平靜、莊嚴的光芒。王子深受感動，向他的車夫講述了這個神奇超凡的小個子男人。闡陀告訴王子，這個男人是一名和尚，一個虔誠的人，他在簡樸、純潔、守戒和冥想的生活中，找到了巨大的精神幸福，從而擺脫了苦難。

這次經驗給了悉達多王子無法忘懷的觸動。他做出一個決定——後世稱之為「偉大的放棄」（Great Renunciation）。他拋下自己心愛的家人、高貴的身份、財富無限的生活，在 29 歲時開始了孤獨的尋覓之旅，想要找到方法來終結苦難和重生的無盡迴圈，希望可以真正幫助到飽受悲傷折磨的世界。

經過六年的痛苦、禁欲、苦行和貧困，悉達多得出結論：一個疲憊、被忽視、營養不良的身體，很難成為一個健康、明睿心靈和精神的良好環境。他開始養精蓄銳，恢復體力和精力。他的同伴們鄙視他無法堅守自己的獻身戒律，拋棄了他，使他感覺自己和離開宮殿那天一樣孤獨。

悉達多 35 歲生日那天，他在一片美麗的森林裡徜徉，有個女人出現，送給他一碗羊乳糜。

「可敬的先生，」女子說，「不管你是誰，神還是人，請接受這份禮物，願你終將得到所尋覓的。」

那天稍晚時，他遇到了一位守園人。守園人用剛割下的草，為他在一棵茂盛的無花果樹下鋪了一片坐墊。這棵樹後來被稱為「菩提樹」，又被稱為啟迪之樹。當悉達多在那棵樹下

休息時，他開始思考自己的生命，以及因為過度、徒勞的守戒苦修而幾近死亡的經歷。

在菩提樹蔭下，他立誓：「在覺悟正法之前，即使我的皮膚、神經和血脈乾枯，我也不會放棄這個位置。」他還記得童年時一個與現在很相似的時刻，那時他在樹下休息，發現透過盤腿正坐，閉上眼睛，專注呼吸，就可以達到一種精神上的幸福狀態。那天，在菩提樹下，那種簡單、私密的體驗所帶來的寧靜如清水般湧上心頭，他交盤起雙腿，閉上眼睛，清除了心中的一切雜念，只專注於安靜、有節奏的呼吸。

當他靜坐冥思的時候，一千種懷疑、恐懼、回憶、欲望和誘惑在他內心肆虐，與他精進尋求的正法交戰。當狂風暴雨整晚在森林裡轟鳴時，他只是一動不動地坐在樹下，感到自己的決心在增強，冥思的寧靜籠罩著他。最後，他伸出右手，觸摸到大地。大地因他的觸碰而震動、顫抖、咆哮。他請求大地母親證實這孤獨的尋求之旅的價值。大地便說：「我，大地，為你作證！」

整個晚上，隨著不斷地深入冥思，他漸漸明白了心中的黑暗是如何產生，又是如何永遠毀滅的。他驅散了過去、現在和未來的靈性無知，現世對他的幻惑變成了徹底的清澈洞見。他對「事物的本來面貌」有了完全的理解。當黎明破曉時，悉達多王子成為了覺悟者釋迦牟尼佛（Budda Shakyamuni）。他隨後的教導和神性啟示造就了佛教，其信徒人數現在超過七億。

　　佛陀用自己的人生和啟迪所引導的宗教核心，要求信徒積極主動、自我精進和擔負起個人責任，就像佛陀尋求理解「事物的本來面目」一樣。*信徒們被教導，如果他們的生活失去了深度、意義和實質，也不要向佛陀或周圍的人尋求答案。他們要審視自己，在自己的靈魂中找到自身的轉變。

　　佛陀預言有一天會有另一位佛誕生，那就是彌勒佛（Budda Maitreya）。彌勒佛目前居住在兜率天，正在等待最後一次在地球上重生。在彌勒佛到來之前，釋迦牟尼佛的教誨就會消失，連同所有關於他的記憶都將不復存在，甚至他的聖物也會被火燒毀。只有這樣，彌勒佛才會出現，重新給世間帶來正法，照亮通往涅盤的道路，撲滅無知、仇恨和塵世的痛苦。佛教預言對彌勒佛有如下描述：

　　其聲如天穹，覆蓋四方。其金身有大光華。其胸闊，其肢長，其眼如蓮瓣。其體高八十肘，闊二十肘……彌勒所指，萬千生靈皆從教化。

---

*佛陀為證後世佛法，傳三法印：諸行無常——世間萬物無常駐不變者；諸法無我——萬物與滅變化皆由因緣聚散而定，與己無關；涅槃寂靜——唯斬斷己身一切因緣，才能脫離萬物變幻迴圈及世間一切煩惱，得成正果。後世佛法，持三法印便為正法，不持三法印便非正法。溯源請見《大智度論》及《雜阿含經》卷十。從這一點看，佛法似乎並不像作者認為的那樣強調積極主動和擔負責任，這些應該只會讓修行者造業更多，與因緣的羈絆更重。

根據經文記載，彌勒佛降世之前的時代，將充滿享樂主義、性墮落、無所不在的社會混亂和普遍缺乏的身體健康。只有像彌勒佛那樣強大的力量，才能使世界進入下一個命中注定的輪迴。

換句話說，佛教徒不相信世界末日。相反的，他們同意創造、毀滅，然後再創造的宇宙輪迴。這種輪迴將由一個帶來和平與幸福——或稱為「涅槃」（Nirvana）的新覺悟者，為地球上的人類開啟。

巴哈伊信仰（The Baha'i Faith）

1844 年，一位名叫賽義德・阿里・穆罕默德・設拉茲（Sayyid Ali Muhammad Shiraz），據說他是先知穆罕默德後裔的伊朗商人，創立了一項宗教運動。後來這運動發展成為我們現在所知的巴哈伊信仰。他自稱為「巴孛」（Bab，大門之意），召集起十八名門徒，稱這些門徒為「生者之信」（the Letter of Living），讓他們到各地去分享他的資訊。

在隨後數年中，巴孛得到了成千上萬信徒的追隨，同時也引來了一些強權者的敵意，其中包括了伊朗總理。他把巴孛關進了監獄，因為他擔心巴孛不斷擴大的權威可能會干擾自己對伊朗國王的宗教影響。1848 年，巴孛在被監禁期間寫了《巴揚經》（The Bayan），他最重要的教義書。與此同時，被稱為

「巴比」（Babi）的巴孛追隨者們，也遭到了各地軍隊的攻擊，這些軍隊的宗教領袖認為他們對當地的信仰造成了干擾和威脅。

終於在 1850 年，總理和國王決定，阻止這個新興分裂運動的最有效方法是消滅其創始人巴孛。巴孛被帶到伊朗北部的大不里士，在一個廣場上由行刑隊執行槍決，公眾可以在那裡親眼目睹他被處死。

行刑官一聲令下，行刑隊的士兵們向巴孛開了槍，但沒有一顆子彈打中巴孛。巴哈伊教徒認為這是他們信仰的偉大奇跡。事實上，他彷彿憑空消失了。後來有人找到了他，看見他正在寫下自己的臨終遺言。他被帶回廣場上。第一支行刑隊拒絕再次行刑，於是行刑官不得不調來替補行刑隊。不幸的是，這次替補行刑隊成功了，巴孛被殺害。他的屍體被幾個追隨者偷偷帶走，最後被埋葬在海法市卡梅爾山的一處聖地。

巴孛在地球上的主要任務之一，就是讓人類為另一位偉大先知和導師的到來做好準備。他將帶領世界進入一個全球和平的新紀元。1863 年，一個叫米爾札·侯賽因·阿里·努里（Mirza H'usayn Ali Nuri）的信徒，也是一名伊朗貴族之子，宣稱自己就是哈布所說的那位先知和導師。他的頭銜是巴哈歐拉（Baha'u'llah），其意為「上帝的榮耀」。巴孛的追隨者在巴孛被處決後，都轉而尊奉他為領袖。

當巴孛的信徒巴哈歐拉接管巴孛的信仰時，巴孛的信徒們

仍在不斷遭受折磨和殺害。巴哈歐拉也被逮捕，並多次遭到毒打。在他被囚禁在一個地下深坑裡的時候，看到了一個幻象，這個幻象在巴哈伊信仰中，被認為等同於改變摩西的燃燒灌木的幻象，也等同於悉達多在菩提樹下受到的啟迪，而悉達多正是因此成為了偉大的佛陀：

當我沉浸在苦難之中時，我聽到一個最奇妙、最甜美的聲音在我的頭頂上呼喚。我轉過臉來，看見一個少女——我對上帝之名的記憶化身——懸浮在我面前的空中。她的靈魂中充滿了幸福，臉上閃耀著上帝的喜悅，雙頰放射出仁慈的光輝。在天地之間，她發出了一種令人心醉神迷的呼聲。她將福音傳入我的身心，讓我和上帝光榮的僕人們都心懷喜樂。她指著我的頭，對著天上地下的所有人說：「以上帝的名義！這是世界上最受人喜愛的，然而你們還不能理解。這是上帝在你們中間的美好，也是上帝的權柄在你們中間所顯示的大能。你們一定要明白。這就是上帝的奧義和他的珍寶，是上帝的緣故和他的榮耀，歸給那啟示與受創造之國中透徹一切真理的人。」

——摘自守基‧阿芬第的《上帝經過》

在巴哈歐拉於 1892 年去世之前，他根據巴孛的教義創立了巴哈伊教。巴哈伊教徒相信唯一的上帝，相信祂是至高無上的存在。除了巴孛和巴哈歐拉以外，上帝還派遣了佛陀、亞伯

拉罕、耶穌、摩西、克利須那、查拉圖斯特拉和穆罕默德這樣
的神聖導師和先知來教導人類宗教啟示，引領「一個不斷進步
的文明」。他們信奉團結，巴哈歐拉在自己的著作中表達了此
觀點：「地球是一個國家，人類是它的公民。」這個全球文明
必須並注定會包含以下原則：「徹底消除偏見，實現世界各大
宗教的聯合，信仰同一個全能的至高存在，消除極端貧窮和極
端富有，在世界範圍普及教育，達成宗教和科學界之間的和諧
合作，教導每個人都有責任尋找自己的真理和智慧。」

　　巴哈伊信仰對於「罪」的認知與外在的邪惡力量毫無關
聯，甚至與「對」和「錯」的概念也是。對於巴哈伊信仰而
言，罪是所有妨礙靈性進步的東西，而對或善是一切有助於
鼓勵靈性進步的東西。他們認為，靈性進步的最大障礙之一是
驕傲，因為它製造了一種自身過於重要，以及比別人優越的幻
覺，這兩者都不能使上帝所要的全球統一永世長存。救贖並不
來自於上帝的審判，而是一段接近上帝的旅程，上帝是真正完
全幸福的唯一來源。接近上帝就是巴哈伊教義中的「天堂」，
他們不相信天堂是一個實際的物理場所，與之相對，「地獄」
則是靈魂因為自己的錯誤，而選擇讓自身存在遠離上帝的過
程。

　　關於世界末日，巴哈教的普遍信念是：這個星球不會遭
受災難性的毀滅，而是會有一個重大的全球性轉變，從而實現
上帝創造我們時所期望的神聖統一。這轉變開始於十九世紀中

葉，預言的周期演變為實現的周期——在這個時代，世界各大宗教的世界末日預言將被實現，上帝的王國將成為現實。

「總有一天，地球會變成另一個地球，天堂也會變成另一個天堂，」巴哈伊的經文中如此寫道，「大地因主的光而閃耀……安拉是應當稱頌的，祂履行了對我們的承諾，使我們得到了大地。」從巴哈歐拉留下的典籍上可以看到，「那一天就要到來了。到那時，我們將把世界和其中的一切都收卷起來，並在其上展開一種新秩序。那一天就要到來了，〔文明的〕火焰將吞噬各個城市。屆時，威嚴的舌頭將宣告：王國是上帝的，那全能之主，一切讚頌都歸於祂。」

巴哈伊教是世界上流傳最廣的宗教之一，有超過六百萬信眾，從印度、伊朗、越南、美國到以色列海法的巴哈伊教總部，到處都有他們的信徒。

耶和華見證人

TEOTWAWKI——是一個首字母縮寫，其意為「我們所知道的世界末日（The End Of The World As We Know It）」。1870年早期由牧師查爾斯‧泰茲‧羅素（Charles Taze Russell）創立的守望台聖經書社（Watch Tower Bible and Tract Society），預測了TEOTWAWKI的各種日期。他們的預測沒有一次是準確的，所以現在開始簡單地宣稱它將在「不久的將來」發生。

守望台聖經書社也被稱為「耶和華見證人」，這個組織的信念核心之一就是「我們所知道的世界末日」——其實他們更願意稱之為「萬物體系的終結」。開始將是耶穌基督再次降臨，並取得他在地上的國。其他的《聖經》先知，包括亞伯拉罕、雅各、以利亞和以撒都將復活，參與到人類的榮耀完善之中。與此同時，上帝將發動世界末日大戰，這是一場全球性的種族滅絕，將有數十億人死亡。上帝戰爭中僅有的倖存者將是那些受到耶和華見證人認可的成年人——這樣的人都要服從查爾斯‧羅素牧師的教導。兒童和心智上有缺陷的成年人是否能在大屠殺中倖存下來，將由上帝根據具體情況作出決定。而大量基督教徒、猶太教徒、佛教徒、印度教徒、穆斯林，換句話說，所有其他宗教的信徒都被剝奪了「耶和華見證人」權利。他們都將被消滅，永遠不會體驗升入天堂、與耶穌在雲中相遇的喜悅。

羅素牧師被他的追隨者稱為彌賽亞。不過他從未宣稱自己是彌賽亞，也從未宣稱自己建立了宗教。相反的，他認為自己只是完完全全致力於上帝的事業。因為這樣，他才被授予了神聖的許可，能夠完全理解《聖經》和履行主的承諾，成為虔誠的順從者，恢復完美的心靈、身體和性格，進入天堂，直到永遠。

羅素牧師對《聖經》的深入研究和解釋，結合他對大金字塔這樣的靈性歷史奇跡的研究，讓他對世界末日之戰阿瑪迦

頓（或 TEOTWAWKI）的具體日期做出了各種預言。他計算
的核心為《但以理書》4 章 13 ～ 16 節：

我躺在床上，腦中出現異象，見有一位守望的聖者從天而
降，大聲呼喊道：「伐倒這樹！砍下枝子！搖落樹葉！拋散果
實！讓走獸離開樹下，飛鳥躲開樹枝。樹樁連同樹根卻要留在
地內，在田野柔嫩的青草中，用鐵環和銅環箍住，並讓天上的
甘露將其濡濕。讓他與地上走獸一同吃草。讓他的心改變，不
如人心；給他一個獸心。讓他經過七期。」

羅素牧師把這段話中的「期」一詞解釋為 360 天。7 個
「期」總共 2520 天，他認為這是指 2520 年。以西元前 607 年
為起始日期，加上 2520 年，羅素牧師得出結論，TEOTWAWKI
將發生在 1914 年 10 月。《守望台聖經》寫於十九世紀末，其
中寫道：「這個世界中諸國的最終終結，以及上帝之國的全面
建立，將於西元 1914 年底完成。」

顯然，1914 年來了又去，並沒有發生上帝滅絕數十億人
的大災難。守望台協會仍然相信羅素牧師關於這一年的預言，
只是簡單重新定義了它的重要性：「我們所知的世界末日」之
前，無疑將發生一連串過度事件，而不是毫無前奏就出現大規
模的種族滅絕和耶穌基督重臨地球。第一次世界大戰在 1914
年爆發，還有什麼能比這個更有資格作為世界末日戰爭的序

幕？根據羅素牧師的聲明，這些過度性事件可能需要耗費數年時間進行。於是，最終世界末日的日期被他們移到了 1915年，然後又是 1918 年。

羅素牧師於 1916 年去世，新當選的守望台協會主席盧瑟福（J. E. Rutherfora）決定對羅素牧師的計算和預言做出一些調整。耶和華見證人已經「毫無疑問」地接受了耶穌基督在 1874 年出現在地球上的事實。從那個日期向前和向後推算，借助於《聖經》和地球上其他充滿靈性力量的資源，盧瑟福得出了他的研究結論。他認為羅素牧師最初的 TEOTWAWKI 日期（1914 年）能夠被可信地改為 1925 年，只不過他還沒有準備好拿自己的名譽來冒險，所以隨著 1925 年元旦的臨近，他寫道：「1925 年在《聖經》上是一個明確而清晰的日期，甚至比 1914 年還要清楚。但是，對於任何一個上帝的忠實信徒來說，要輕易假設上帝在那一年一定會做些什麼，那便太過放肆了。」

毋庸置疑，上帝在 1925 年也明確決定不進行大規模的種族滅絕。耶和華見證人沒有氣餒，他們繼續走在計算 TEOTWAWKI 時代的道路上，又得出 1932 年和 1966 年這兩個結果。然後在 1975 年秋天，他們有了一定的把握。「我們的年表，」他們在《守望台》雜誌上寫道，「相當準確（但不可否認並非絕對正確），最多只能指出 1975 年秋季是人類在地球上存在六千年的終結。」

很明顯的，1975 年也不是人類的終點。耶和華見證人們繼續探索他們的資源，得出更新的結論。在舊約的《詩篇》90 篇 9 ～ 10 節中，他們找到了一個可能的線索：

我們的一天天都在你的怒中度過，

我們的一歲歲終結如同一聲歎息，

我們的壽命無過於七十，

哪怕另有因由，也只被推到八十。

他們推斷，這裡的「八十」相當於 80 歲。TEOTWAWKI 的開始被認為是在 1914 年。從 1914 年開始的八十年——1994 年，顯然就是他們一直在尋找世界末日將會到來的日期。他們的領袖不願就 1994 年的重大意義發表任何引人注目的聲明，但現在的我們都已知道，即使不是耶和華見證人的我們，也活過了那一年。

直到今天，虔誠的耶和華見證人的會員人數已經超過了六百萬，他們仍然相信世界末日很快就會到來，並以此來規範自己的行為：只有成為上帝永遠的見證者，才能從上帝的種族大屠殺中倖存下來。所以他們每一天都在宣揚上帝的言辭和即將到來的 TEOTWAWKI，以此視作對上帝的服務。

摩門教：耶穌基督後期聖徒教會

《馬太福音》24 章 35 ～ 36 節，耶穌說：

天地要廢去，但我的話卻不能廢去。但那日子，那時辰，
沒有人知道，連天上的使者也不知道，子也不知道，惟獨父知
道。

可能正是因為《聖經》的這個段落，使得有一些宗教信
徒，包括後期聖徒（The Latter-Day Saints），儘管相信基督
不可避免的第二次降臨和隨之而來的世界末日，卻不會去預
測它發生的確切日期和年份。以後期聖徒教會，也就是摩門
教（Mormons）為例，他們告訴世人，我們現在生活在這個世
界上最後的歲月中，唯一做好準備的方法是警惕但不害怕最終
末日之戰阿瑪迦頓即將來臨的跡象。

根據摩門教的歷史，1823 年，天使摩羅乃拜訪了一位居
住在佛蒙特、名叫約瑟夫・史密斯（Joseph Smith）的 18 歲
男孩，告訴他黃金頁片的存在和具體位置。這些頁片上有諸多
象形文字。史密斯在摩羅乃的幫助下將它們翻譯成為《摩門
經》（the Book of Mormon）。1830 年，25 歲的約瑟夫手中拿著
他出版的《摩門經》，建立了後來被稱為摩門教會的組織，並
與他的追隨者們，一起在俄亥俄州的科特蘭和伊利諾州的諾伍

鎮定居下來。

1844 年 6 月，約瑟夫在伊利諾斯州的迦太基，遭到一群憤怒的暴民襲擊、殺害，他們不同意他聲稱與死者有接觸的說法。史密斯的十二使徒委員會成員楊百翰（Brigham Young）接替約瑟夫・史密斯成為摩爾門教的領袖，並於 1846 年帶領摩門教徒從伊利諾斯州向西到達猶他州的一個地方，即現在的鹽湖城。

後期聖徒們相信他們的教會領袖是先知，而這些先知會從上帝那裡不斷得到訊息。在這些訊息中包含的概念有：上帝在創造地球時給了地球七千年的生存時間，而我們現在大約生活在地球的第六千年左右。耶穌基督會在第七千年降臨地球。在此之前，地球將被戰爭、地震、其他自然災害、全球性流行病和經濟崩潰所困擾。

鹽湖城的摩門教堂有兩道朝東的大門，被認為是至為神聖的，從未被使用過。摩門教徒相信，當耶穌再次降臨人世時，他將穿過這神聖的大門，開啟一千年的和平。在那個千禧年裡，惡人將被毀滅，並且在耶穌的帶領下，義人將在這個世界上和平地生活。歷代已死的義人必復活，或者用後期聖徒的話來說，就是「起來與他相見」（《帖撒羅尼迦前書》，4 章 17節）。事實上，到這千年的末了，包括惡人在內的所有人都將復活。只有那些堅持不承認基督聖潔的人會遭到排斥，失去在天上的位置，這些人將被放逐到一個叫做外部黑暗（Outer

Darkness）的地方，那是撒旦的最終去處。

　　根據後期聖徒的說法，預示耶穌即將回歸的具體跡象中，有太陽和月亮變得黑暗，結果黑暗覆蓋了整個地球；以色列聚集力量；萬國結為一體，要與耶路撒冷爭戰。兩位先知在耶路撒冷被殺害，然後復活；以及巴比倫的崛起和敗落。

　　目前世界上有超過一千三百萬摩門教徒在密切關注著耶穌第二次降臨的跡象。我們有充分的理由相信，當這個時刻真實到來時，他們會有足夠的同情心來警告我們其他人。

拉斯塔法里運動（The Rastafarians）

　　在二十世紀初，一個名叫馬科斯・加維（Marcus Garvey）的牙買加基督徒，建立了非洲東正教，為他的同胞提供了白人教堂之外的另一種選擇。作為一名活躍的領袖和民族主義者，馬科斯以雄心萬丈的激情不斷談論一場名為「回到非洲」（Back to Africa）的運動，鼓勵人們返回「故鄉」衣索比亞，並且推舉一位非洲國王，他將成為黑人的彌賽亞。

　　1930年，另一個牙買加人倫納德・豪厄爾（Leonard Howell）在馬科斯・加維的信仰基礎上，發起了一場宗教運動（據說加維對此非常不滿）。這場運動認為馬科斯・加維是一位成熟的預言家，新加冕的衣索比亞皇帝海爾・塞拉西（Haile Selassie）就是加維所預言的黑人彌賽亞，萬王之

王，萬主之主。塞拉西以前被稱為 Ras Tafari Markonnen，那些崇拜他是基督第二次降臨的人開始稱自己為 Rastafari。因為口語演變，逐漸成為了拉斯塔法里（Rastafarians）。

他們也被稱為拉斯塔（Rastas）。實際上他們並不認為自己的信仰體系是一種宗教，相反的，他們認為這是一種意識形態，或者僅僅是一種生活方式。他們沒有牧師，也沒有真正的教堂。他們通常在家中祕密舉行小型集會，學習他們的《聖經》（Holy Piby），那是基督教和希伯來聖經的編輯版本。另一本對拉斯塔法里極其重要的書被稱為《國王的榮耀》（Kebra Negast），它概述了他們的血統。在他們看來，這本書確立了海爾・塞拉西乃是所羅門王的直系後裔。他們堅信希伯來十誡，相信簡樸和純潔的重要性，相信物質主義的潛在腐敗，同時崇拜和恐懼 Jah（耶和華的簡稱）——這是他們上帝的名字。

拉斯塔法里禁止干擾頭髮的自然生長和掉落。經典的拉斯特法里長髮綹是一種自然結果，而不是一種文化現象或刻意而為的風格。正統的拉斯塔法里飲食是純粹的，不含食物添加劑和防腐劑，他們不抽菸、不喝酒、不喝咖啡、不吃鹽、海鮮和任何肉類。

他們與大麻有著非常著名，或者說不甚光彩的關係，稱大麻為「ganja」。他們相信大麻有助於啟迪他們對主的真實意志認識。一個典型的拉斯塔法里信徒聚會總是包括傳遞儀式菸斗，他們稱之為聖杯，菸斗裡面裝滿了聖禮用的大麻。基督教

中最具類比性的儀式則是聖餐禮。

1966 年，海爾・塞拉西訪問了牙買加，對他的忠實信徒發表談話。他死於 1980 年，不過拉斯塔法里信徒普遍認為他並沒有真正死去，而是活著離開地球，升入了天堂。塞拉西的生日和他到達牙買加的日期，都被當作重要的節日慶祝。

至於馬科斯・加維的「回到非洲」運動／預言，塞拉西皇帝則告訴他的牙買加信徒，在牙買加解放之前，他們不應該回到非洲。

拉斯塔法里信徒創造了他們自己關於末日天啟的迷人信仰。在他們看來，世界末日開始於 1930 年，那時海爾・塞拉西被加冕為衣索比亞的皇帝，很快就會顯現自己是萬王之王，並宣佈最終審判的日子。善與惡的力量發生激烈的衝突。塞拉西作為上帝的化身，將召集起義人們，讓他們返回錫安，那片應許之地。在那裡，他們會永遠生活在天堂樂園「巴比倫」（Babylon）中，沒有壓迫，沒有邪惡，也沒有當今社會物欲橫流的世俗腐敗。

人們普遍認為已故的雷鬼音樂家鮑勃・馬利（Bob Marley）在 1967 年皈依了拉斯塔法里，將拉斯塔法里運動帶入了主流文化。你可能對他的音樂比你想像的更熟悉——在電視廣告「來牙買加」中，以「One love, One heart」此句開頭的那首歌就是鮑勃・馬利創作的〈One love〉。歌詞優美地詮釋了拉斯塔法里對世界末日的看法：

讓我們在一起，

參加神聖的阿瑪迦頓，

於是當那人到來時，

就再不會有，再不會有毀滅。

瑣羅亞斯德教（Zoroastrianism）

大約在西元前 8000 年，一個名叫查拉圖斯特拉（Zarathustra）的人，出生在我們現在所知的伊朗地區。他的追隨者被稱為瑣羅亞斯德教，也被稱為祆教（Iran），一些神學學者認為瑣羅亞斯德教是當代世界宗教的前身和核心。對此我可以補充一句，這些學者的理由相當充分。

查拉圖斯特拉被認為是第一個擁抱、提倡只有一個神或一神論概念的先知。這位神的名字，這位至高的存在，是阿胡瑪茲達（Ahura Mazda），這是「造物主」和「至高無上的智慧」兩個詞的組合。在耶穌誕生的幾千年前，他已經相信一個彌賽亞即將降臨，並將由童貞之女生育在人世。

查拉圖斯特拉相信阿胡瑪茲達，或者可以說是神，創造了人類，並讓人類擁有在整個生命過程中選擇善與惡的自由，同時還有義務面對這些選擇的後果。換句話說，人類自身就是生活中善與惡的根源，我們不能將善惡福禍歸咎於阿胡瑪茲達，當然也不能把他歸咎於某種邪惡的存在——查拉圖斯特拉並不

相信撒旦或魔鬼。

　　他深信，我們生活的目的是參與更新世界，讓它朝完美不斷遞進。正如戰勝黑暗的方法是傳播光明，戰勝邪惡的方法乃是傳播善，戰勝仇恨的方法是傳播愛，反映神的本質是我們與生俱來的權利，我們每個人都擁有內在的神性。他告訴世人，透過敬重宇宙的自然和道德法則，尊重並按照我們自己的神性行事是我們的義務。

　　阿莎（*Asha*）是宇宙的基本定律，是天空運轉的自然進程和模式，是四季，是潮汐，是日落和月升以及許多不斷重複、穩定可靠的自然現象。物質創造中的一切都要遵循基本法則，遵循阿胡瑪茲達的神聖計畫和秩序。詆毀這些法則就是詆毀阿胡瑪茲達的創造，也就是詆毀阿胡瑪茲達本尊。

　　瑣羅亞斯德教關於地球上對立力量之間進行戰鬥的概念，並不局限於經典的善與惡的衝突。對立力量的戰鬥破壞了阿胡瑪茲達所創造萬物的秩序，這被稱為謬行（*druj*）——換言之，阿莎一直在與謬行作戰——這種戰爭擴展到了謊言對真理，混亂對秩序，行星的毀滅對創造，愛對恨，戰爭對和平等等。

　　查拉圖斯特拉告訴我們，當我們離開人世時，我們的本質在死後的第四天會離開身體，如果我們在一生中做出了正確的、以神為中心的選擇，用愛、同情和體貼對待自己和他人，我們的本質就會進入「歌聲廳堂」（House of Songs），那裡也經常被稱為「光的領域」（Realm of Light）。如果我們生活在

阿胡瑪茲達創造的宇宙自然和道德法則的對立面，我們的本質便注定要進入黑暗與分離的領域。查拉圖斯特拉不相信光明領域和黑暗與分離領域是實際的具體場所。它們應該是永恆的狀態——與阿胡瑪茲達合一，或是與阿胡瑪茲達分離。

查拉圖斯特拉的世界末日概念，被認為是歷史上第一個有紀錄的世界末日預言，可追溯至西元前 500 年左右。根據瑣羅亞斯德教經文 *Zand-i Vohuman Yasht*，終末之日將開始於「第一千個冬季的結束時……太陽更不易見到……年、月、日都變短了……土地更加貧瘠，莊稼也不會結出籽粒……人越發詭詐，越發行奸惡之事。他們沒有了感恩之心。」

正義與邪惡之間將會有一場最後的大戰。善良將會勝利，阿胡瑪茲達將用熔化的金屬和神聖純淨的火焰淨化地球（瑣羅亞斯德教並不認為火本身是神聖的，但作為阿胡瑪茲達力量的象徵，火對他們的宗教非常重要，如同十字架之於基督徒），然後阿胡瑪茲達將開始他對地球上每個靈魂的審判。阿胡瑪茲達與查拉圖斯特拉的信仰一致，最終是一位富有同情心的神，他創造了善而不是惡，即使那些被認為是惡的或有罪的人，也沒有被放逐到永恆的劫難中，而是面臨三天的懲罰，之後他們被寬恕和復活。地球上所有的痛苦都將結束，一旦阿胡瑪茲達的偉大淨化發生，整個世界都會變得完美。

據信全世界大約有三百萬瑣羅亞斯德教信徒，正日夜實踐這個美麗的信仰。

五旬節運動（Pentecostalism）

1901 年，在堪薩斯州托皮卡的伯特利聖經學院一次祈禱會上，一位名叫艾格尼絲・奧茲曼（Agnes Ozman）的婦女，開始自發地說出某種方言，或是說話者自身並不明白的語言。主持禱告會的牧師查爾斯・福克斯・帕漢姆（Charles Fox Parham），根據《使徒行傳》2 章 1 ～ 4 節，把這種現象解釋為可用聖經證明的聖靈洗禮：

五旬節到了，門徒都聚集在一處。忽然有響聲從天上下來，好像一陣大風吹過，充滿了他們所坐的屋子。又有舌頭如火焰顯現出來，分開落在他們各人頭上。他們就都被聖靈充滿，按著聖靈所賜的口才，說起別國的話。

帕漢姆牧師還引用《使徒行傳》2 章 38 ～ 39 節作為他的理念基礎之一：

彼得說：「你們各人要悔改，奉耶穌基督的名受洗，叫你們的罪得赦，就必領受所賜的聖靈；因為這應許是給你們和你們的兒女，並一切在遠方的人，就是上帝我主所來召的。」

從此帕漢姆牧師離開托皮卡，開始建立一個復興聚會的組

織，並繼續他的教導。他在德克薩斯州休斯頓有個非裔美國學生名叫威廉・J・西摩（William J. Seymour），被允許坐在隔離的房間外面，聆聽帕漢姆牧師講話。

1906 年 4 月 12 日，威廉・西摩移居洛杉磯。他聲稱自己被聖靈充滿。一小群信徒在一位名叫愛德華・李（Edward Lee）的仕紳家裡見過西摩之後，就在阿蘇撒街租下一座廢棄的教堂，成立了使徒信仰教會（Apostolic Faith Church）。直至今日，絕大多數傳統的五旬節教徒都把威廉・西摩和他在阿蘇撒街復興的教堂視為他們教派的誕生地。

舊約五旬節起源於以色列人出埃及之後，當時也被稱為豐收節。節期是逾越節後第一次獻穀祭的五十天以後，因此「五旬節」一詞的起源，在希臘語中是「數到五十」的意思。新約五旬節則是在耶穌基督被釘上十字架的五十天後。

有些五旬節教徒相信，說出不同語言是聖靈施洗的標誌，但不是救贖的必要條件。另一些人則強調悔改，奉耶穌的名受洗，然後接受聖靈。不過所有五旬節教徒都相信，沒有聖靈的幫助，救贖是不可能達成的。

聖靈的工作是五旬節信仰的根本性基礎。在基督教中有一種很常見的信念，那就是聖靈一定在每個得救的人心中。但與大多數傳統基督教教派不同的是，五旬節派還認為，聖靈在經歷過洗禮的人體內更為根深蒂固，使他們與上帝建立更密切的關係，並賦予他們為上帝服務的能力。聖靈也能「神聖化」，

這是一種恩典的行為，在這個行為中，過去罪行的影響被中和，人對誘惑的嗜好被消除。根據五旬節派信仰，只有那些真正懺悔自己的罪並接受耶穌為他們救世主的人，才能得到救贖。五旬節派相信《聖經》是終極、神聖、絕對正確的權威。

五旬節派的信仰對《聖經》內容嚴格依照字面意思去解釋，它要求信徒們時刻警惕《啟示錄》預言中所提及的世界末日即將來臨的徵兆。教徒們覺得二十一世紀充滿了這些徵兆，被他們作為例證的事情有：國際上有一種趨勢，每個國家的每一位公民都要有一張國家身份證，其中包含他們所有的個人資料，並且要將一枚包含 RFID（無線射頻識別系統）技術的晶片植入每一名公民的皮膚之下，其中包含社會安全號碼、醫療紀錄等資料。他們相信，這些發展很可能就是《啟示錄》13 章 16 ～ 17 節中所敘述的末日前的警告：

　　牠又叫眾人，無論大小、貧富、自由的，為奴的，都在右手上或在額上受一個印記。除了那受印記、有了獸名或有獸名數目的，都不得做買賣。

五旬節教派還將現代世界中的其他許多事情，都當作《聖經》預言中末日到來前的徵兆。比如普丁在俄羅斯的掌權、敘利亞和以色列之間日益緊張的關係、國際恐怖主義、伊朗核武、美元貶值、中國經濟和軍事力量的增長，以及全球天氣的

顯著變化。

換言之，根據五旬節教派的說法，我們不需要再擔心世界末日就要到來了——實際上它們已經到來。

浸禮宗（The Baptist Church）

雖然有些人相信浸禮宗起源於十七世紀英格蘭的清教徒分離派（Puritan-Separatist）運動，不過也有其他人相信這個教派實際上是耶穌親手建立的，而且會永遠存續下去。這種永恆信仰的來源是耶穌在《馬太福音》16章18節的宣告：

我要把我的教會建造在這磐石上；陰間的權柄，不能勝過它。

無論它的起源是什麼，有些普遍性的信念構成了浸禮宗和它的大部分教派理念基礎，其中包括：

✦《聖經》是人類在上帝的啟示下寫成的，它揭示了指導人類所有信仰和行為的原則；

✦ 上帝是唯一的，祂是天地的創造者和統治者，三位一體為聖父上帝、聖子耶穌基督和聖靈；

✦ 人類是在完美中被創造出來的，卻因為在伊甸園中犯下原罪而咎由自取，從恩典中墮落；

✦ 耶穌藉由處女瑪利亞誕生在塵世上；

✦ 耶穌為了我們的罪行而死，又得復活，在天堂中坐在聖父的身邊；

✦《聖經》讓每個人都可以藉由真正的悔改和信仰得到救贖，並因之而重生，這是神聖的職責和不可割棄的恩典；

✦ 信徒浸入水中，完成基督教的洗禮，是成為教會正式成員的先決條件；

✦ 浸禮宗歷史學家沃爾特・B・舒爾登（Walter B. Shurden）認為有四種自由值得尊敬：靈魂自由（意味著靈魂能夠對信仰做出自己的決定）；教會自由（地方教會的行事不應受到外來干涉）；《聖經》自由（在有選擇、可靠資源的幫助下，每個人都有權對《聖經》作出自己的解釋）；以及宗教自由（每個人都有選擇自己宗教信仰的自由，或者選擇沒有宗教信仰的自由）。

1833 年，牧師約翰・牛頓・布朗（John Newton Brown）起草了一份名為《新罕布夏信仰告白》（New Hampshire Confessions of Faith）的文檔，根據這份文檔，浸禮宗教徒可以組織一個傳教協會。自《信仰告白》撰寫以來的一百七十五年裡，它做過一些修訂，但仍然被廣泛接受。它以一段清晰、簡明、關於世界末日的陳述收尾，充分體現了浸禮宗對於這個終末之日的概念：

我們相信世界末日即將來臨。在那最終的日子，基督要從天上降下來，叫死人從墳墓裡復活，接受最後的報應。一個莊嚴的處置於焉發生：惡人必被判決受到懲罰，直至永遠；義人必得喜樂，也直至永遠；並且這審判要將眾人的結局永遠定下來：或在天堂、或在地獄，一切皆依從正義的法則。

耆那教（Jainism）

耆那教起源於古印度，大約出現在西元前六世紀左右，目前在世界範圍內有超過一千兩百萬信徒。隨著印度最古老的著作相繼被發現和翻譯，直到今天，人們仍然在歷史中向前追溯它的古老根源。人們普遍認為耆那教是佛教起源背後的驅動力之一，不過與佛教不同的是，它沒有單一的創始人，它的教義或真理是由一系列的「底里坦迦羅」（tirthankar，意為度津者）推演和揭示的。在這些耆那教宗師之中，可能是最後且最虔誠的一位，是出生於西元前599年的筏馱摩那（Vardhamāna），他被耆那教信徒們尊稱為「大雄尊者」（Mahavira）。人們曾經認為是他開創了耆那教，但歷史學家發現，實際情況更有可能是在筏馱摩那出現並獻身於耆那教真言的傳播時，該宗教便已經存在了幾個世紀。

耆那教相信所有生物，包括人類和非人類，都有永恆的

靈魂，而且所有靈魂都是平等的。他們認為，無論在什麼情況下，殺害一個人都是一種難以形容的恐怖行為。他們要求每一個信奉耆那教的人，從修士、修女到普通信徒，都必須嚴格素食。

耆那教強調因果報應的概念，強調行為的責任和後果，這對耆那教的信仰來說萬分重要。業力可能與創造它的行為在同一生命歷程中顯化，也可能在它時顯化，但終究無法逃避，我們的身體、語言和思想行為都在播撒業的種籽，所以我們也會收獲業的果實。

耆那教認為生命與非生命的相互作用產生了 *tapas*（原意為熱，後被引申為耆那教的基本修行方式：苦行），而 *tapas* 則是驅動生、死和重生的無盡迴圈的引擎。耆那教稱這種迴圈為輪迴。耆那教的最終目標是一種理想性的自律生活，使他們能夠超越輪迴，從而擺脫輪迴中不可避免的困難和悲傷，生活在幸福完美的「解脫」（*moksha*）中，這種「解脫」就是耆那教對涅槃或天堂的理解。

有一條通往解脫的「三寶」道路：正信、正智、正行。在這些寶物中包括了五項基本的法則與節律：

✦ 不殺生（*ahimsa*）。

✦ 不欺誑（*satya*）。

✦ 不姦淫（*brahmacarya*）（耆那修士和修女必須完全獨身，普通信徒在婚姻之外也要保持完全的貞潔）。

✦ 不偷盜（*asteya*）。

✦ 不蓄私財（*aparigraha*）。

　　耆那教本質上認為時間是一個完整的迴圈，或者兩個相連的半迴圈或半周期。以一種非常基本的方式來描述的話，可以想成一個時鐘，前半個周期為 Utsarpinis，或者說是一個逐漸前進的時間周期，對應 6 點到 12 點之間，人類從最壞的狀態進化到最好的狀態。周期越接近 12 點，我們就越快樂，越健康，越強壯，越有道德，越有靈性。然後，從 12 點回到 6 點為 Avsarpinis，或者可以說是倒退的時間周期。這代表了我們從最好的狀態到最壞狀態不可避免的墮落。整個迴圈被分成六個 Aras，是長度不等的階段。根據耆那教的說法，我們目前處於 Avsarpini——倒退周期的第五階段，人類價值觀和靈識正在逐漸惡化，還要再過將近兩萬年，人類才會重新進入 Utsarpinis 的進步周期。

　　有了這種生命的迴圈方式，耆那教徒完全有理由相信宇宙並非是被創造出來的，它和住在其中的靈魂（*jivas*）會永遠存在下去，除非是到達解脫的天堂 *moksha*，這也是終結迴圈的唯一方式。耆那教徒認為世界末日那一天完全是值得慶祝的日子，因為那只代表著靈魂從永恆的生、死、重生的迴圈中解放出來。這個迴圈充滿了痛苦和業力報應，所以耆那教的終極成就便是在 *moksha* 中的永恆幸福。

　　關於耆那教原則以及其變體對每一個人的「終末之日」所產生的作用，有一個簡單、特別的小故事可以說明：

　　有個人造了一艘小木船，度過一條大河，到達「彼岸」（人代表靈魂，船代表無生命的東西 ajiva）。

　　他正在旅途中，這時船開始漏水〔水的湧入代表了業力在靈魂上的氾濫，即為『漏』（asrava）；水在船上的堆積是受到業力束縛的威脅，即為『體鎖』（bandha）。〕那個人立即堵住了漏洞，開始往船外舀水〔塞子代表著阻止業力的湧流，即為『制禦』（samvara），而擺脫水就是拋棄業力，即為『寂靜』（nirjara）〕。

　　那人的努力成功了，他度過了河，安全地到達了他的目的地──「解脫」（moksha），那是永恆救贖的自由與福佑。

Chapter 5

先知們關於終末之日的言談

　　除了明顯的預言天賦之外，如果硬要找出後聖經時代的先知們有什麼共同之處的話，那就是──沒有任何共同之處。此外，也沒有一個典型的先知或某個組織群體，曾經被上帝特別挑選出來，接受這種特殊的才能，只是有些人非常願意與大眾分享他們所看到的異象而已。本章僅涵蓋了一小部分重要的「末日預言者」，其中包括三個俄羅斯人──一個浮華的預言家、一個「瘋僧」和一個醫生；兩個英國作家；一個天才數學家暨科學家，以及一個謙遜的肯塔基州攝影師。關於他們預言的準確性，都有相應的系統性追蹤紀錄。我之所以選擇他們，是因為碰巧發現他們特別有趣迷人。但你們會注意到，即使是在這一小群人裡，也沒有對世界末日的時間、方式，甚至是否真的會讓一切結束而達成任何共識。

愛德加・凱西（Edgar Cayce）

很少有靈媒／先知／通靈者能夠比愛德加・凱西更讓我著迷的了，而且我發現他的作品比他本人更加吸引人。他的人生始於 1877 年，原是一個肯塔基州的農場男孩，正規教育是在文法學校完成的。但到 1945 年去世時，儘管他從不曾以此來宣傳過自己，已經以「沉睡的先知」之名享譽世界。他在深沉、自我誘導、恍惚的睡眠中完成了治療、靈性和超自然的口述以及預言，而當他醒著的時候，卻什麼也想不起來。

凱西的預言和洞察力的天賦出現得毫無預兆。他在剛過 20 歲的時候成為了攝影師，過著簡單的生活，一場疾病導致他失去了說話能力。經過一年不太成功的醫學治療後，他接受了一個朋友的建議：去嘗試催眠師的治療。

在他第一次接受當地催眠師的治療時，凱西建議與其讓催眠師努力誘導他入睡，不如讓他自己入睡更有效，幾年前他就發現自己可以輕鬆入睡。當他進入深度恍惚狀態時，凱西突然開始對奪去他聲音的疾病進行精確的描述和診斷，讓他的朋友和催眠師大為吃驚。雖然凱西畢業於文法學校，但他對閱讀並不感興趣。然而此時此刻，當他處在催眠狀態中，卻表現出一位熟練的醫師才能具有的解剖學技巧與知識。他向催眠師拼寫出一系列複雜的生理指令，要求催眠師使用在他身上。催眠師按照凱西的建議而行，凱西則依照催眠師發出的指令放鬆聲

帶，活絡筋脈，為特定的癱瘓肌肉恢復氧氣和血液。當凱西從治療中醒來的時候，他的聲音已經完全恢復。

愛德加・凱西在「睡眠」時顯示出診斷和療癒疾病的天賦——這個驚人的訊息不脛而走，迅速傳播開來。他立即收到了來自全國各地的許多信件，還有很多人親自登門拜訪，希望凱西幫助他們治療疾病。凱西最初的反應是拒絕這些要求，因為他認為自己沒有受過專業訓練，沒有能力承擔如此重大的責任。當他醒著的時候，對自己在恍惚狀態下展示的專業知識也沒有任何記憶，使得他更不可能相信自己的治療方法值得信賴。只有一件事不能爭辯，那就是在催眠師的幫助下，他治好了自己，而他曾接受的那些醫學治療過程，則只是長達一年以上的失敗經驗。最終他得出結論，如果他真的被賦予了這種天賦，如果他可以利用它來幫助受苦的人，那麼他至少應該嘗試一下。

之後凱西一生都在進行「身體解讀」（phycial reading）。他的妻子格特魯德（Gertrude）會告訴他每次解讀時唯一可以知道的資訊：被解讀者的姓名、地址以及約定解讀時間的確切位置。凱西會讓自己進入一種恍惚狀態，以接下來這句話表示自己已經做好準備：「是的，我們找到了身體。」格特魯德會把目標來信中的問題念給他聽，他的祕書葛萊蒂絲・大衛斯（Gladys Davis）會坐在旁邊，用速記法記錄凱西念出來的內容。

　　1923 年的某一天，當時仍繼續攝影工作的凱西，工作過程中碰巧遇到了一位名叫亞瑟‧拉默斯（Arthur Lammers）的印刷工。拉默斯對於超自然世界和凱西的天賦非常著迷，他請求凱西進行一種前所未有的解讀：當凱西處於恍惚狀態的時候，拉默斯向他詢問了關於生命、死亡、來世、靈魂本質、未來，以及在靈性方面所想到的任何問題。他想知道凱西「沉睡」的意識會如何回答。

　　這就是後來被稱為「生命解讀」（Life Readings）的二千多次問答的開端，在這些問答中，凱西討論了關於他的諮詢者和一般人生的許多形而上的問題。他所提供的深厚專業知識和深度哲學論述，與他保守的新教教育完全背道而馳。但是最終，透過這些超自然的解讀，他得出了一個不容迴避的轉世信仰，並意識到他的答案不是來自於他，只是透過他被傳達出來。他確信自己得到的訊息來自於他的主觀潛意識和阿凱西紀錄（Akashic Records）*——那是永恆宇宙中每一個思想、時刻、話語和事件的集合，是無限的記憶和歷史。

　　愛德加‧凱西一生中進行了超過一萬四千次沉睡解讀，而這些解讀的文本成為了他的三百多本著作的基礎。在所難免的是，其中許多解讀都涉及到人類的未來、這個星球的未來，以

---

*「阿凱西」一詞是由梵語 akasha 音譯而來的，意譯為「天空覆蓋之下」、「空間」或是「乙太」，是一種不可知型態訊息的集合體，被編碼儲存在乙太之中。換言之，是一種非實體層次的存在。這種觀念在西方晚近的新紀元運動中相當流行。

及最終的天啟。

　　凱西預言了一系列的自然災害、戰爭、經濟災難和大規模內亂，這些都將為上帝之國統治地球鋪平道路，最終成就神聖的和平，讓全世界的人類擺脫蒙昧，繁榮昌盛。關於災難性事件的預言中，凱西相信最重要的一點是，只要人類改變自己的行為方式，這些事件是可以避免的。他相信，如果人們只是把預言當成警告來回應，而不是認為預言中的事情已經不可避免、不可逆轉，那麼預言便有潛力發揮巨大的作用，反之，預言就只是無用的訊息。

　　愛德加・凱西對於未來和基督第二次降臨所看到的幻象有：

✦ 1920 年代的預測：由於地球表面的變化，地球的兩極將在 2000 年左右發生變化（美國國家航太總署證實，1998 年起，隨著極地冰蓋融化，洋流開始流向赤道，導致地球磁場的持續變化）。

✦ 如果維蘇威火山或培雷火山的活動性比加州南部海岸、鹽湖城和內華達州南部之間的地區更強的話，我們可以預計，接下來的三個月內，地震會導致洪水發生。不過受災地區更多將位於南半球，而不是北半球。

✦ 陸地將在大西洋（失落的亞特蘭提斯大陸）和太平洋（失落的雷姆利亞大陸）出現。現在許多陸地的海濱將成為海底，甚至現在的許多戰場都會成為大洋、海面和海灣，新世界秩

序中的陸地將在彼此之間進行貿易。

✦ 美國西部的大地將裂開。

✦ 日本的絕大部分會沉入海底。

✦ 現在紐約東海岸的部分地區或紐約市本身，基本上會消失，不過那將是另一個世代的事情了；而卡羅萊納州的南部地區、喬治亞州都將會消失。

✦ 此時期將會出現紛爭。這些紛爭會在大衛斯海峽（格陵蘭島和加拿大之間）附近。它們發生的原因是為了保有開放陸地的生存線。在利比亞，埃及，安卡拉，敘利亞，也會發生。在澳大利亞上方的那些海峽和印度洋及波斯灣，都會發生。

✦ 正如先知和聖哲所說的，那個時刻〔主的日子〕已經到了，將會在今日，在這一世代實現。這樣，主就要到來，「你們見他怎樣往天上去，他還要怎樣來。」（《使徒行傳》1 章 11 節）。等到屬主的人把道路鋪平，使他可以到來。他要照你們看見他去的樣子，從他在加利利的身軀而來。他所塑造的身體，被釘在十字架上。你們要念他的應許。因你們寫了他的話，「他必統治千年。之後撒旦必從某種因由再次被釋放。」（《啟示錄》20 章 6 ～ 7 節）

✦ 地球上發生一連串戲劇性的變化，當我們為基督的第二次降臨做準備時，其中一些新的狀況將會出現。無論在高處還是在低處，都必有一場淨化；必須對個人有更大的思慮，這樣每個靈魂都是其弟兄的守護者。隨後，在政治、經濟和整體

關係中出現特定的環境，那將是一種平均化，或者對此種需要更偉大的理解……我們的美國，算不上一個新的亞特蘭提斯，將會有另一個千年的和平，另一個千年……就這樣，忠貞者的行動和禱告必榮耀聖父，就如同和平與愛必為愛主的人統治一切。

以撒‧牛頓爵士（Sir Isaac Newton）

　　1642 年耶誕節，現代物理學之父、萬有引力理論和光學理論的發現者，可能是歷史上最偉大的數學天才以撒‧牛頓，出生於英國林肯郡的伍爾索普。他父親在牛頓出世前三個月就去世了。牛頓三歲時，母親把他留給祖母，搬去與她的新丈夫同住。八年後她又回來了，在那之後，牛頓被送進了文法學校。他在那裡和格蘭瑟姆當地的一個藥劑師住在一起，從此對化學和科學的迷戀生根發芽。

　　17 歲時，他回到家鄉，追隨已故父親的腳步，成為了一名農場主人。但他在務農方面絕對是個失敗者，所以他去了劍橋大學。他對數學和自然科學方面的天賦在那裡展露無遺。他在劍橋大學的導師以撒‧巴羅（Isaac Barrow）甚至辭去了著名的盧卡斯教授職位，只為了讓牛頓獲得這個職位（盧卡斯教授的職位後來由霍金擔任）。

　　以撒‧牛頓爵士發明了從反射望遠鏡到微積分等等許

多科學儀器和數學方法，永久地改變了世界對萬事萬物的看法——從天文學到物理學，從引力到運動，從力學到光學。他的著作《自然哲學的數學原理》（Principia Mathematica）至今仍被認為是世界上最偉大的科學著作。這本書得以出版，全仰賴他的朋友艾德蒙‧哈雷（Edmond Halley，哈雷彗星便以他命名）偶然得知牛頓已經寫完了此書的第一部，卻一直把它放在抽屜裡長達十年之久。

　　牛頓爵士忙於將他的天賦應用於幾乎每一種世俗的學術追求的同時，也開始將其應用在神學、編年學和《聖經》研究上，畢生充滿了熱情。他相信基督教已經偏離了耶穌的教導，《聖經》的真理應該嚴格按照字面的意思來解讀。他尤其著迷於《啟示錄》和《但以理書》描繪的世界末日。《但以理書》通常被認為是《舊約》的《啟示錄》。他唯一一本關於《聖經》研究的書在他死後六年（1727 年）出版，書名為《但以理的預言和聖約翰的啟示之研究》（Observations Upon the Prophecies of Daniel and the Apocalypse of St. John）。他在書中寫道：

　　但以理和約翰的預言，要到最終才能明白：乃要有人在愁苦悲哀裡，從其中說預言，這情形會耽延許久。而此一切均隱藏於黑暗中，以致鮮少有人會因此改變。直到最後，預言才會得解釋，為許多人相信。但以理說，必有許多人來往奔跑，智慧必得增長……如果福音的宣講漸漸臨近，這些話便多是為我

們和我們的後代所說：在末後，智慧人能明白，但惡人一個也
不能明白。念這預言的，和那些聽見又遵守其中所記載的，都
是有福的。

1704 年，牛頓爵士寫了幾封講述天啟災變的信。他基於
《但以理書》中未指明段落的計算，得出了關於世界末日將在
何時到來的數學結論。他還預言基督的第二次降臨會伴隨著世
界性的瘟疫和戰爭，在此之後聖徒們將會在地球上統治一千
年。這些信件經過三個世紀的精心保存，於 1969 年被以色列
國家圖書館收藏。

牛頓爵士在一張紙片上潦草地寫下關於世界末日的正式計
算，首次在 2003 年 2 月公諸於眾。

根據他的計算，世界末日將發生在 2060 年。

他在計算之後又補充：

結束之時可能會到來得更晚，我看不出它有更早到來的
理由……我寫這些不是為了斷言它出現的時間，而是為了停止
耽於幻想的人們種種輕率、魯莽的猜測。他們不厭其煩地預測
最終時刻的到來，卻常常失敗。他們這樣做只能敗壞神聖的預
言。

所以你們現在知道了。2060 年，這是世上已知最有才華

的數學家，根據《聖經》中的資訊所計算出來的一切終結的日期。如何解讀就全憑各位的意願了。

海倫娜‧布拉瓦茨基（Madame Helena Blavatsky）

海倫娜‧布拉瓦茨基夫人是一位迷人的女子，一個無所畏懼的冒險家，超自然現象的狂熱研究者，因為能夠洞察可疑真實性而受到人們的追捧。她是神智學協會（Theosophical Society）的共同創始人，這個協會致力於研究唯心論和神祕科學。她的作品《奧祕的信條》（The Secret Doctrine）證實了她是一位非常有天賦的預言家。有些最直言不諱的批評者認為她是個徹頭徹尾的騙子，但愛因斯坦卻一直在自己的書桌上放著一本《奧祕的信條》。

海倫娜於 1831 年出生在俄羅斯。她的父親是一名軍人，母親是一位成功的小說家。她一生都堅持認為母親在她還是嬰兒時就去世——儘管她的母親去世時，她已經 12 歲了。這似乎可以暗示出一點她與真實世界的特殊關係。

17 歲時，海倫娜與俄國將軍尼塞弗爾‧布拉瓦茨基結婚。那位將軍的年齡是她的兩倍多，經歷過為期三個月的無愛生活之後，她從這場婚姻中逃了出來。接下來的十年裡，她一直在四處旅行。這十年的具體情況在不同的紀錄中各有區別，真實的情況可能永遠都不會得到確認。在海倫娜的自述版本中，這

段經歷包括她在西藏跟隨喇嘛進行了兩年的修行。然而十九世紀時要進入西藏並不容易，尤其是婦女。

十年之後，她終於回到俄羅斯，回到了她的丈夫身邊，條件是她只需要花很少的時間和她的丈夫在一起。她開始在祖父家中舉行降神會，很快就吸引了大批俄羅斯知識份子，他們對超自然現象和海倫娜・布拉瓦茨基夫人都越來越感興趣。

顯然，海倫娜・布拉瓦茨基夫人的魅力並不僅限於她的透視能力。數年下來，她與一名愛沙尼亞唯心論者以及一名已婚的歌劇演唱家都有了浪漫的關係，同時她仍然和丈夫住在一起。她生下了一個兒子，名叫尤里（Yuri）。尤里出生時是個畸形兒，她的情人都沒有認養這個兒子。尤里五歲時去世了，海倫娜深受打擊。她曾說，自己對俄羅斯東正教神的信仰也因此被摧毀。儘管如此，她還是堅持著一些信仰，這在她的陳述中可以找到證明：「有些時候，我深深地相信……基督的血救贖了我。」

在海倫娜的神祕事業為她帶來的金錢和客戶越來越少後，她決定再次旅行，這一次是去奧德薩、埃及和巴黎。她在那裡聽說了美國興起的唯心論運動，確信這就是她一直在尋找的新開始，於是她登上了一艘開往紐約的蒸汽船。1873 年 7 月，她身無分文地抵達了紐約。

她在紐約苦熬了一年多，靠著偶爾的降神會和在血汗工廠中做工，勉強維持生計。1874 年 10 月，她的生活發生了戲劇

性的變化。她前往佛蒙特州一個偏遠的農場，唯一的目的是向亨利‧斯蒂爾‧奧爾科特上校（Colonel Henry Steel Olcott）介紹自己。奧爾科特上校寫了一系列研究文章，內容是關於一對在農場裡主持降神會的兄弟，海倫娜認為，他就是她想要和需要見到的人。

她在農場待了十天，與埃迪兄弟一起舉行降神會，給奧爾科特上校留下了非常好的印象。奧爾科特上校連續寫了幾篇關於她的文章，當海倫娜主動提出想翻譯這些文章到俄羅斯發表時，上校非常高興。多虧了這些文章和口碑相傳，海倫娜‧布拉瓦茨基夫人的名聲開始在紐約內外傳播開來。更重要的是，她與奧爾科特上校的關係促成了 1875 年神智學協會的成立，該組織強調東西方哲學、宗教和科學之間的文化理解，並在今時今日繼續蓬勃發展。

她開始宣稱她的降神會中有許多靈現身，為她本來就備受爭議的生活增添了更多非議。在一張非常著名的照片中，布拉瓦茨基夫人坐在三位現身之靈面前，她稱他們為升騰大師、她的私人導師。他們分別是：埃爾‧麥奧拉（El Myora）、披著貂皮斗篷的聖熱爾曼（Saint Germain）、以及她的老師庫斯托米（Kuthumi），她聲稱自己的許多書面作品都是由這位老師傳授完成的，其中就包括《奧祕的信條》。

不管是不是因為庫斯托米老師的傳授，海倫娜‧布拉瓦茨基確實在 1888 年寫下了《奧祕的信條》，無可否認的是，書中

記載的許多預言都具有相當程度的準確性，例如：

在 1888 年到 1897 年之間，自然的面紗將被嚴重撕裂，唯物主義科學將受到致命的打擊。

「唯物主義科學」（Materialistic Science）指的是當時科學家的觀點，即世界僅僅是由物質、可見和有形的元素所組成。1895 年，威廉・倫琴（Wilhelm Roentgen）發現了 X 光，揭開了一個肉眼不可見的全新的現實世界；1896 年，亨利・貝克勒爾（Henri Becquerel）發現了放射性現象。

《奧祕的信條》還陳述了關於能量的一些事實性特徵，這些事實在十九世紀與大多數科學家的信仰都完全相反，但海倫娜・布拉瓦茨基 1888 年就把它們寫在紙上，後來也都得到了證實。在此舉幾個例子，海倫娜宣稱：

✦ 原子是可以分裂的。十一年後的 1897 年，約瑟夫・湯姆森爵士（Sir J. J. Thomson）發現了電子。

✦ 原子永遠在運動。十二年後，即 1900 年，馬克斯・普朗克（Max Planck）的工作奠定了量子力學理論的基礎。

✦ 物質和能量可以轉換。十七年後的 1905 年，阿爾伯特・愛因斯坦（Albert Einstein）公開了相對論。

她的預言不可避免地延伸到整個地球範圍，以及其地理狀

態和靈性的未來。例如，她堅信失落的亞特蘭提斯大陸和雷姆
利亞大陸會重新出現，並補充說：

位於大西洋盆地，九千英尺高的山脊，從不列顛群島附近
的一個點開始，首先向南美洲傾斜，然後幾乎以直角變化，繼
續向東南方向的非洲海岸延伸⋯⋯這個海脊是大西洋大陸的遺
跡⋯⋯如果追溯得更遠，便可以確立一個事實，即印度洋上存
在一個與一塊曾經存在的大陸有關的海底馬蹄形交匯點⋯⋯在
大約一萬兩千年前，不可穿透的神祕面紗被覆蓋在奧祕和宗教
的神祕教導之上〔那裡〕，就在亞特蘭提斯種族最後殘餘沉沒
之後。

1996 年 3 月，《發現》雜誌刊登了她在一百年前所描述地
區的衛星照片。《發現》對照片的解釋如下：

大西洋中部的山脊沿著格陵蘭島附近的海洋中心蜿蜒而
下，一直延伸到合恩角的緯度⋯⋯在南非下方，西南印度洋山
脊像一枚嘶嘶作響的火箭射入印度洋，或者像某種巨型卡通深
海鼴鼠留下的蹤跡。

1954 年，《美國地質學會公報》報導了對大西洋中脊的一
次探索：

　　石灰岩的岩化狀態表明，這裡的灰岩可能是在空氣中〔亦即脫離水面的陸地上〕岩化的。在一萬兩千年前，這座海底山〔頂峰〕可能曾經是一座島嶼。

　　把她的預言擴展到世界的其他地方，海倫娜・布拉瓦茨基也在《奧祕的信條》中寫道：

　　英國正處於這樣或另一場災難的前夜；法國正接近其周期的這一臨界點；整個歐洲都面臨著普遍威脅，或者更確切地說，正處在一場大災難的前夕。曾經發生在亞特蘭提斯的世界性毀滅將會再次發生。只不過這次不是亞特蘭提斯，而是整個英格蘭和部分歐洲西北海岸都將沉入海底。與之相對的是，沉沒的亞速爾群島地區，波塞冬尼斯島將再次從海中升起〔波塞冬尼斯島被認為是一個大約相當於愛爾蘭大小的島嶼，是亞特蘭提斯的遺跡〕。

　　儘管布拉瓦茨基夫人的一些地質預言是災難性的，但她的預言對地球最終的非物質性未來還是樂觀的：

　　我們正處於當前雅利安迦利（Kali）紀元或黑暗紀元五千年周期的尾聲。它將被一個光明紀元所取代。甚至就在我們的

眼皮底下，新的一個或多個種族正在準備形成。就在美國，變革將會發生，並且已經悄然開始。這個種族將在心智上重大改變，並將走向一個更完美的靈性存在。

H・G・威爾斯（H. G. Wells）

這是一位在後世被稱為「發明明天之人」的多產作家和社會活動者。如果不正視他的成就，那麼這場關於我們和我們星球未來的討論似乎就不夠完整。

赫伯特・喬治・威爾斯（Herbert George Wells）於 1866 年 9 月 21 日出生在英國肯特郡的布羅姆利，他的父母都是勤勞的藍領階級。完全是因為一個偶然的機會，讓威爾斯接觸到點燃他童年熱情的財富：書籍。他的母親在威爾斯家附近的一個莊園裡當管家，他一有機會就跟她一起溜進莊園裡的大圖書館，一直讀書到母親下工為止。

由於家境的關係，年輕的赫伯特・喬治只能暫時離開學校，成為一名學徒。當他重回學校的時候，便開始專注於科學研究，並獲得了學士學位，在學校擔任教職。1893 年，他開始全職寫作。

在這段時間裡，威爾斯的生活如果說得保守一些，也算是豐富多彩。1891 年，他大學畢業的那年，迎娶了他的表妹伊莎貝爾（Isabel）。為了養活妻子和父母，他做了兩份工作，

結果得了肺結核。隨後他因為自己的一名學生而離開了伊莎貝爾，那個年輕女孩名叫艾米・凱薩琳・羅賓斯（Amy Catherine Robbins）。1895 年，他與艾米・凱薩琳結婚，與她一同生育了兩個孩子。威爾斯一生共有七個孩子，只有這兩個是合法子嗣。

堪稱文學界之幸的是，威爾斯還將他的熱情傾注到他的第一本書《時間機器》（The Time Machine）中。這本書講述了一個人從 802701 年的旅行中歸來的故事，它是滑稽戲仿和黑暗科幻小說的絕妙結合。但是《時間機器》本身的技術原理和細節，揭露了威爾斯對非小說科學和物理的意外預見——例如，這本書暗示了一個時空連續體的存在，而愛因斯坦在多年以後發表了關於同一主題的理論。

他在文學上不斷取得成功，科幻小說《世界大戰》（The War of the Worlds）和《莫羅博士之島》（The Island of Dr. Moreau）更是引發了轟動。與此同時，他作為一個極具衝突性、直言不諱、常常過於激進的社會評論家的名聲也得到了提升。他擁護下層社會，熱衷人類社會的公義和平等，因此他加入了一個名為「費邊社」（Fabian Society）的倫敦社會主義組織。但他和這個組織的領袖們經常發生爭執，尤其是與作家喬治・蕭伯納（George Bernard）。威爾斯還將自己與費邊社的爭執作為素材基礎，寫進了他的小說《新馬基雅維利》（The New Machiavelli）。

　　威爾斯也是一個熱情的信徒，他相信，無論人與人之間的不義行為會使未來變得多麼慘澹淒涼，未來仍然是值得為之奮鬥的。這個基本主題激發了他的一系列數量眾多的非小說作品，包括二十世紀暢銷書《世界史綱》（The Outline of History）。他清晰的洞察力使他成為國際聯盟研究委員會（Research Committee for the League of Nations）的成員，從而得以與列寧、史達林和富蘭克林・羅斯福見面。他也成為當時英國議會的一位候選人。

　　直到 1946 年 8 月 13 日去世時，威爾斯已經寫下了一百多本書，其中只有大約一半是虛構小說。他在自己的作品中預言了下面所有的事，而這些事情在隨後的歲月中都變成了事實：

✦ 原子彈

✦ 英國在 1940 年加入第二次世界大戰

✦ 倫敦大轟炸

✦ 我們所知道的現代軍事武器——戰車

✦ 飛機的軍事化使用

✦ 超級高速公路

✦ 電腦

✦ 城市過度擁擠

✦ 鈾彈

✦ 錄影機

✦ 電視系統，或者可以廣泛傳播的新聞系統

其實威爾斯深受抑鬱、陰暗和悲觀情緒所苦，他為自己寫的墓誌銘是：「願上帝詛咒你們所有人，我早就告訴過你們了。」但讓人吃驚和感動的是，他對這個世界的看法和這種時刻折磨他的情緒截然不同。他認為這個世界有潛力無限地延續下去；他真誠地相信，如果人類能夠有所超越，拋棄現在種種自我毀滅的行為，我們就能鑄就堅不可摧的世界和平、合作和自由，擺脫長久以來我們所習慣的仇恨偏見，以及二十世紀中葉所產生的階級敵對意識。換言之，這個星球能否繁榮下去，我們人類能否生存下去，完全要看我們的選擇和願意擔負何種責任。

格里戈里·葉菲莫維奇·拉斯普京（Grigori Yefimovich Rasputin）

這一章的開頭我就說過，世上並不存在什麼標準的先知，上帝把預言的天賦賜給了各種各樣的人，而格里戈里·拉斯普京，就是其中極其特殊的一位。

他於 1872 年出生在西伯利亞的一個名叫波克羅夫斯科耶的小村莊，父母都是農民和虔誠的信徒。格里戈里的父親埃菲姆每天晚上都為家人讀《聖經》，這種習慣影響了拉斯普京的一生。

　　他小時候很容易抑鬱，特別是 8 歲的時候，他的哥哥死於肺炎。在他十幾歲時，已經有了我們現在所說的少年罪犯的名聲，酗酒，行事魯莽，而且他發現波克羅夫斯科耶的年輕女孩對他有著非同尋常的吸引力——那些女孩也以同樣的眼光看待他。

　　童年時，他已經被認為是通靈者。故事是這樣的：一天晚上，他躺在床上，聽到父親和一群客人在談論村裡馬匹被盜的事情，並推測可能的犯罪嫌疑人。格里戈里走進房間，指認屋中一個人就是偷馬賊，然後就回到床上。大家對小男孩的指責咯咯笑了起來，繼續他們的閒聊。但後來，有兩個人跟隨那個被指控的人回到他家，驚訝地發現被偷的馬就藏在外屋。

　　拉斯普京在 19 歲時結了婚，但這段婚姻並沒有讓他平靜下來，也沒有讓他停止酗酒。諷刺的是，他曾被指控偷馬，但沒有被定罪。隨後他被判處流放，但他說服法庭允許他以另一種選擇代替流放——他提議讓自己替代父親，前去 200 多英里之外的韋爾霍圖里耶修道院朝聖。法院同意了，於是拉斯普京欣然執行了這種他認為相對而言不痛不癢的懲罰。

　　就在拉斯普京準備出發去修道院時，他和他的妻子失去了他們的第一個兒子。但他別無選擇，只能繼續這次旅程，這是一次漫長、悲傷、孤獨的跋涉，到達韋爾霍圖里耶後不久，拉斯普京有幸會見了一位虔誠、廣受尊敬的隱居者馬卡里（Makary）。他告訴拉斯普京，兒子的悲慘死亡是一個神聖

的訊息，要拉斯普京回到波克羅夫斯科耶，將他的一生奉獻給上帝。

　　拉斯普京聽從了馬卡里的指引，而他煥然一新的虔誠姿態震驚了整個村莊。他戒了酒，每天還會祈禱好幾個小時。巧合的是，他前往韋爾霍圖里耶修道院的朝聖也讓他接觸到了一個相對沒什麼名氣的俄羅斯東正教派——司科蒲奇派（Skoptsy）。這個教派對待信仰的方式更符合拉斯普京的本質：他們相信罪是人類和上帝之間一個至關重要的連接元素。沒有罪，就沒有懺悔。沒有懺悔就沒有寬恕。沒有對罪的寬恕，就沒有上帝賜予的靈魂淨化。這對拉斯普京來說是一種完美、方便的理念，使他成為了一名司科蒲奇派僧侶，隨後成為一名令人印象深刻、受過良好教育、能言善辯、極具魅力的宗教導師，前往不同地方，在旅行中開始不斷犯罪。

　　拉斯普京給世人留下的印象是如此深刻，以至於在 1903年，當他第一次訪問聖彼德堡時，很快就吸引了上流社會的注意。他對《聖經》的全盤瞭解，以及作為一個說書人的天賦，那黑暗而神祕的魅力，再加上關於他超自然能力的傳聞——據說他有通靈和治癒疾病的天賦——使他成為風靡聖彼德堡社交界的紅人。1905 年，在他回城的路上，被邀請到彼得·尼古拉耶維奇大公和米麗特薩大公夫人的家中做客。他們認為他是一個虔誠的人，是上帝賜予他高深的超自然力量。拉斯普京得到了一個絕佳的機會來證實他們對他的信任，夫婦倆把他帶到他

們心愛的狗兒身邊，這隻狗病得很重，只能再活幾個月了。他跪在狗旁邊開始祈禱，據說狗竟然緩慢但確定無疑地恢復了健康。這隻狗被拉斯普京治癒後，還多活了好幾年。拉斯普京身為一個真正有天賦的上帝選民的聲望，從此深入人心。

　　大公和大公夫人迫不及待地把拉斯普京介紹給他們的朋友——沙皇尼古拉二世和亞歷山卓皇后。儘管在最初幾次會晤中，拉斯普京並沒有表現出任何超自然的力量，但他對沙皇和皇后卻產生了深遠的影響，沙皇甚至開始稱呼拉斯普京為「聖人」。他對於皇后所造成的精神衝擊更是毋庸置疑，皇后的前顧問菲力普博士在離開時曾向她保證：「皇后陛下，總有一天，會有另一個像我一樣的朋友向您談起上帝。」因此亞歷山卓皇后很快就斷定，拉斯普京就是她一直在等的那位朋友。

　　1905 年，尼古拉和亞歷山卓在生育了四位公主之後，喜出望外地迎來了第一個兒子，皇儲阿列克謝‧尼古拉耶維奇。全俄羅斯都在慶祝他的誕生，而沙皇和皇后卻必須隱瞞一個令人心碎的祕密：在阿列克謝出生不久後，他們便得知了這位繼承人患有血友病，使他注定成為一個孱弱的孩子，因為身體條件問題而永遠不可能登上俄羅斯皇位。

　　拉斯普京在阿列克謝的童年時期，曾多次被尼古拉和亞歷山卓召見。他在緩解阿列克謝身體不適方面，無疑起了巨大的作用。拉斯普京和這個虛弱的小男孩之間最著名的關係，可以從皇太子的姊姊奧爾加所做的紀錄得知：

那個可憐的孩子痛苦地躺在床上，眼睛下面帶著黑翳，小小的身體都變了形，受傷的腿腫得很屬害。那些醫生根本沒有用……比我們任何人都害怕……〔亞歷山卓〕送了一封信給聖彼德堡的拉斯普京。他大約在午夜到達宮殿。一大清早〔亞歷山卓〕叫我去阿列克謝的房間。我簡直不敢相信自己的眼睛。這個小男孩不僅活著，而且精神很好。他從床上坐了起來，熱度已經退了，眼睛清澈明亮，腿上沒有一點腫脹的跡象。後來我才知道，拉斯普京甚至沒有碰那孩子，只是站在床邊祈禱。

這個「奇跡」確保了拉斯普京在王室中的地位。尼古拉和亞歷山卓衷心感激，有些人甚至會說他們是盲目信任和支持他。儘管拉斯普京聲名顯赫，卻從未放棄他那虔誠的信仰：罪惡是通往上帝的唯一真正道路。如今，他在宮殿裡有了自己的房間，開始放手踐行自身的信念。他為自己添置了許多昂貴的衣裝，並且肆意染指身邊的女性，持續不斷地對她們進行「淨化」。即使是尼古拉和亞歷山卓的女兒在他眼中，也都算不上是禁果。儘管並沒有任何人表明拉斯普京和皇后之間有任何實質上的性關係，但拉斯普京的確經常出入公主們的房間，以至於公主們的家庭教師向亞歷山卓強烈建議，要絕對禁止他靠近那些女孩們的臥室。但這件事的結果充分說明了拉斯普京對亞歷山卓的影響程度——皇后沒有聽從這位女家庭教師的建議，

反而捍衛了拉斯普京在王宮裡自由活動的權力。

可想而知，拉斯普京對尼古拉和亞歷山卓的影響，開始讓越來越多的人感到恐慌，從俄羅斯東正教會到把拉斯普京介紹給王室的大公和公爵夫人，所有人都開始高度關注這件事。教會進行了一項調查，從數不清的婦女那裡得到了對他不利的毀滅性證據，包括企圖強姦一名修女。拉斯普京一長串的罪行被上報給沙皇和皇后，其中有些已被證實，有些則是極為有力的指控。但不幸的是，沙皇夫婦拒絕傾聽這些諫言。亞歷山卓特別指出，反對拉斯普京的浪潮只不過是殘酷的嫉妒和怨恨的結果——「因為我們愛他」。

接著第一次世界大戰爆發，1915 年尼古拉前往東線指揮軍隊。這是不是拉斯普京的主意？關於這點一直有爭議。但是毫無疑問，拉斯普京可以影響尼古拉的決定。沙皇的離開使得亞歷山卓皇后成為了俄羅斯唯一的統治者，而對於皇后有著巨大影響力的拉斯普京，就可以透過皇后之手左右整個國家的命運。他的首要行動之一，就是將詆毀他的人從政府的重要職位上撤下，讓他的忠實支持者取而代之。如今人們普遍認為，拉斯普京的存在和亞歷山卓對這個人近乎盲從的依賴，是帝國政府喪失人心的直接原因。

拉斯普京在政府內外的敵人越來越多，他們決定要把他徹底除掉。但在這場鬥爭中，拉斯普京不可能自動出局，皇后也不會允許。因此 1916 年 12 月 16 日的晚上，拉斯普京被邀請

到菲利克斯‧尤素波夫親王的家裡，表面上是為了讓他和尤素波夫的妻子伊琳娜見面，結果這個晚上以一種怪異的方式證明了拉斯普京的能力。拉斯普京在不知不覺間吃下了為他準備的劇毒蛋糕，喝下了同樣被下毒的烈酒。令尤素波夫和他的同謀者們惱火的是，這兩件武器對拉斯普京沒有絲毫影響。於是尤素波夫在拉斯普京背後向他開了槍。拉斯普京倒在地上。尤素波夫俯身確認他的死亡，拉斯普京卻跳起來攻擊了尤素波夫。

尤素波夫躲開拉斯普京的攻擊，又向他開了四槍，其中一槍擊中了拉斯普京的頭部。為了再次確保拉斯普京之死，尤素波夫又繼續用棍子毆打拉斯普京，直到拉斯普京不再動彈，也不再發出任何聲音。尤素波夫和共謀者們用簾子把拉斯普京的屍體裹起，扔進涅瓦河——令人難以置信的是，拉斯普京的死亡最終被確認為溺水而死。因為從他肺部的積水可以看出，他被扔進黑暗的河裡時仍有呼吸。

後人發現，拉斯普京在 1916 年 12 月寫給亞歷山卓皇后寫的一封信中，預言了他將在 1917 年 1 月 1 日前被謀殺。然後他補充說道：

如果我被平民的殺手殺死，那您就沒什麼可以害怕的。若我被貴族所殺，若他們讓我流血，他們的手必然一直污穢。兄弟會自相殘殺。這個國家將不會再有貴族。

信的其餘部分詳細解釋了拉斯普京的預言：如果他被窮人謀殺，王室就會興旺發達。如果他死於親王之手，皇后和她的整個家族將在兩年內被滅。

　　拉斯普京死於親王之手一年半之後，尼古拉、亞歷山卓和他們的孩子在 1918 年 7 月 16 日被布爾什維克衛兵處決。

　　拉斯普京被後世稱為「瘋僧」，圍繞其人生的爭議一直持續到今日，這並不值得奇怪。有些人認為，儘管他的個人行為相當可鄙，但他確實是一位天才治療師和通靈者。作為亞歷山卓皇后的先知顧問，他無疑拯救了阿列克謝的生命；另一些人則堅持認為拉斯普京是個騙子，利用自己的魅力和催眠才能，親近俄羅斯最有權勢的家族，並在一個生了病、極易受影響的小男孩身上製造出治癒的假象。

　　無論事實為何，他的許多預言從一戰中期一直流傳下來，其中包括他對即將到來的世界末日的預言：

　　人類正朝著災難的方向前進。能力較差的人將指引這輛車的方向。這種事會在俄羅斯、法國、義大利和其他地方發生。人類將被瘋子的吼聲輾壓。智慧將被束縛。無知者和強者將向智者和謙卑者發號施令。所以，大多數人會相信那些有權力的人，而不再相信上帝。上帝的懲罰雖然姍姍來遲，卻是巨大的。它將在本世紀結束前到達。到那時，智慧將最終從枷鎖中解脫出來，人將完全歸向上帝，就像嬰孩歸向母親一樣。這

樣，人類就會到達人間天堂。

亞瑟‧柯南‧道爾爵士
（Sir Arthur Conan Doyle）

他創造了夏洛克‧福爾摩斯，撰寫了關於這位名偵探的四部小說共五十六個短篇故事。他也是一名成功的醫生，曾在南非的一個醫療隊服務。他在一篇題為《南非戰爭的原因和行為》的文章中，為英國發動布林戰爭的行徑辯護，因此被愛德華七世封為爵士，後來成為了著名的作家和演講家，關心的主題是唯心論和來世。1930 年，他在紙上寫下了一系列預言，歷史證明這些預言非常準確。

他的名字是亞瑟‧柯南‧道爾，於 1859 年 5 月 22 日出生在蘇格蘭愛丁堡的一個虔誠天主教徒家庭。早期的醫師生涯讓他擁有了妻子露易絲（Louise）。他曾為露易絲的弟弟傑克（Jack）治療晚期腦膜炎。傑克的疾病和死亡使亞瑟和露易絲結為忠誠又相互尊重的伴侶，並生育了兩個孩子。當時亞瑟正從一名成功的醫生轉變為一名才華橫溢的作家。

夏洛克‧福爾摩斯的第一個故事出版於 1887 年。1893 年，露易絲被診斷出患有肺結核。1897 年，亞瑟舉家遷往氣候更宜人的英格蘭薩里郡欣德黑德，他在那裡遇到了一生的摯愛，一個名叫珍‧萊基（Jean Leckie）的女人。接下來將近十

年的時間裡，亞瑟・柯南・道爾和珍・萊基一直維持著一段既充滿激情又完全柏拉圖式的戀情。亞瑟從未違背自己的誓言，永遠不讓露易絲知道珍的存在，永遠不傷害她。

露易絲死於 1906 年，在隨後相當長的一段時間裡，亞瑟也陷入了健康和抑鬱問題之中。十年來一直向妻子隱瞞內心祕密的他感到愧疚不已，但他和珍之間的愛情並沒有因此而消亡。他們在 1907 年秋天成婚。

1881 年，亞瑟・柯南・道爾碰巧參加了一個關於靈性的講座——以他當時的狀況，這件事很不尋常。因為他在童年時所接受的天主教信仰已經變成了不可知論。不過在那次演講中，有什麼東西明顯地打動了他的靈魂，令他難以忘懷。他開始為唯心論刊物撰寫文章，參加降神會。在一個關於催眠（當時很流行的關於動物磁性的研究）的講座上，他自願被催眠。最後在 1893 年，他加入了英國心理研究學會，這個組織主要調查所謂的幽靈和類似的超自然現象。

1920 年，亞瑟・柯南・道爾爵士已經成為英國和美國最重要的作家和演說家之一，主題是唯心論和來世。對他來說，這是一項勇敢的事業，因為他清醒地意識到這會損害他一生的信譽，但是他內心的精神信仰是如此強烈和深刻，讓他願意付出這個巨大的代價，並且從不在這件事上含糊其辭或道歉認錯。他在 1930 年 7 月 7 日死於心臟衰竭。

一個像亞瑟・柯南・道爾這樣思想開放、豐富、擁有靈性

感悟的人，是傳遞預言的完美管道。這些預言中有一部分來自他的精神導師菲尼亞斯（Phineas），還有一些是基於他從英國和美國各地的靈媒那裡收集到的材料。它們全都記載於他臨終前不久寫的一封信裡，內容完全是出於他對這個世界的真摯關切，致全人類的一封公開信，目的不是唬嚇世人，只是鼓勵人們保持警惕，做好準備。

1930 年，亞瑟·柯南·道爾做出的預言：

✦ 大自然將會進入一段動盪時期。屆時大量人類都將滅亡。主因似乎是嚴重的地震和巨大的海嘯。

✦ 戰爭只會在早期出現，而且似乎會成為危機隨之而來的信號；危機馬上就要來了。

✦ 會發生難以置信的大規模破壞和文明生活的崩潰。

✦ 會有一段短時間的混亂，然後是一些重建。動盪期間大約為期三年。

✦ 主要的動盪中心將是地中海東部盆地，那裡至少有五個國家將完全消失。

✦ 陸地將會在大西洋上升，這將是造成海濤的一個原因，這些波濤將為美洲、愛爾蘭和西歐海岸帶來巨大的災難，包括所有地勢較低的英國海岸。

✦ 太平洋南部和日本地區還將發生進一步的大動盪。

✦ 人類可以透過回歸其靈性價值而得到拯救。

諾斯特拉達姆斯（Nostradamus）

米歇爾・德・諾特雷達姆（法語：Michel de Nostredame），亦即諾斯特拉達姆斯，1503 年出生於法國普羅旺斯的聖雷米。五百多年後，他的預言仍被詳盡地研究、辯論、讚頌和譴責，而他本人身為擁有偉大聲望的先知，同時也被視為騙子，受到了嚴厲的譴責。

我永遠不會聲稱自己是諾斯特拉達姆斯的專家，但我知道他早年是一位傑出的醫生和煉金術士。當一場瘟疫席捲法國的時候，他不孜不倦地致力於療癒無數病人。之後不久，他獲得了蒙彼利埃大學的醫學學位。他研製的草藥藥物對於難以治癒的疾病非常有效，甚至因此被指控為邪教異端——當時這是一種致命的指控。聽聞諾斯特拉達姆斯在對抗瘟疫方面取得了不可否認的成功後，教宗親自宣稱這些指控毫無根據。另外，諾斯特拉達姆斯還以其一生對窮人的慷慨而聞名。

諾斯特拉達姆斯花了四年的時間寫下第一本預言書，書名為《百詩集》（Les Propheties）。由於害怕那個時代對「預言家和占卜者」殘酷的宗教迫害，他不願意出版這本書。但最終，他強烈地感覺到自己的書可能對社會有用，所以他在 1555 年出版了這本書。這對他來說是一種非常危險的行為。還有一件不能忽視的事，諾斯特拉達姆斯並沒有把他的預言歸功於自身，而是承認上帝才是這些預言的作者。它們是他從上帝那裡

得到的禮物。他將第一本預言書贈予自己的兒子，他在這本預言書的前言中說道：

我的兒子，你的遲來讓我能夠用許多時間在夜晚守望。這樣我才可以留給你這樣一份文字的紀念，供你參詳……這是為了人類共同的利益，是神聖的存在允許我從星星的運行中學到的東西。

所以，不管他的預言是否準確，或者是否被認為準確，很難想像這樣一個善良、有信仰、謙遜和無私的人，會故意進行任何欺詐行為。

不幸的是，被諾斯特拉達姆斯成功戰勝的瘟疫，卻殺死了他的妻子和兩個孩子。在接下來的幾年裡，諾斯特拉達姆斯成為了一名旅行醫生。正是在這漫長而孤獨的歲月中，他開始積極地研究和試驗神祕奧術，為此著迷一生。他也是在從法國到義大利的一次例行旅行中，有了被認為是他第一次預言的經歷。

他在義大利一條狹窄的小路上，遇到了一小群方濟各會修士。諾斯特拉達姆斯有猶太血統，但他的家庭已改信基督教，因此他在天主教信仰中長大。就像所有受人尊敬的天主教徒一樣，他側身退到路旁，讓僧侶們通過。突然間，他的目光落在其中一人身上，心中頓時充滿了敬畏，他一下子便跪倒在費利斯・佩雷蒂神父（Father Felice Peretti）腳下。

當那名驚愕的修士詢問諾斯特拉達姆斯想要做什麼，諾斯特拉達姆斯回答：「在聖者面前，我只能虔誠敬拜。」

諾斯特拉達姆斯去世後 19 年，佩雷蒂神父成為了教宗西斯篤五世（Sixtus V）。

諾斯特拉達姆斯的旅行結束後，他再婚了。這次他是和一個富有的寡婦結婚，並與她生了六個孩子。他們在法國沙龍定居，他就是在那裡開始了其他預言寫作。

他的作品結構非常獨特，以四行詩的格式寫作。這些四行詩句組織成他的書本結構——每個世紀一百段四行詩。因為他一生總共寫了 942 段四行詩，所以有一個世紀只有 42 段四行詩。

至於他的預言風格，只能用隱晦深奧來形容。那些詩句中充滿了希臘和拉丁文字，還有同字母異序詞以及古怪複雜的字謎。有一種觀點認為他是故意含糊其辭，讓所有人都覺得他的作品難以解釋，不可能準確說明任何事。這樣的推測很有可能包含了一定程度的事實：諾斯特拉達姆斯知道，如果他清楚地表明自己是一位先知，便有可能面臨各種迫害，甚至酷刑和死亡。但是，如果他的作品足夠模糊和混亂，就沒有人能夠以此證明他是一個與魔鬼勾結的異端預言家。因此，關於諾斯特拉達姆斯四行詩的「真正」解釋，人們一直到今天還在爭論不休。這證明了他保護自己的能力，同時也證明了他的預言具有的實質意義。

　　下面是一段諾斯特拉達姆斯不那麼晦澀的四行詩。這段詩句使他在法國皇室中得到了很大的支持，並提升了他一生的地位。詩句是：

　　年輕的獅子會戰勝年老的

　　　　在一對一的格鬥場上。

　　他將透過金籠子，刺穿他的眼睛

　　　　兩傷合二為一，然後他殘忍地死去。

　　諾斯特拉達姆斯寫下這句話的短短幾年後，法國國王亨利二世在一場格鬥比賽中被殺，對手的長矛穿過國王頭盔上的「黃金」面具，刺進了他的眼睛。亨利國王的妻子，凱薩琳‧德‧美第奇，知道了諾斯特拉達姆斯關於她丈夫的預言。在丈夫死後，她便讓諾斯特拉達姆斯做為她的私人顧問。

　　諾斯特拉達姆斯的預言已經被無數人在無數書籍、文章和電影中翻譯、剖析、分析和解釋，我不可能在這裡公正地評價所有內容，但對於我們討論的末日災難，有幾段詩句表達得相當適切。

　　諾斯特拉達姆斯預言在通往世界末日的漫長道路上，世界將會看到三個敵基督的崛起，他們會恐嚇和殘酷地對待任何對他們不那麼盲信和奴性愚忠的人。

　　他對這三名敵基督中的第一個的描述是：

一個皇帝將在義大利附近誕生，

他會讓帝國付出巨大代價。

人們會說，看看他與之交往的那些人，

與其說他是王子，不如說他是屠夫。

他將從一個普通士兵開始建立帝國，

穿短衣的他將穿上長袍。

巨大的蜂群將會升起。

在一段單獨的四行詩裡：

被俘的君主，被征服，被送到厄爾巴島；

他將橫度熱那亞灣到馬賽。

通過外國勢力的巨大努力，他被打敗了，

雖然他逃過了火海，他的蜜蜂卻在槍口流血。

　　對於諾斯特拉達姆斯的無數研究者和擁躉來說，他所描述的第一位敵基督的身份似乎無可爭辯：1799 年至 1814 年在位的法國皇帝拿破崙・波拿巴（Napoleon Bonaparte），出生於 1769 年在離義大利海岸 50 英里的科西嘉島（Corsica）。沒有人會反對他在統治期間被描述為「屠夫」的說法。此外，他的皇冠也是蜂巢的形象。拿破崙被流放到厄爾巴島，又從那裡逃

回歐洲大陸。一百天後，他在滑鐵盧戰敗，被迫放棄了所有權
力，流放到聖赫勒拿小島。

　　諾斯特拉達姆斯將第二名敵基督描述為「人類巨大的敵
人」、一名操縱陰謀的大師：

在歐洲西部最深處，

從貧民中誕生了一個嬰孩，

他能用舌頭誘惑許多人。

他的名聲將在東方王國增加。

他要對這片土地實施暴政。

他將喚起蟄伏已久的仇恨。

德國的孩子不遵守法律。

哭泣、眼淚、火焰、鮮血和戰鬥。

在一段單獨的四行詩中，諾斯特拉達姆斯又寫道：

德國的將軍會因虛假的希望而屈服，

以致他的悖逆，造成大流血。

饑餓的野獸會過河。

戰場的大部分將會與 Hister[*] 敵對。

---

[*] 這是多瑙河或多瑙河沿岸居民的拉丁文名稱。也表示多瑙河或其河口附
　近的區域。

從上述內容看來，無怪乎現在的人們普遍認為諾斯特拉達姆斯預言了阿道夫‧希特勒（Adolf Hitler）的崛起。1889年，希特勒出生於奧地利一個貧窮的家庭，像「實施暴政」、「喚起仇恨」、「不遵守法律」和「用他的舌頭誘惑很多人」這樣的字眼，對於描述這個「日爾曼之子」，這個精神變態、虐待狂、不人道的怪物，真是輕描淡寫了太多太多。

然而，諾斯特拉達姆斯作品的批判者們立刻就會指出，「Hister」並不是一個與希特勒僅相差一個字母的神祕暗示，而是諾斯特拉達姆斯時代對多瑙河下游的稱謂。在這些四行詩「真正意涵」無以計數的爭論裡，這只不過是其中一點，而這些爭論至今也看不到結束的可能。

至於第三個敵基督，諾斯特拉達姆斯的詩句，再一次對他進行了充滿細節卻又很容易引發爭執的描述：

從大阿拉伯之地，

將誕生一個強大的穆罕默德尊主……

他將戴著藍色頭巾進入歐洲。

他將成為人類的恐怖……

恐怖的大王將從天而降。

他將復活蒙古的國王；

在戰爭前後施行統治。

天空將在四十五度燃燒。
大火逼近偉大的新城。
因為他必毀滅他們的城，
一顆冷酷無情的心，
血將被傾倒，
憐憫不復存在。

在 2001 年 9 月 11 日之前，人們普遍認為「偉大的新城」指的是紐約市，「天空將在四十五度燃燒」指的是紐約所在的緯度 45 度。2001 年 9 月 11 日之後，諾斯特拉達姆斯預言中「明顯」的參照物是世界貿易中心，被火焰吞噬的雙子塔倒塌前在空中燃燒，火焰與地平線呈 45 度角。

這就提出了一個與諾斯特拉達姆斯和歷史上幾乎所有先知都有關的重要觀點：**他們的預言必須放在他們所說或寫下預言的時代背景中去解讀**。例如，在討論諾斯特拉達姆斯的世界末日預言時，最廣泛引用的一段詩句是：

一九九九年零七個月，
那偉大的恐怖之王必從天上降臨。
他會把成吉思汗帶回來

在戰爭前後愉悅地統治。

諾斯特拉達姆斯的研究者們，顯然仍絞盡腦汁試圖解釋「偉大的恐怖之王」是誰，或者是什麼。特別是有些人相信這「明顯」關係到了第四個敵基督，或是敵基督的先驅，正如同施洗約翰是耶穌的先驅那樣。懷疑者們都在說：「看到了嗎？1999 年並沒有發生那種事。」相信諾斯特拉達姆斯的人們則回應：「你怎麼知道他會不會只是還沒有向世人表露身份？」

至於那個「一九九九年零七個月」，許多研究諾斯特拉達姆斯的學者指出，不應該過分從字面上看待這個日期。在諾斯特拉達姆斯生活的時代，人們強烈地相信改變世界的事件與千禧年之交有關聯（讓我們面對現實吧，在歇斯底里地過度到西元 2000 年之後，我們還沒有完全擺脫這種信念），所以有可能諾斯特拉達姆斯在遙遠的未來看到了一個模糊的日期，因為這個預言涉及到一個重大的全球事件，於是假設這件事會發生在一個新千年的前夕。

有些四行詩被認為是諾斯特拉達姆斯對於世界終結的預言，摘錄其中一些如下：

在人類經歷了一場巨大苦難之後，更大的苦難已然臨近。
諸世紀的偉大循環重新開始了。
它將讓血、奶、饑荒、戰爭和疾病如雨般灑落

在天空中會看到一團火焰，拖著一尾火花。

太陽在金牛座二十度，

必有大地震。高朋滿座的大劇院將成為廢墟。

黑暗和災難在空氣中，在天上和地下。

當異教徒呼求上帝和聖徒的時候。

土星和天蠍座一起轉向射手座，

在它上升到頂點的星位，

害蟲，饑荒，以及軍隊造成的死亡，

世紀和時代都即將重新來過。

四十八度的緯度上，

在巨蟹末期會有一場非常巨大的旱災。

海裡、河裡和湖裡的魚都因高熱而發狂，

〔法國南部〕因天空中的大火而陷入困境。

在土星和火星同樣熾烈的一年裡，

空氣非常乾燥，一顆長長的彗星出現。

因為隱祕的火，巨大的地方被高熱燒灼，

少雨，熱風，戰爭和襲擊。

這座大山周長四千兩百四十七英尺，

在和平、戰爭、饑荒之後，洪水

會蔓延到很遠的地方，淹沒大片土地，

甚至連古物和它們強大的基礎也不例外。

或遲或早，你會看到巨大的變化，

極度的恐懼和復仇，

因為月亮被它的天使引導著，

天空越來越靠近最終的審判。

最後，對於那些想知道是否應該在末日到來之前，開始整理自己事物的人們，這些四行詩可能會帶來安慰：

二十年，月亮的統治將會過去。

七千年後，另一個相似的君主將會回來。

當太陽掌握住它剩餘的日子，

那時我的預言就要完結。

諾斯特拉達姆斯計算出人類歷史開始於西元前 3203 年，再加上七千年，就會得出他預言這顆星球將在西元 3797 年結束的結論。

諾斯特拉達姆斯的最後預言，可以在以下四行詩中找到：

完成了大使任務，收藏好國王的禮物，

我不會再勞碌，因為我要去見上帝，

由我的近親、朋友和血親兄弟們，

將發現臥床和長椅旁邊即是我死後安臥之處。

在諾斯特拉達姆斯去世的前一天晚上，他剛從一次出使任務中返回。他請來一位修士為自己做最後的儀式。修士認為諾斯特拉達姆斯看上去完全健康，但是諾斯特拉達姆斯向他保證：「你不會在日出時看到還活著的我。」

第二天早上，也就是 1566 年 7 月 2 日，諾斯特拉達姆斯的家人發現他已沒了呼吸，就躺在床和床邊的長椅之間。

紛至沓來的當代先知

1970 年，重獲新生的基督教正統派原教旨主義者何凌西（Hal Lindsey）出版了一本名為《晚期的大行星地球》（The Late Great Planet Earth）的書。在那本書中，他做出了一系列預言（全部基於他對《聖經》的解釋，尤其是《但以理書》和《啟示錄》）。其中包括：基督將不晚於 1988 年回到地球；世界末日災難爆發的時候，美國將不再是一個重要的地緣政治強國；由十個成員國組成的歐洲合眾國，將演變成由敵基督統治的「復興的羅馬帝國」。

這本書的出版時機無疑促成了它的迅速成功，並讓人們重新相信末日即將來臨。世人對 1967 年以色列與阿拉伯國家埃及、約旦和敘利亞之間的武裝衝突記憶猶新。六天內，以色列佔領了西奈半島、加沙地帶、西岸和戈蘭高地，這些地方隨後被統稱為「以色列佔領區」。正如《聖經》的銷量在 2001 年 9

月 11 日世貿中心遭到恐怖襲擊後飆升一樣，六日戰爭讓許多人更加迫切地想要尋找真相，想知道地球歷史會在何時結束。《晚期的大行星地球》這本書直到現在仍然不斷印刷，銷量超過 3500 萬冊，以 54 種語言在全球出版，它的受歡迎度不能只說是人們一時心血來潮。

很明顯，1988 年的預言是不準確的，但是何凌西仍然相信《啟示錄》的作者，也就是使徒約翰是一個真正的「二十世紀和二十一世紀事件的目擊者」。在 1997 年福克斯新聞的電視節目中，他說：「寫下啟示錄的先知〔約翰〕告訴我們：『我看了，我見到了，我聽聞了。』一個一世紀的人被推進到二十世紀末，實際上他目睹了一場充滿了技術奇跡的戰爭……重返地球大氣層的洲際彈道導彈彈頭、被毒化的水體、四處瀰漫的放射性，幾乎摧毀了地球上的每一個城市。」

我記不清自己讀過多少遍《啟示錄》，當我得知這種論斷的時候，我又讀了一遍。我知道，許多人相信《啟示錄》是一系列「象徵性的編碼」。然而我找不到任何線索，能夠表明何凌西所指的到底是什麼。當然，公平地說，何凌西觀點的基礎是——只有「被上帝的靈性所引導的基督徒」才能準確地解釋《啟示錄》中的象徵，所以顯然我們這些對《啟示錄》有完全不同看法的人都是被誤導了。

還有浸禮會牧師黎曦庭（Tim LaHaye）和曾健時（Jerry B. Jenkins）所寫的《榮耀再臨》（Left Behind）系列，這個關

於基督第二次降臨的系列作品已經銷售了 6500 萬冊，其中最重要的觀點是，耶穌的肉身再臨即將到來，而地球的滅亡也在迅速接近。

根據黎曦庭的說法，「我們有更多的理由相信，自兩千年前耶穌建立教會以來，我們這一代人比之前任何一代人，都更有可能是要面臨最終結局的一代。」

《榮耀再臨》系列認為，導致文明終結的原因是一個世界性的祕密組織和無信仰團體所構建的陰謀。他們的目的是摧毀「基督教的每一點痕跡」。這些密謀者包括美國公民自由聯盟（ACLU），美國全國有色人種協進會（NAACP），美國計畫生育聯合會（Planned Parenthood），美國全國婦女組織（NOW），美國各大電視網路、雜誌、報紙，美國國務院、卡內基基金會、洛克菲勒基金會、福特基金會、聯合國、哈佛大學、耶魯大學和其他兩千所高校學院，以及最後但並非最不重要的「民主黨左翼派別」。按照黎曦庭和曾健時的說法，如果這些聯合起來的組織和社團能夠實現它們的願望，它們將「把美國變成一個非道德的、只重視人欲的國家，並且會進一步建立一個世界一體的社會主義國家。」

遺憾的是，《榮耀再臨》系列並未提及對於我們這顆星球上的人和環境是否應該予以關注，似乎這種關注並沒有什麼意義。這可能是因為在《聖經》的字面解釋中，完全沒有提到過世界末日來臨的時候，我們還需要這種利他主義。

但與耶穌的心意完全相反的是我嗎？還是這種觀點？

阿肯色州牧羊人教堂的阿諾德‧默里（Arnold Murray）在二十世紀 70 年代中期預言，敵基督將在 1981 年之前出現，世界末日戰爭號角將在 1985 年 6 月打響。

派特‧羅伯遜（Pat Robertson）預見到這個世界將在 1982 年秋季結束。

摩西‧大衛（Moses David）是一個名為「上帝之子」（the Children of God）的團體成員。他預測真正的世界末日之戰——阿瑪迦頓將在 1986 年爆發，以色列和美國將在那場戰爭中被俄羅斯擊敗，隨後會有一個全球共產主義獨裁政權崛起，而耶穌基督將在 1993 年重臨地球。

1988 年，愛德格‧威斯南出版了一本書，名為《為什麼基督再臨會發生在 1988 年的 88 個理由》。

浸信會牧師彼得‧拉克曼（Peter Ruckman）對《聖經》的分析讓他堅信，基督再臨將在 1990 年左右發生。

這個名單還可以不斷地列下去，永遠不會有盡頭。至少這證明了探尋世界末日「真相」的熱情，很有可能會持續到世界末日來臨的那一天。

Chapter 6
末日邪教

　　在這本書中，無論我這樣說多少遍大概都是不夠的：為任何一場災難做好準備，包括為最終的世界末日做好準備。這是一件好事，甚至是一種有高度智慧的行為。但如果只是生活在恐懼中畏縮不前，讓你的靈魂無法真正感受到上帝和上帝對你的愛，因而失去了一切，那就太過可悲了。你為有可能發生的最壞情況建造了防空洞，之後是要繼續你的生涯，還是躲在裡面了此殘生？後者並不是上帝想要我們過的生活。從某種角度來說，世界末日邪教所推崇的孤立和恐懼，就像是教人退縮進防空洞裡，只為了準備度過可能要一百年以後才會出現的大災難。我可以誠實地說，我寧願面對世界末日之戰阿瑪迦頓，也不願意體驗在本章出現的任何一個噩夢般的故事。這裡提及的每個故事都可以追溯到一個聰明、自戀的變態者，藉由世人對

世界末日與生俱來的恐懼，引領他們的受害者落入遠比迎接世界末日更加可怕的下場。

最令人不安的是，盲目崇拜世界末日的人們來自各行各業，幾乎包含了各種學歷水準、經濟狀況、文化背景、種族和信仰的人群。我們絕不能放心地斷言：「這種事永遠不會發生在我或我那些完全正常的家人和朋友身上。」事實是，它可以被傳播給任何人，除非我們能夠以智慧自省，看清這些破壞性的邪教本質，明白是誰加入了他們、誰創造了他們。智慧就是一種力量。我們還必須牢記另外一個方面：憐憫之心告訴我們，永遠不能把邪教的受害者看作是一群自作自受的瘋子。任何人的人生都不可以被輕易拋棄。尤其是在大多數情況下，這些受害者唯一做錯的事，就是遇到了一個極度有魅力的反社會者，而這個反社會者恰好在他們最脆弱的時候，說出了所有能夠打動他們的話語。

揭露和批判邪教的書籍數不勝數，在這個問題上有許多優秀的專家，我的能力遠遠無法和他們比擬，但我也做了自己的研究，特別是關於末日崇拜的研究。我也替這些末日邪教的受害者以及因為他們而同樣受害的家人和朋友工作過。在我七十多年的人生中，透過大量閱讀和豐富的個人經歷，我學到了足夠多的知識，可以在此做出一些稍有見地的評論。

會加入末日邪教的成員，通常是上帝、耶穌和《聖經》的虔誠信仰者，更對救世主到來之前的世界末日有著強烈的執

念。他們傾向認為人們天生都是誠實、有善意的，因此很難想像，在他們面前那個魅力十足、看上去同樣虔誠、一副要帶領他們走上正路的《聖經》專家，卻是一個心懷詭詐、擅長操縱人心的反社會主義者，上帝、耶穌和《聖經》只不過是他的道具和誘餌。被誘騙的信徒通常只想尋找一個讓他們感覺是自己真正歸屬之處，在那裡，他們會變得充滿活力，成為一個重要的部分。某些時候，他們可能是生活剛剛經歷了重大的變故，也許是失業、失敗的婚姻，或者另一半去世。有些人可能感覺自己的生活變得俗不可耐，完全沒有成就感，毫無意義。他們之中有許多人因此被教導要盲目服從他們的宗教，不管這種盲從是否有意義；但也有一些思想自由的人，發現他們所在教團的哲學中有一些自相矛盾或理論邏輯的缺失，只是他們幾乎全都認為自己是罪人，是有著太多缺陷的人，不配得到救贖；當世界末日來臨，只有真正有價值的人才能得到救贖，而他們完全不認為自己對上帝來說屬於有價值的人。

如果他們真的很不幸，就會遇到這樣一個人，他的魅力、自信和對上帝直言不諱的熱情，就像燈火吸引飛蛾一樣吸引著他們。這個人不只是嘴上說說，也付諸行動。他會計畫創造一個社會，並把這個小社會從殘酷、自私自利、罪惡、冷漠、毫無意義、不信神的世界中分離出來。在他所創的社會裡，人們每天都能以言語和行動崇拜上帝，不止是在禮拜天才這樣做。每個人都將在這個新的社會獲得同等重要的身份（當然，這個

社會的領袖有著非同一般的專屬地位）。所有人都會為他們的共同利益和歸屬感努力工作，並以全新的虔誠態度崇拜上帝的意志，希望上帝因此赦免他們的罪行。而且，他們的虔誠之心必須透過那個富有魅力、比他們更加虔誠的人，才能傳達給上帝，正是那個人才能讓他們的信仰之心重新燃燒起來。他是他們渴望已久的先知嗎？他當然就是，他會證明的。他不只是先知，也是他們所信仰的宗教一直向他們承諾的彌賽亞，是他們一直期盼的救世主。他的出現便預示著末日即將來臨，他的道路是世界末日來臨時唯一的救贖之路。懷疑他或不服從他，就是懷疑或不服從上帝本身——這在任何時候都不是好主意。世界末日來臨之際，這樣的自我懷疑只會更加沉淪。那些沒有足夠的睿智去明白、相信和愛人的家庭和人們，會認為自己必須對抗親友們向他拋來的懷疑論調，保護自己免於這些偽善言論的影響；而他們唯一的防禦手段就是徹底躲開那些虛情假意的關心。畢竟，如果那些身為異端的親友，真的像他們口中所說的那樣關心他的快樂和健康，那他們為他安排的生活為什麼會如此空洞、無意義，讓他直到現在都沒有見過真正的光明？

在一個滿是質疑的人生中，有什麼會比一個強而有力、以上帝為中心的聲音來得更有吸引力呢？「我有你正在尋找的答案，跟隨我來。」有誰能夠拒絕這樣的聲音呢？

這類教團的領袖們就像其他大多數反社會者一樣，知道如何吸引他們想要的追隨者：信任而不懷疑；慷慨而不自私；以

群體為導向而不孤僻；勤勞而不懶惰。他的信徒還必須渴望相信比自己更偉大、更神聖的東西，而不是那些對自己的生活和信仰感到滿意的人。

有抱負的邪教領袖一旦引起了潛在信徒的注意，他的行為模式就會發生變化。這種行為模式通常是可以預料得到的，而且很可能相當可笑；有時它還會具有一定程度的破壞性，有時看上去卻人畜無害：

- 他會宣稱他的個人神學理念中只有純粹的真理，不像傳統宗教那樣充滿矛盾和虛偽。

- 他還會提出一些無法證明或反駁的觀點。例如他經常接受上帝的特殊命令和啟示；他是彌賽亞或先知轉世；上帝已經把這項使命專門指派給他；而且他可以肯定，當世界末日不可避免地來臨之時，地球上那些有罪的無信仰者會滅亡，只有他能夠引導最忠貞的追隨者們，安全地進入上帝的懷抱。

- 作為一種「虔誠的測試」，他會堅持要求信徒們向他獻上「什一稅」，甚或要求信徒「捐贈」出自己的全部世俗財產以及所擁有的一切。（還有什麼比剝奪人們的資源，更能有效地把他們困住呢？）

- 他通常會拿出一連串令人欽佩、不可抗拒的集體目標來要求信徒。比如為窮人提供食物和庇護所、義工服務、為有需要的人收集衣物等等人道主義行動（他的信徒們往往在很久之後才意識到，他們的努力很有可能都只是在為他們的領袖牟

利，而不是服務社會）。

- 他會以最快的速度組織他的信徒社群，開始過某種形式的公共生活，讓他們與自己的家庭和親人隔離。對此他會說，只有一週 7 天，一天 24 小時皈依於上帝和他，才能證明他們真心想淨化社會帶給他們的罪惡，以及接納純潔、神聖的啟迪，也只有這樣他們才能平安度過世界末日。（要控制人們的思想，還有什麼手段能比把所有不同觀點的人隔離開來更有效呢？）

- 將他的追隨者們聚集在一起之後，他會一步步規定這些追隨者的每一個生活細節，讓他們始終處在他的監視之下——這個過程可能會很緩慢，但絕對不容置疑。通常他會以所謂的「聖經研習」，開始大量對他們洗腦。那些經文都是他精心挑選的段落，還會對這些內容做出對自己非常有利的詮釋，這些內容之中幾乎沒有任何一點是可以質疑或辯論的。他會以受到上帝（其實是身為教團領袖的他自己）的否認甚至放逐為威脅，以此來逐步擴展、強化對追隨者的控制，直到他的教團成員被嚇得連做出最簡單的決定都不敢。

- 一種「我們和他們是敵人」的心態，將被單調、規律性的洗腦不斷強化。因此任何來自諸如家庭、朋友、執法部門、國家稅務局、菸酒槍械管理局，或任何其他政府機構的「外人」的干預，都被視為潛在的敵對因素，是那些不信上帝的異教徒企圖破壞彌賽亞在塵世上的事業，是那些敵人對彌賽

亞進行的迫害。彌賽亞已經承諾，凡是從「我們」之中叛逃到「他們」那裡的叛徒，都將在世界末日降臨時承受永恆的詛咒。還有什麼能比彌賽亞的這個承諾更可怕、更令人顫慄的呢？

好訊息是，一些有跡可循的現象，能夠讓我們辨識出這種危險的世界末日邪教領袖。只要你仔細傾聽，觀察和思考，那麼即使是他們當中最熟練、最有魅力的欺詐者，也會被你一眼看穿：

- 任何聲稱他與上帝的關係比你更親密的「先知／彌賽亞」都是騙子。
- 任何聲稱你需要他才能與上帝溝通的「先知／彌賽亞」都是騙子。
- 任何聲稱只有他知道上帝為你、為你的未來，或者為全人類做了什麼樣的安排的「先知／彌賽亞」都是騙子。
- 任何命令或勸誘你傷害自己或者傷害其他任何生命，並聲稱這是出於上帝的旨意的「先知／彌賽亞」都是騙子。
- 任何聲稱自己是絕對正確的「先知／彌賽亞」都是騙子。
- 任何聲稱所有批評他或不同意他的人都是邪惡的，注定要受到上帝永世懲罰的「先知／彌賽亞」都是騙子。
- 任何要求你遠離那些一直愛你、支持你、對你真誠以待的人，要求你和他們斷絕來往，並危及你的經濟安全的「先知

／彌賽亞」都是騙子。

- 任何堅稱沒有人像他們那樣關心或理解你的「先知／彌賽亞」都是騙子。

- 任何相信自己不需要受到上帝和社會法律約束，並有權得到上帝的豁免，不必為自己的所作所為承擔責任的「先知／彌賽亞」都是騙子。

- 任何以恐懼、虐待和威脅作為權力來源的「先知／彌賽亞」都是騙子。

- 任何宣稱當世界末日的大災變發生時，只有從他那裡才能得到救贖的「先知／彌賽亞」都是騙子。

天堂之門（Heaven's Gate）

　　天堂之門是由馬歇爾‧阿普爾懷特（Marshall Applewhite）和邦妮‧納特爾斯（Bonnie Nettles）創立的一個世界末日邪教組織。多年來，他們替自己取了很多綽號，包括「二人」、「Bo、Do」（與 Bo 押韻）、「Peep 和 Ti」。馬歇爾和邦妮宣稱自己是從天國來到這裡的外星人——他們顯然很喜歡這個故事。但紀錄在案的事實表明，他們是在一家精神病院相遇的。當時馬歇爾是病人，邦妮是護士。

　　天堂之門是從 1975 年一個叫作「人類個體蛻變」（Human Individual Metamorphosis）的組織演變而來。這個組織的成員

離開了他們的親人、事業和財產，聚集在科羅拉多的沙漠裡，等待一個從不曾到來的 UFO。1985 年邦妮死於癌症後，「人類個體蛻變」組織演變成了「完全匿名得勝」（Total Overcomers Anonymous）。當時化名為 Do 的馬歇爾・阿普爾懷特重建了這個組織，組織的核心信仰就是阿普爾懷特的「迴圈」理論，地球上的人口將因此而遭遇末日災變。隨後在 1990 年代中期，阿普爾懷特將他的組織轉移到聖地牙哥，重新命名為「天堂之門」。

馬歇爾教導他的追隨者，我們的靈魂是獨立於肉體之外的實體存在，比肉體更加優越，只是暫時住在我們的肉體中，我們的靈魂與我們的身體分離將是最後的蛻變。他還宣稱，他的靈魂曾經住在我們所知的耶穌基督的身體裡，在兩千年前乘坐太空船來至此地。那些地球外的生物搭乘太空飛船在宇宙中旅行，他們的使命是提高人類的智慧水準。所以阿普爾懷特在提到外星生物時一定會說：他們是「高於人類的層面」。

天堂之門的目的是讓成員做好準備、進入天國。因為成員們相信自己完全不同於控制地球的邪惡力量，並且比這股力量更加優秀。一旦準備工作完成，他們就會集體自殺，進入天國，將靈魂從塵世軀體中解放出來。他們的靈魂在短暫的睡眠之後，最終會被一個「高於人類的層面」吸收，這個層面正在一艘太空船上等待他們。據阿普爾懷特表示，這艘太空船藏在1997 年接近地球的海爾─博普彗星後面。

　　阿普爾懷特在一段影片中明確警告我們，地球上的生命即將結束。他說：「你們可以跟隨我們，但不能既要留在這裡，又想要跟隨我們。你必須在我們離開這個大氣層之前儘快跟來，離開這個世界，因為它的迴圈就要到了。」

　　1997 年 3 月 22 日，就在那卷錄影帶完成錄製後不久，包括阿普爾懷特在內的 39 名天堂之門的成員躺在床墊上，在聖地牙哥一塵不染的房子裡，用苯巴比妥和伏特加的混合物集體自殺。這 18 個男人和 21 個女人的年齡從 26 歲到 72 歲不等，他們穿著一模一樣的黑色短立領襯衫、黑色褲子和 Nike 球鞋。自殺過程是分成三輪依序進行的，為期三天——第一天 15 人，第二天 15 人，第三天 9 人——這樣留下來的人可以用寫著「天堂之門」的紫色裹屍布覆蓋住屍體。

　　所有死者的口袋裡都有身份證明，還有一張 5 美元的鈔票和 3 個 25 美分的硬幣。後來，《舊金山紀事報》一位精明的專欄作家發現了馬克·吐溫的一句話，顯示這似乎不僅僅是個不幸的巧合：「乘坐彗星的尾巴去天堂的票價是 5.75 美元。」

　　該組織的自殺遺書中寫道：「當你們讀到這篇文字時，我們曾經使用的人類軀體應該已經被找到了……我們來自遙遠的太空中，來自高於人類的層次。我們現在已經離開自身為了完成地球任務所使用的身體，回到了我們所來自的世界——任務完成了。」

　　這是一場毫無必要的悲劇。他們為了逃避「地球上即將到

來的生命迴圈」，結束自己的生命。事實證明，這些說法不過是一個人利用辭藻操縱人心，他顯然認為擁有權力的目的，就是濫用權力。

吉姆‧鐘斯（Jim Jones）和人民聖殿教

在天堂之門的悲劇發生之前二十年，則是恐怖的人民聖殿教事件。這是由受過良好教育的前主流基督徒詹姆斯‧沃倫‧鐘斯（James Warren Jones），即吉姆‧鐘斯創立的末日邪教。

吉姆‧鐘斯最初在基督會（Disciples of Christ Church）被授予聖職，1955 年建立了人民聖殿（People Temple），在印地安納波利斯致力於幫助那些生活在貧困和疾病之中的人們。他開始傳道，向龐大的跨種族信眾群體宣講《聖經》、愛與平等。他也聲稱自己有能力治癒癌症和心臟病。正因如此，政府開始對吉姆‧鐘斯本人以及他的組織和行動，進行了許多次調查。

吉姆‧鐘斯在他的追隨者眼中變得越強大，他就越排斥《聖經》。他後來聲稱《聖經》只是一堆謊言，告誡眾人自己才是彌賽亞，是基督第二次降臨。他宣稱只有他一個人擋在他的信眾和即將到來的世界核武毀滅之間。他和他虔誠的多種族人民聖殿成員正處在一個邪惡的社會裡，但他們是光明正義的一

方，也將是這次核滅絕災難中唯一的倖存者。想要度過這場災難，他們就必須先集體自殺，隨後再同時復活，那時他們將創造一個新的伊甸園。1965 年，就在政府開始對吉姆・鐘斯進行第一次調查的時候，他把人民聖殿搬遷到了加州北部——更確切地說，是搬遷到了尤奇亞市，這裡被《君子》雜誌列為美國九座能在核攻擊中倖存下來的城市之一，可能不是什麼巧合。

隨著人民聖殿教擴展到舊金山和洛杉磯，吉姆・鐘斯所傳播的福音也變得越來越有共產主義和反基督教傾向。他危險的躁狂行為隨著他對處方藥的依賴日益加深，更加難以掩飾。他使用的藥物主要是苯巴比妥。與此同時，教會的叛逃者向政府和新聞媒體舉報吉姆・鐘斯和人民聖殿侵犯人權以及逃漏所得稅。1977 年，政府的嚴格審查所造成的壓力，促使鐘斯帶領大約一千名最忠誠的人民聖殿成員遷移到一個 4000 英畝的農場中，這塊土地是他們 1974 年從蓋亞那政府租借的。

這個地方後來被稱為「鐘斯鎮」，信眾們期待這裡成為他們共同的「應許之地」。但事實恰恰相反，這裡的生活極其艱苦。他們在南美潮濕的叢林中與世隔絕，只能在受到嚴格管制的環境中辛勤勞作，任何他們曾經熟悉的事物都遠在數千英里之外。遷居後，吉姆・鐘斯的健康和理智都受到了極大的損害，他往往會突然暴跳如雷，或者在妄想狀態中透過鐘斯鎮的廣播喇叭連續咆哮幾小時，直到深夜，這種情況對信徒們來說變得司空見慣。

最後，一個叫蒂姆·斯托恩（Tim Stoen）的人從人民聖殿教叛逃出來。他是該組織的高層，也是吉姆·鐘斯最親密的顧問。回到美國之後，他成立了自己的組織，命名為「人民聖殿親屬團」。它的目的是把親人救出鐘斯鎮的「集中營」，將他們從吉姆·鐘斯和人民聖殿的控制中解放出來。親屬團的努力非常有效，1978 年 11 月，媒體人士與加州國會議員里奧·萊安（Leo Ryan）一起前往蓋亞那實地調查。

鐘斯鎮的居民舉行了一個盛大的儀式，歡迎萊安議員和他的隨行人員，整體氣氛和諧融洽。吉姆·鐘斯向來訪者保證，這裡的情況和那些親屬團的報告完全相反，人民聖殿教的所有成員隨時都可以自由離開。然而這種說法在第二天就失去了可信度，一名隨行記者收到了一張來自鐘斯鎮居民的紙條，請求協助他們逃跑。那天早上，共有 16 名從人民聖殿教逃出來的信徒和萊安一行人一起離開。當他們從卡車中出來、準備登上等待他們的兩架飛機時，遭到了吉姆·鐘斯手下的幾名槍手伏擊。國會議員萊安、一個逃亡的鐘斯鎮居民和三名媒體人士死亡，其餘也有不少人受了重傷。

這起恐怖事件只是 1978 年 11 月 18 日難以言喻的鐘斯鎮悲劇首幕。吉姆·鐘斯很清楚，國際執法部門會為了在機場遇害、受傷的人們伸張正義，而這場暴行的主謀和下令者正是他。他也知道，人民聖殿教無法在即將到來的媒體調查中生存下來，所以他將鐘斯鎮的居民聚集到社區中心，向他們宣

佈：一直以來，他們都準備著要全體離開這個邪惡的世界，這是他——他們的彌賽亞，他們第二次降臨的基督——向他們許下的承諾，現在實現這個承諾的時機已到。他下令人民聖殿教的每一名成員都要進行「革命自殺」，從老人到無助的孩童和嬰兒，無一倖免。鐘斯鎮大部分居民都喝下了摻有氰化物的飲料和各種鎮靜劑。吉姆‧鐘斯則選擇了一條簡單得多的方式——在頭部留下了他自己造成的槍傷。在他的一聲令下，鐘斯鎮的 900 多名居民和附近蓋亞那機場的 5 個人同一天失去了生命。很難想像，他以如此狂熱的態度警告世人警惕核子浩劫，最終卻用一種更加殘酷手段，將那些把生命託付給他的人推上了絕路。

大衛教派（The Branch Davidians）

十九世紀早期，一個名叫威廉‧米勒（William Miller）的人，建立了一個名為米勒派（Millerites）的組織。在米勒派的諸多行動中，比較著名的就是他們預言世界末日將發生在 1844 年 10 月 22 日，前奏就是耶穌基督第二次降臨。

1844 年 10 月 22 日，這一天波瀾不驚地到來又過去，一切平靜無事。可以想見，米勒派對這種結果有多麼失望。

隨後米勒派又挑選了幾個世界末日的日期，全都是基於他們對某些《聖經》段落的解讀而推測出來的結果。當這些日

子和 1844 年 10 月 22 日一樣失去意義時，米勒派的成員隨即大幅地減少。然而，一些成員依舊堅持他們的基本信念，認為正義與邪惡之間的最終戰鬥即將來臨，基督的第二次降臨毋庸置疑。1863 年，他們成立了基督複臨安息日會（Seventh-day Adventists），這是一個與邪教完全相反的教團，至今仍在蓬勃發展，目前全世界有一千兩百多萬會員。

1919 年，一個名叫維克多・豪迪夫（Victor Houteff）的人，加入了基督複臨安息日會，十年後，他自認為發現了教團及其教義的幾個缺陷，便離開教團，成立了自己的教派——大衛基督複臨安息日會（Davidian Seventh-day Adventists），最終演變成大衛教派。1935 年，烏特夫在德州韋科市外，為他的大衛基督複臨教派買了一塊地，並將這個定居點命名為迦密山中心（Mount Carmel Center）。

1981 年某日，有誦讀困難的 22 歲高中輟學生、失意的搖滾樂手弗農・豪威爾（Vernon Howell），前往韋科市，加入了大衛教派。1990 年，他全副武裝佔領了迦密山中心，成為了大衛教派的領袖，並把自己的名字改為大衛・考雷什（David Koresh）。正如他向他的追隨者們解釋的那樣，「大衛」來自於《聖經》中的大衛家族，他便是這個家族在世的統治者。而「考雷什」是波斯國王居魯士（Cyrus）的希伯來語形式。居魯士釋放了在巴比倫的猶太囚犯，使他們能夠回到以色列。

大衛・考雷什宣稱他就是彌賽亞，是大衛教派從一開始就

期待的第二次降臨世間的基督、上帝的使者。他將親自引發天啟，然後引導他的追隨者安全地獲得救贖。在他冗長又馬拉松式的《聖經》學習中，灌輸了這樣的信念：他將帶領他的信徒與美國政府展開暴力鬥爭，這將標誌著世界末日的到來，也標誌著他的信徒走向永生。大衛教派內部的任何人不允許與「外部」的人接觸，因為那些「外部」是邪惡的，注定會把他們帶離只有大衛・考雷什才能體現的正義。

他在教團中有二十個「妻子」，他承諾她們將光榮地生下他的「士兵」。他還以教主的身份命令大衛教派的所有人發誓獨身，但他最小的「妻子」卻是一位虔誠信徒的 10 歲女兒。為了避免考雷什的年輕妻子們或迦密山中心的其他孩子不聽話，他們身邊總會備有一塊木板，只要「彌賽亞」一聲令下，就有人會遭受嚴厲的毆打。大衛・考雷什只接受他的羊群完全的忠誠和絕對、毫無疑問的服從。

在與政府執法人員長達五十一天的對峙中，大衛・考雷什所預言與美國政府發生暴力鬥爭的恐怖願景終於實現，這也標誌著他的追隨者們的世界走到了盡頭。事實上，政府一直在監視考雷什、大衛教派，以及迦密山中心的各種可疑活動。1993年 2 月 28 日，幾十名來自菸酒槍炮及爆裂物管理局的特工帶著搜查證來到迦密山中心，要求搜查非法武器。他們和大衛教派發生了槍戰，4 名管理局的特工和 6 名大衛教派成員被殺害。大衛・考雷什後來允許少數幾名特工進入院區，快速移走他們

死去的戰友。

然後對峙開始了。管理局的重型武器直接瞄準了這個基地，而敵方可能同樣多的重型武器，也瞄準了這些政府執法人員。聯邦調查局最優秀的談判人員被請來，透過管理局安排的直聯電話與大衛・考雷什對談。談判者的首要任務是確保 46 名無辜兒童人質的自由，他們一直生活在迦密山中心的高牆後面，被隔絕在真實的世界之外。最終，大衛・柯雷什同意只要電台播放一系列每段兩分鐘的講道後，便釋放兩個孩子。該協議在最初五天內釋放了 21 名兒童。

經過漫長的對峙，集結在韋科市附近、準備對大衛教派中心採取行動的政府特工們，做出了一個有嚴重疏失的結論——只要他們發動強力攻擊，據守在中心裡的絕大多數成年人，都會為了拯救還留在裡面的孩子而逃出來。但政府人員完全錯估了大衛・考雷什對他的追隨者們的控制，以及這些信徒相信死亡會帶領他們和孩子們，走向彌賽亞所承諾的永恆榮耀的程度。就這樣，政府特工們帶著一大隊坦克和催淚瓦斯向大衛教派的基地進攻了。

幾分鐘內，迦密山中心便被大火吞噬。大約 50 名成年人和 25 名兒童喪生在火災中。

大衛・考雷什同樣死在了這場大火裡。

根據美國聯邦調查局竊聽到的訊息，大衛・考雷什在最後的瘋狂中，似乎仍想完全控制自己和他的追隨者們的命運：這

場吞噬了整個迦密山中心的悲慘大火是預先安排好的。從某種角度而言，大衛‧考雷什是一名絕對意義上的先知——他預見了這個世界的滅亡，然後設計了自己的滅亡，並且讓所有相信他的人和那些完全沒有選擇能力的無辜兒童，一起踏上符合他的預言的毀滅之路。但我認為，大衛教派的信徒們對於他們盼望已久的彌賽亞，一定有著比這個結局更多更好的期待。

統一教（The Unification Charch）：文鮮明

傳說 1936 年某天，在韓國的一片山坡上，耶穌基督出現在一個 16 歲的男孩面前，告訴這個男孩，他被上帝選中，要在人間建立上帝的國。那個叫文鮮明（Sun Myung Moon）的男孩隨後宣稱自己是彌賽亞、第二次降臨的主、第二次到來的主，並在 1954 年成立了官方名稱為「世界基督教統一聖靈協 會 」（Holy Spirit Association for the Unification of World Christianity）的教團組織，俗稱「統一教」。半個世紀後，據稱該組織的成員已達數百萬人，遍佈全球一百個國家。

以下是文鮮明教派的一些基本教義：

● 亞當和夏娃最初被創造時，只有柏拉圖式的關係。他們首先要實現自身的完美，只有這樣，他們才有資格結婚生子，實現在地上建立上帝之國的宏偉願景。但因為夏娃犯了罪 —— 與魔鬼發生性行為，也就是「靈」從光明中墮

落——隨後是她與亞當發生的性行為，也就是「肉體」從光明中的墮落，於是上帝要他們成為人類「真正父母」的意圖從未能實現。

- 由於夏娃與撒旦的性關係，所有未能被救贖的人類所犯的罪都不是道德的選擇，而是遺傳的結果——我們都是夏娃和撒旦有罪的後裔，換言之，除非我們得到救贖，在此之前我們都是罪人。看到這裡，你一定已經猜到了，文鮮明正是全體人類唯一的拯救之源。女性可以透過被文鮮明「淨化」而得到救贖，也就是與他性交；如果是男性，就要透過「血親淨化」，或與被文鮮明「淨化」的女人性交來得到救贖，這便需要一場由文鮮明親自安排和祝福的婚姻，完全服從文鮮明的全知全能，自願讓文鮮明為其選擇配偶，把所有塵世財產都交給文鮮明的教會，還要鼓勵他們的孩子將文鮮明和文鮮明的妻子當成自己「真正的父母」等等。

- 根據神聖法則（Divine Principle，也就是文鮮明的說法），耶穌基督不是上帝的兒子，也不是童貞聖母孕育的孩子。耶穌的目的是透過一場被認可的婚姻誕生下完美的孩子，但他在完成這個目的之前，就被釘死在十字架上。對基督徒來說，十字架不是救贖的象徵，而是失敗的象徵，耶穌也從來沒有經歷過肉體上的復活。上帝承諾的第二次降臨並不是指耶穌，而是指「第三個亞當」，他將透過婚姻來實現上帝期待已久的肉體救贖，以此誕生無罪的孩子。神聖法則毫不含

糊地表明，文鮮明自己就是「第三個亞當」。

- 真正的三位一體是由上帝、「第三個亞當」和他的新娘組成的，而上帝的國只能透過文鮮明和他的妻子親自安排、批准的婚姻來實現。統一教的成員是唯一「真正的家庭」，「真正的父母」的榮耀頭銜只屬於文鮮明，也就是「第三個亞當」，還有他尊貴的妻子（文鮮明離過三次婚，不過似乎並未減弱文鮮明夫婦對於充當世人『真正父母』的熱情。當然，這也意味著文鮮明教會的『三位一體』有三分之一是可以隨便改換的）。

- 只有當肉體和靈魂的救贖同時發生時，救贖才是完整的。肉體上的救贖需要完全服從文鮮明，也就是「第三個亞當」。靈魂的救贖需要透過繳納金錢、為教團招募新成員，以及其他為文鮮明擴展勢力的方法來完成。我們這些生來就有缺陷的人，除非做出一些事來補償我們的罪行，否則上帝絕不會寬恕我們（順便說一下，文鮮明有 12 個孩子，因為他們是第三個亞當的親生孩子，因此基因得到了淨化。文鮮明認為他們是無罪的）。

- 一般預言的世界末日，實際上是指地球上邪惡的終結……巧合的是，這只能由文鮮明來實現。

　　文鮮明總結了關於自己的信念，要求他的信徒們堅定不移地遵守這些信條，其內容如下：

在過去的人類歷史中有聖人、先知和許多宗教領袖。你們的主〔指他自己〕比這些人中的任何一個都要大，比耶穌還要偉大……我是 α（Alpha 希臘文首字母）和 Ω（Omega 希臘文尾字母）；我是初始，我是終結。

將這種說法和他一生中多次違法行為比對，給人的感覺就不止是有一點諷刺而已了。他曾因偽證、欺詐、重婚和逃稅等多種罪名被定罪，在獄中度過多年；但他同時還持有大約三百家美國企業和基金會的主要股份，其中包括出版公司、報社、玩具、服裝和珠寶製造公司。

「崇高的」文鮮明承諾，救世主不會像《聖經》預言的那樣出現在雲端，而是會在 2000 年出現在大地上。那個彌賽亞不是幾千年前未能完成使命的耶穌基督，取而代之的是 1920年出生在韓國的一個人（恰好文鮮明就在這一年出生）。上帝要懲罰所有不認識和不敬拜這位彌賽亞的人。

這麼多年過去了，我相信自己和你們之中的許多人，仍然不知道文鮮明正是世界的救世主，到目前為止，上帝似乎也還沒有因此而懲罰我們。你們有注意到這件事嗎？

傑佛瑞・隆格倫（Jeffrey Lundgren）

我幾乎不想讓這個人的名字被印刷在我的書裡，但既然他已經被處決了，也不再是公眾關注的焦點，而我確實認為，他可以作為一個相對較小的例子，來說明那些聰明、善良的人是如何被一個「末日先知」徹底摧毀了自己的生活。

1950 年，傑佛瑞・隆格倫出生於密蘇里州的獨立鎮。他的父母在一個名為「後期聖徒重組教會」（Reorganized Church of Latter-day Saints）的摩門教分支中非常活躍。他的父親是一個紀律嚴明的人，對槍支有著極大的熱情，也將這種熱情分享給了兒子；而大家都說，他的母親是一個相當刻板、冷淡的女人。

傑佛瑞小時候是一個肥胖、毫無吸引力、難以溝通的傲慢男孩，沒有任何運動天賦或其他能夠在校園裡得到同學敬佩的才能。但他確實有一種不可思議的本事，那就是記憶和背誦數不清的《聖經》段落。那時他已明白了一件事──與上帝非同尋常的親密關係，能夠幫助他輕易建立起自己的名望和自我標榜的權威，哪怕這種親密關係完全是虛偽的，基礎只不過是生硬刻板的背誦。

他在中密蘇里州立大學遇到了一個名叫愛麗絲・基勒（Alice Keeler）的同學，她也是後期聖徒重組教會的信徒。兩人開始約會。愛麗絲是一個害羞、孤僻的人，在她的成長過

程中，她的父親為了治療多發性硬化症使用了大量藥物，因此常常陷入極度抑鬱的狀態，對愛麗絲和她的兄弟姊妹有過嚴重的暴力行為，而愛麗絲的母親需要長時間辛勤工作來養家。一位後期聖徒重組教會的領袖曾經告訴愛麗絲，她將與一位真正偉大的先知相遇、結婚，所以當愛麗絲開始與傑佛瑞‧隆格倫約會並懷孕時，就認為他一定是那位真正偉大的先知，也成為了他奴隸般百依百順的妻子。

在海軍服役四年後，隆格倫因為自大和缺乏責任感而失去了很多工作機會，還是一個虐待妻子和不斷尋求新歡的渣男，但愛麗絲一直對這個男人不離不棄，為他生了四個孩子，繼續堅持她的婚姻。她認為離開一個真正偉大的先知，會讓她付出地獄般的代價。

與此同時，隆格倫對後期聖徒重組教會不再抱有幻想，決定成立自己的教派。本質上，他的教派是這個摩門教分支教派的一個分支。他宣稱自己的神聖使命就是發掘《聖經》中的真理。他童年時就可背誦《聖經》中無數章節，所以儘管他是一個傲慢、虐待成性、淫亂無度的人夫人父，這項才能依舊有效地吸引了眾多追隨者。這些追隨者往往都是標準的正派人士，他們真摯而虔誠，卻被一個經驗老道的騙子帶進了精心設計的圈套。其中一位追隨者在數年之後坦承，當傑佛瑞‧隆格倫出現時，他第一次感覺自己好像終於找到了一個需要他、讓他有歸屬感的家庭。另一名追隨者則說了一句簡單而悲慘的話：

「我覺得我做過的每件事都是失敗的。傑佛瑞讓我覺得，跟隨他為上帝的事業努力，我終於可以做出一件正確、重要的事了。」

傑佛瑞‧隆格倫的羊群不斷增加，信徒們的捐款為傑佛瑞和他的家人提供了支援，但他很快就對這些有限的捐款不滿。於是他宣佈，根據來自《聖經》本身的命令，他和他的家人要搬遷到俄亥俄州的科特蘭市，在那裡，上帝會授予他真正的彌賽亞力量。

對於傑佛瑞‧隆格倫來說，俄亥俄州的科特蘭並不是偶然選中的目的地。基於「來自上帝的啟示」，摩門教會的創始人約瑟夫‧史密斯 1836 年在那裡建造了一座巨大、宏偉的聖殿。1984 年，傑佛瑞和愛麗絲搬到科特蘭後，很快就得到了聖殿導遊的工作。沒過多久，傑佛瑞就對自己微薄的導遊工資感到不足，開始動用聖殿的捐款、經營利潤。被他貪污的款項估計在 2.5 萬到 3 萬美元之間。

聖殿嚮導的工作讓他可以接觸來自全國各地的遊客，在導覽期間，他會傳播和宣揚他自己非正統、彌賽亞式、以自我為中心的《聖經》版本。他宣稱自己是先知和基督轉世，佐以傲慢強勢的態度，反而讓脆弱和天真的人們將其視為一種超乎尋常的精神力量。他開始激勵追隨者們遷居到科特蘭，從這位富有魅力的救世主這裡接受福音，他承諾會拯救他們，脫離即將到來的世界末日之戰。

不久之後，後期聖徒重組教會官方開始察覺到傑佛瑞對教會教義令人吃驚的篡改，並表示反對他的行為。傑佛瑞便退出了教會，放棄了他的工作——因為他已有了偷來的教會資金，還有越來越多的信徒開始將工資和其他世俗財產，交給他們偉大的新先知和彌賽亞。傑佛瑞帶領他的家人和信徒們遷居到了科特蘭附近一個租來的農場裡。

居住在農場期間，傑佛瑞開始規律性地穿軍裝，在無休止的《聖經》學習期更是如此。他收集了一個龐大的軍火庫，隨身攜帶一把上了膛的槍，在祈禱會的間歇時間裡經常進行射擊和戰鬥訓練。他成為了罪的唯一仲裁者，而他所謂的罪可以包括拒付他的支票，或是在公共晚宴上坐了錯誤的椅子。他也成為這個團體中唯一接受上帝命令的人，是即將到來的世界末日戰爭中唯一的拯救者。他無情地警告眾人，這顆星球的末日即將來臨，沒有他，就沒有見到上帝和被賦予永生的希望。

傑佛瑞認為他的教團是靈性和虔誠敬拜上帝的，對於這個團體，他有許多長遠的計畫，其中之一就是佔領那座後期聖徒重組教會聖殿——只因他曾經在那裡遭受到了可恥的驅逐。如果要在他所應許、前去與上帝相見的旅程中贏得自己的位置，信徒們就必須佔領聖殿，殺死任何阻攔他們的人。他的軍火庫不斷擴大，戰鬥訓練也持續加強，同時還有無休止地背誦《聖經》規定。

1988 年 2 月，這個教團的一位信徒凱文・庫里（Kevin

Currie）終於意識到傑佛瑞・隆格倫不是救世主，也不是先知，只是一個危險、殘忍、自大、反社會的暴徒，利用他對《聖經》的知識、追隨者對世界末日和對他的恐懼，來實施對信徒們的完全統治。由於害怕傑佛瑞報復，庫里逃離了農場，逃到了紐約州的水牛城。他在那裡聯繫了聯邦調查局，向他們舉報傑佛瑞的所作所為、他的軍火庫、他對那些盲目服從追隨者進行的嚴格戰鬥訓練，以及他奪取後期聖徒重組教會聖殿的計畫。由於無法確信這份報告是不是惡作劇，聯邦調查局將相關資訊傳真給科特蘭警察局長鄧尼斯・亞伯勒（Dennis Yarborough）。亞伯勒局長認真看待了這份報告，並對傑佛瑞・隆格倫和他的家人，以及這個孤立農場中的居民們展開調查。

　　但凱文・庫里、聯邦調查局和科特蘭警方都不知道，因為另外一番狂想，傑佛瑞已經極大化地改變了他的信徒們在與上帝見面的旅途中為自己爭取到位置的機會。現在，為了證明自己的奉獻精神，以及對彌賽亞傑佛瑞・隆格倫的完全服從，信徒們不必再去奪取後期聖徒重組教會的聖殿了，他們可以專注於一個更容易實現目標——獻祭（處決）一個家庭。自從來到農場之後，這家人就一直讓傑佛瑞心煩意亂。丹尼斯・艾弗里（Dennis Avery）並不符合傑佛瑞心目中真正的男人和一家之主的形象，他常常順從妻子，對於傑佛瑞允許他們自己做出的少少一點決定，他也總是把決定權交給妻子。丹尼斯甚至還

偶爾在《聖經》課上質疑傑佛瑞。這是一種異端行為。丹尼斯的妻子雪洛（Chery）很任性，顯然不理解更不遵循女性在家庭和群體中應有的順從、盡責角色。艾弗里家的三個女兒，分別是 15 歲、13 歲和 6 歲，也明顯同樣不守規矩和不聽話；綜上所述，事實已經非常清楚——如果他們明明知道罪存在於他們中間卻不聞不問，上帝肯定不會寬恕他們。沒有上帝的寬恕，他們就不會有永恆的未來。當然，如果他們在接受最終審判之前，把這個群體中最惡貫滿盈的罪人家庭趕到「審判席」上，上帝就會把他的憤怒發洩在艾弗里一家身上，同時寬恕偉大先知和彌賽亞傑佛瑞・隆格倫的追隨者。

於是，1989 年 4 月 17 日，當愛麗絲・隆格倫帶領教團最小的孩子們消失幾個小時以後，艾弗里一家人以各種藉口被一個接一個帶到主屋旁邊的穀倉裡，由忠心不二的男女信徒和他們神聖的救世主——傑佛瑞・隆格倫處決。丹尼斯・艾弗里是第一個被殺的，6 歲大的凱倫・艾弗里是最後一個。他們的屍體被放置在一個預先挖好的坑裡，覆蓋上石灰和泥土。除了用幾個垃圾袋來標記他們的埋屍處之外，其餘什麼都沒有。

「必須如此處置，」傑佛瑞在事後說，「這是上帝的命令。」

這場悲劇有一個格外令人心酸之處。謀殺案發生後的第二天早上，科特蘭警方和聯邦調查局探員就趕到了傑佛瑞・隆格倫的農場。那時他們對前天晚上艾弗里一家被處決的事還一無所知，所以沒有理由去審問這樁凶案，只是想要調查這個農

場大量聚集武器，以及意圖佔領摩門教聖殿的傳聞，但他們沒有發現任何切實的證據，對於這座農場，也只能粗略地看上一眼，沒有足夠的理由要求搜查，而傑佛瑞的追隨者們也沒有一個願意向他們提供任何線索，讓這些執法者能夠找到昨天晚上埋在穀倉裡的五具遺體。很久之後，愛麗絲‧隆格倫為自己辯稱：「他們（執法者）沒有問對問題。」但她和教團中的任何人，都不曾幫助員警和聯邦調查局探員意識到正確的問題應該是什麼。另一名傑佛瑞的追隨者，一個大約 40 多歲，看上去很溫順的女性在解釋自己為何會保持沉默、為什麼會參與對艾弗里一家的謀殺中時，只說了一句令人膽寒的話：「我是一名罪人，我知道自己有可能是下一個。」

就在那一天，慘案發生之後的第二天，也是執法人員突然到訪農場的那一天，傑佛瑞將他的追隨者分成小隊，命令他們趁夜色分批離開農場去賓州一個指定地點。傑佛瑞和他的家人會在那裡與他們會合，給予下一步的指示。數日之後，一名科特蘭警官驅車從那座農場旁邊經過，驚慌地發現傑佛瑞的教團拋棄了他們的基地。

傑佛瑞‧隆格倫的教團暫時在西維吉尼亞州的塔克郡安頓下來。傑佛瑞在那裡宣稱上帝會引領他找到拉班之劍（Sword of Laban）——這是《摩門經》中提到的神聖權威和帝王身份的標誌。他們從那裡啟程前往密蘇里州的奇爾豪伊，最終到達了一座穀倉（那裡並沒有拉班之劍，傑佛瑞始終也沒能找到那

樣東西），在寒冷冬季中度過了一週之後，傑佛瑞命令信徒們分散行動，各自去找工作，這樣等到春天重新啟程的時候，他們就可以把賺來的工資交給傑佛瑞。

在前往西維吉尼亞和搬回密蘇里的這段時間裡，傑佛瑞變得更加暴力、偏執和自大。他在自己的住處周圍佈置了散兵坑和 24 小時的守衛，甚至還有用來擊落執法直升機的高射炮，這些都是該組織新設置的武器。已婚男子都被命令，只要傑佛瑞心血來潮，就要自願將妻子奉獻給他，這樣他們就可以「用他的種子淨化自己」。傑佛瑞知道，他的追隨者現在非常害怕他，不敢違抗他的命令，因此得意洋洋。他經常提醒他們，如果他願意，發生在艾弗里一家人身上的事情，也可能發生在他們任何一個人身上。如果他持續不斷的怒火不足以威懾這些追隨者們，他還會一遍又一遍提醒他們，地球這顆行星的末日已經近在眼前，只有他掌握著讓他們生存下去、讓上帝願意歡迎他們進入天堂之國的鑰匙。

此外，還有另一種恐懼維持著教團對傑佛瑞的忠誠，一種在邪教成員中絕不少見的心理作用。如果有人開始懷疑他們的彌賽亞並不具有任何神聖性，既不是先知也不是上帝之子，那就必須面對一個事實——既然傑佛瑞是一個騙子，他們等於殺害了五個無辜的人，其中三個還是小孩子，而殺死這些人與上帝和神聖意志根本沒有任何關係。於是，這些人們只能相信隆格倫宣稱的一切。

教團暫停運作時期，傑佛瑞帶著愛麗絲、他們的兒子達蒙和更小的孩子們，以及忠誠的追隨者丹尼‧克拉夫特（Danny Kraft）前往溫暖的加州聖地牙哥。早期傑佛瑞結束海軍服役之後，曾經和愛麗絲在那裡短暫住過一段時間。

　　同時間，教團中還是有些人抓住機會，徹底逃離了傑佛瑞，放棄了對他的一切希望，認清他只不過是一個殘忍的殺人瘋子。其中有一個名叫基斯‧詹森（Keith Johnson）的人，目睹艾弗里一家的慘死，讓他簡直要被自己的良心活活吞噬。就這樣，在 1989 年 12 月 31 日，基斯向堪薩斯城的執法部門傾吐了自己的心聲，詳細講述了這起謀殺案以及他所知關於傑佛瑞‧隆格倫的一切。他甚至畫了張艾弗里一家埋屍地的確切位置地圖。那張地圖和一份關於基斯供述的書面報告引發了一連串行動，促使亞伯勒警長帶領他密蘇里州科特蘭市警察局的幾名副手，在 1990 年 1 月 3 日回到那座被遺棄的農場，進行了嚴密搜查，依照基斯‧詹森的地圖，很快便找到了艾弗里一家人的屍體。這家人被殺害並被埋在穀倉裡的悲慘消息，迅速引起了當地和全國媒體的關注。政府對傑佛瑞和愛麗絲、他們 19 歲的兒子達蒙以及傑佛瑞的 10 名追隨者發出了逮捕令，其中一些人在看到電視報導艾弗里一家被發現時就立刻自首了。

　　1990 年 1 月 7 日，傑佛瑞、愛麗絲和達蒙在加州的汽車旅館裡被捕，執法部門還查獲了「彌賽亞和偉大先知」所收集的大量武器和彈藥。經過一陣意料之中的法律攻防之後，隆格倫

一家被引度回密蘇里州，他們在那裡與已經被關押在監獄的老信徒團聚，等待後續的審判。

愛麗絲和達蒙分別被判處五個無期徒刑。

傑佛瑞的 9 名追隨者被判處較輕的刑罰。基斯・詹森，這位勇敢的線人兼英雄，因其證詞而獲得豁免。

傑佛瑞則對陪審團做出了長達四個小時、令人目瞪口呆的請求寬恕聲明。他說：「這不是我想像出來的，我可以與上帝交談，我可以聽到祂的聲音。我不僅僅是一個先知，我是上帝的先知。」

最終傑佛瑞被判處死刑。隨著行刑日期逼近，他試圖說服法庭，如果一定要對他執行死刑，只會造成「殘酷和非同尋常」的痛苦，因為他太肥胖，還患有糖尿病。但法院不同意他的說法。2006 年 10 月 24 日，傑佛瑞・隆格倫，彌賽亞和偉大的先知或殺人犯、騙子、玩弄女性的人渣、盜賊、施虐者、自大狂、反社會者——全看你是和誰討論他——被處決了。我想，這應該是他個人的末日。但毫無疑問，當他向他忠誠的追隨者們保證世界末日就近在眼前的時候，追隨者們所想像的，肯定不是這樣一個日子。

曼森家族（The Manson Family）

查爾斯・曼森（Charles Manson）以及其「家族」的狂熱

信徒，犯下了美國犯罪史上最惡名昭彰的幾起謀殺案，這些悲劇已經廣為世人所知。1969 年，在曼森的指揮和絕對控制下，5 個年輕人在洛杉磯兩個獨立的高檔社區惡意屠殺了 7 個完全陌生的人。曼森家族從此全方位曝光在世人眼前，它的殘暴，它接受法律制裁的整個過程，以及最重要的，那個身材矮小、眼神瘋狂的邪教領袖查爾斯‧曼森，都讓大多數人留下這些凶手是一群「吸毒成癮嬉皮」的深刻印象。這些殺手都是毒蟲，他們自己供認、他們的外表和行徑都和 60 年代末的許多嬉皮一樣，生活在一個具有團體性質卻又完全無組織的環境之中。

在曼森家族的可悲歷史中，有個經常被遺忘的事實：這個團體的核心是一種末日崇拜，查爾斯‧曼森就是他們的救世主。這是我們所能找到的最具體、清晰的案例，證明《聖經》可以被扭曲、顛覆，徹底被解讀成反面意義——而一切都取決於解讀者的思想和動機。

我們真的不能傲慢地相信，只要自己不是吸毒發瘋的嬉皮，就絕對不會被那些末日「救世主」誘騙，能夠清楚地分辨他們對《啟示錄》一廂情願夾雜私利的解讀。至於查爾斯‧曼森究竟是真的相信了他那套複雜的末世理論，還是只因為他發現這實在是一種非常有效的蠱惑手段，能以此來操控人心，就全憑各人的想像了。我們應當認真面對現實，同樣的問題很容易就會在馬歇爾‧阿普爾懷特、吉姆‧鐘斯、大衛‧考雷什、文鮮明、傑佛瑞‧隆格倫，以及其他世界末日邪教的領袖身上

看到。他們系統性地摧毀了許多信任他們、敬畏上帝、同時內心又有脆弱和不滿足一面的人們的生活。

查爾斯‧曼森 1934 年 11 月 12 日出生於俄亥俄州的辛辛那提。當時他的母親才 16 歲，父親的身份從未被確認過。無論他是誰，曼森聲稱從未見過他。曼森的姓氏來自他母親與一位名叫威廉‧曼森（William Manson）的年長男子的短暫婚姻。

曼森的童年生活非常不穩定，他是由祖母或姨媽撫養長大的，而他的母親不是因為武裝搶劫被關進監獄，就是幾天或幾周都不在他身邊。12 歲時他就開始在男童收容所和監獄之間不斷往返。13 歲時，第一次犯下武裝搶劫罪，從此又開始在監獄和管教所進進出出，直到 19 歲。他接受過相當多的監獄顧問和少數精神科病醫生的評估，所有人都覺得他的精神狀態深受妄想干擾，也非常令人不安；同時一份關於曼森的評論認為他擁有「某些與人打交道的淺顯技巧……由良好的幽默感和逢迎能力組成。」事實上，在他十幾歲的時候，他就滿懷熱情地參加了戴爾‧卡內基（Dale Carnegie）「如何贏得朋友和影響他人」的課程。儘管他沒有完成課程，但顯然學會了一些有效的方法。

1955 年，他開著在俄亥俄州偷來的車來到洛杉磯，成為了一名皮條客，這算是他人生的第一份工作，似乎也讓他學到了一些吸引他的「家族」成員的有效方法。之後，他又因為各種

聯邦罪行入獄，在此期間，他還接觸到山達基教、《聖經》和佛教，從這三種宗教中學到了一些術語。他也熱愛寫歌、彈吉他，最重要的是，他沉迷於披頭四樂團的音樂。

在監獄服完刑之後，查爾斯‧曼森開始累積追隨者，絕大多數都是十幾歲到二十歲出頭的年輕人。他們出於各種原因，一直在尋找一種歸屬感，希望自己能夠成為某種重要事物的一部分，或是正如曼森家族的一名成員所說：「走遍全國尋找上帝。」查爾斯‧曼森從舊金山的嬉皮區起家，那裡是二十世紀60年代末嬉皮運動最著名的聚集地之一，之後他帶著「家族」的第一批女性成員回到了洛杉磯。

當查爾斯‧曼森忙於吉他演奏、作曲、勾引女性追隨者和發展他的哲學、預言世界末日之戰即將到來時，他還短暫吸引了海灘男孩樂團（Beach Boys）的鼓手丹尼斯‧威爾遜（Dennis Wilson）和唱片製作人特里‧梅爾徹（Terry Melcher，他是著名影星桃樂絲‧戴的兒子）的好奇心。特里與女演員坎迪斯‧伯根（Candice Bergen）同居在天堂大道10050號，那是班尼迪克峽谷附近的一條小街，正好穿過好萊塢。有天晚上，丹尼斯‧威爾遜開車送特里‧梅爾徹回天堂大道，讓他在家門口下車，當時查爾斯‧曼森正好從那裡經過。天堂大道的那幢房子後來租給了導演羅曼‧波蘭斯基（Roman Polanski）和他美麗的演員妻子莎朗‧蒂（Sharon Tate）。

一個很有說服力的理論認為，正是因為特里‧梅爾徹拒

絕了查爾斯·曼森和他的音樂，才使得曼森選擇了天堂大道
10050 號作為 1969 年 8 月 9 日由他指揮的六起野蠻殺人案目
標之一。六位被害者分別是：18 歲的史蒂文·帕倫特、26 歲
的女演員莎朗·蒂、莎朗未出生的兒子、25 歲的阿比蓋爾·福
爾傑（福爾傑咖啡公司的女繼承人）、32 歲的沃伊泰克·弗里
科夫斯基（阿比蓋爾的男朋友），還有 35 歲的著名髮型師傑
伊·塞布林。不到 24 小時後，幾英里之外的洛杉磯洛斯費利
茲地區，又發生了兩起謀殺案——44 歲的萊諾·拉比安卡是一
家成功的連鎖超市的老闆，他 38 歲的妻子羅斯瑪麗是一家服
裝店的老闆，兩人在自己家中被人惡意殺害。所有死者都是白
人。

　　兩處作案現場都出現了用血寫的字——「豬」（pig）一
詞。而在拉比安卡的房子裡，冰箱門上用血潦草地寫著
「healter-skelter」。與洛杉磯警方最初的猜測相反，這些謀殺並
不是毫無動機的，而「pig」和「helter-skelter」（正確拼法，
這是披頭四的一首歌名）這兩個詞，則是解開這個殺人案謎團
的部分關鍵線索。從這裡，我們開始逐漸得知，這又是一起世
界末日邪教所製造的扭曲悲劇。

　　簡單來說，曼森對世界末日的預言，以及他在其中所扮演
的角色是這樣的（毫無疑問，當這個預言被重複地講述給一群
頭腦麻木、對未來迷惘、精神脆弱、體內被注入了無數娛樂性
毒品的年輕人時，就更有說服力了）：

- 雖然查爾斯‧曼森從未明確宣稱他是轉世的基督，但他經常提到自己曾經生活在兩千年前，那一世以死在十字架上而告終。在某種迷幻麻醉劑之旅中，他曾無數次讓他的「家族」欣賞他的「願景」：他躺的床變成了十字架，他能感覺到腳上的釘子，看見抹大拉的馬利亞在他下方哭泣；當他將自己交給死亡的時候，同時也能看見所有人類之眼看見的東西。許多家庭成員後來承認他們真的相信查爾斯‧曼森就是耶穌，他回到地球正是《聖經》中應許的世界末日來臨的徵兆。

- 《啟示錄》9章15節「那四個使者就被釋放了，他們已經準備好了，要在某年某月某日某時，殺死三分之一的人。」曼森確信，這四個天使就是披頭四。這種信念被《啟示錄》9章3節所強化，在曼森的解釋中，「蝗蟲」顯然是「披頭四」（Beatles，意為甲殼蟲）的同義詞，特別是在《啟示錄》9章7～10節的描述：「牠們的臉像男人的臉，牠們的頭髮像女人的頭髮……牠們胸有鱗片像鐵甲（披頭四的吉他）……牠們有尾巴像蠍子（電吉他的電線）。《啟示錄》9章1節提到：「第五位天使……被賜予無底深坑的鑰匙，」11節提到：「蝗蟲有無底深坑的使者作牠們的王。」毋庸置疑，無底深坑的第五位天使，「第五位披頭四」，就是查爾斯‧曼森。

- 因此，曼森說服了自己和他的家族，讓他們相信披頭四是

透過他們的歌曲向他傳達資訊。在這裡僅舉幾個例子：喬治·哈里森的〈Piggies〉被收錄在披頭四的《白色專輯》中，其內容是對物質主義、社會上層階級和貪婪的批評。但對曼森來說，這很明顯是一個指令，要他在物質欲望強烈的上層階級中尋找獵物殺戮，並用受害者的血液寫下豬這個詞，作為一種紀念和解釋。還有〈helter-skelter〉這首歌，同樣收錄在《白色專輯》裡，其中的歌詞包含：「當我直到底部，我回到了滑梯的頂上／我在哪裡停下，哪裡轉彎，哪裡狂飆／直到底部，我又一次見到你。」對於披頭四樂團來說，這無疑是借用遊樂園裡的滑梯進行無傷大雅的比喻，這種滑梯在英國被稱為「helter-skelter」。但對曼森來說，這是對曼森家族的描述，他們從無底深坑中走出，將在世界末日大戰之後，重新佔領這個世界。

- 披頭四的《白色專輯》另外一首歌是這樣的：「黑鸝在夜深人靜時歌唱／拿上這些斷了的翅膀，學會飛翔／你此生只是在等待這一刻的起飛。」曼森的解釋是：在世界末日之戰阿瑪迦頓中，黑人要起來反抗白人並摧毀他們（《啟示錄》9章15節關於殺死三分之一人類的內容。按照曼森的說法，這三分之一的人類指的就是白種人）。這是甲殼蟲樂團在告訴黑人，戰爭開始的時候到了。不幸的是，黑人的行動速度跟不上曼森，所以他命令他的家族開始屠殺白種人和「豬」，而且要盡可能殘忍和暴力，黑人顯然會背負這項罪名，而白

人會憤怒地予以反擊，黑人和白人之間的阿瑪迦頓之戰就會開始；在恐懼和憤怒中，白人將前往貧民窟進行報復，但黑人最終將取得勝利。他們會從這場戰爭造成的巨大破壞中開始重建，但也會發現自己缺乏足夠的技能管理這個新星球。因此，很自然的，他們會求助於曼森和他的家族。曼森家族會一直住在「無底深坑」中（據查爾斯‧曼森說，此處位於加州沙漠。）到那時，這個家族的人數將達到十四萬四千人（《啟示錄》7章），他們將重新佔領一個擺脫了蒙昧、未開化的世界。也就是說，那些沒有聽從無底深坑使者、轉世的基督查爾斯‧曼森的警告和教導的人們，都已經不復存在了。

查爾斯‧曼森和那些不幸地聽從了他的命令，為了尋求自己的救贖而殺人的「家族」成員——蘇珊‧阿特金斯，查理斯‧泰克斯‧華生，麗奈特‧弗洛姆，萊斯利‧凡‧豪敦和派翠西亞‧克倫溫克爾——都因莎朗‧蒂和拉比安卡一家謀殺案而被判終身監禁。

如果你只把這一章的故事當成警世故事來讀，那麼它應該也已經達到了目的。但我希望，除此之外，它還能向你證明，當人類內心的恐懼和一個有魅力、善於操縱、充滿權力欲望的聲音互相結合，世界末日就會從一種可能變成一種自我實現的預言——而這將是充滿悲劇意味的巨大危機。請容我再重複一

遍：每當有人告訴你，他收到了一個訊息，這個訊息中哪怕有
一點暗示要傷害任何生命，包括你自己，就可以毫無疑問地立
刻知道，這個訊息不是來自上帝，甚至根本不存在這樣的訊
息。如果他聲稱掌握著對《聖經》唯一真正解釋的鑰匙，那就
請他立刻表明對第五誡的立場，那一條戒律的內容極為清晰、
不容辯駁──「不可殺人。」

Chapter 7
我眼中的終末之日

> 諾亞的日子怎樣，人子降臨也要怎樣。在洪水到來之前的那些日子裡，人照常吃喝婚嫁，直到諾亞進方舟的那日，直到洪水到來，將他們全部帶走的那一日，他們仍未察覺。人子降臨，也要這樣。
>
> ——《馬太福音》，24 章 37 ～ 39 節

我已經被問過數百次，也可能是數千次，有沒有看到世界末日在何時到來？有趣的是，很少有人問我世界是如何結束的。人們只問那個時刻會在何時，彷彿唯一重要的問題只有該在何時開始整理行囊、停止支付帳單、取消雜誌訂閱。這就是為什麼，我認為世界末日會是一個永遠引起人們興趣的話題。我總是避免在電視上和他人面前詳細討論這件事，只因我絕不

認為世界末日可以讓我們沉迷於其中、為之感到恐慌，甚至惶惶不可終日，放棄自己的正常生活。我不相信我們來到這世上度過的一生，只是為了死亡。

在前面的章節中，討論了世界被「肯定」終結的許多不同年份，從基督受難後的第一個世紀，到米勒派的許多預言、馬雅曆法預測的 2012 年、以撒‧牛頓爵士精確計算的 2060 年，諾斯特拉達姆斯預言的 3797 年等等。我們已經討論過對世界末日的恐懼導致反社會的騙子所策劃的殺人和自殺悲劇。無論這樣的討論是否還有其他意義，我希望它們至少能夠明確、響亮地傳達出一個訊息：在這個實際上根本就是我們自己創造出來的問題上頭，我們已經浪費了太多焦慮和太多生命。

世界末日的概述

作為一個靈媒，我能清楚地看到這一整個世紀，直到它結束。除此之外，什麼都沒有。那種感覺就好像在 2100 年的某個時候，燈全都熄滅了——不是地球的燈，而是我們人類的。我們人類將成功地讓地球在接下來的大約幾十年裡，不再適合人類居住。

只有一點是千真萬確的，地球本身在世界末日不會毀滅。地球上不會出現有著我們名字的流星雨，不會因為地心過熱而發生毀滅性的爆炸，也不會因為漂移它的太陽軌道過遠而無法

維持生命繁衍。然而從古老的文明到今日的專家，一直在警告世人，一遍、一遍又一遍：如果我們不關心這個被賜予我們的神聖家園，它就無法再為我們提供庇護、食物和慰藉。就像一幢被忽視和隨意濫用的房子，遲早將無法再讓人居住其中。

隨後的九十二年

這絕對會是一個有趣的世紀，隨著終末之日的倒數計時，它將充滿了飆升的高峰和毀滅性的低谷，輝煌的進步和不可避免的倒退，動盪的混亂和幾乎前所未有的和平。

在我開始對本世紀前 42 年和最後 50 年的前景進行分析之前，我想對現在和未來的總統候選人提出警告。在 2008 年到 2020 年的某個時候，我看到一位在任總統可能死於心臟病發，而接任總統之位的副總統可能將有一個震驚全世界的舉動：他會宣佈打算對朝鮮宣戰，因為他準確地相信朝鮮擁有大規模殺傷性武器。但他為這次宣戰爭取國會和國際支持的努力將失敗，並引起巨大的恐慌，他還會在任期結束前被暗殺。

值得慶幸的是，在 2010 年底之前——將讓無數製藥公司懊惱——普通感冒可能成為歷史。我不知道具體的細節，但治療將涉及加熱過程，某種獨立的小隔間將成為大多數診所和醫生辦公室的常見設備，只要患者有罹患感冒的一點症狀，就可以進入這個隔間五、六分鐘，結合精確調控的加溫、抗生素蒸

汽和患者自己的身體熱量，消滅絕大部分感冒、許多過敏以及哮喘等鼻炎有關疾病的細菌與病毒。就我自己而言，我不僅僅是一名靈媒，也是一個感冒的受害者，每年都無法逃脫感冒的困擾。我可以向全世界的醫療、科學研究人員，還有製藥公司保證，無論是誰發明、完善了這種隔間，並且獲得了相關專利，都能獲得大筆財富。

現在，做過這兩項特別的警告之後，我就要對即將到來的九十二年做出大致的展望了。無論怎樣，永遠不要低估我們人類影響未來的能力，不管那是好是壞。不要把我的這些預測當成藉口，就此翹著腳坐下來，停止一切努力。對我們大多數人來說，這將是最後一次訪問地球，讓我們永遠不要後悔自己不曾在這裡做出更多改變。

2010 ～ 2050 年

二十一世紀將迎來一波來自「彼岸」、非常傑出的靈魂們所形成的非凡洪流，在下一章我們將討論為什麼是這樣。最值得一提的是我們在孕婦分娩和嬰兒護理方面取得的巨大進步。這個時機點並非巧合，我們正在為那些傑出的靈魂做準備，確保能夠盡量給他們一個在地球上最好的開始。

到 2010 年，由於超音波和羊膜穿刺術的極大改進，我們將在診斷胎兒缺陷和疾病上看到一些技術的飛躍。胎兒手術將

變得更精確，以至於能夠糾正這些狀況以及許多出生缺陷和遺傳問題。在我們未來的孩子出生之前，還將進行胎兒注射，以確保胎兒營養均衡、具有健康的免疫系統。

受祖先在分娩時接受重力幫助的常規作法啟發，2010 年還將出現有益於母親和新生兒的產房。這種產房將包括一個滑輪系統，讓母親可以懸掛在堅固的懸吊帶軟墊中分娩，就像地心引力一直以來的作用那樣，嬰兒會掉到醫生、護士和助產士手中柔軟的無菌枕頭裡。小型、圓形的產房牆壁將有螢幕，可投射由母親選擇、能夠安撫心神的情景。輕柔的音樂和平靜的海浪聲會伴隨圖像出現，燈光變暗，芳香療法會發揮微妙的作用。這種體驗將會更加表達對人性的尊重，而不僅僅是機械性的醫療手段。對嬰兒來說，從「彼岸」到地球的轉變將是一個不那麼充滿驚險、煩擾的過程。對母親來說，這也是一個更加體貼的過程。

孩子一出生，一連串例行性的血液測試就會揭示出所有蛋白質和化學物質的不平衡，這些不平衡可能導致後續的心理障礙，因此從抑鬱症到潛在的精神分裂症，所有問題都將在出生時得到解決。活體細胞也將從嬰兒的臉頰內側無痛取得，用於兩個目的：第一，政府將不顧美國公民自由聯盟反對，把孩子的 DNA 登記到一個國際資料庫中。這個資料庫最終將儲存地球上每一個人的 DNA 資料，好處是可以迅速追蹤失聯、失蹤、被遺棄和受到非法利用的孩子，還能迅速確認孩子的父

親、解決犯罪問題——所有這些問題的重要性都會遠遠超過個人隱私。DNA「指紋」將被謹慎地印在身份證件、學校和醫院紀錄、社會保險卡、駕照、信用卡等憑證上，很容易就能進行掃描，就像現在掃描條碼一樣。身份盜竊將成為一種古老的犯罪行為。

嬰兒出生時被採集和保存細胞的第二個目的，與生物複製技術的大幅進步有關，我們可以期待到 2025 年左右，只要手頭有一些細胞，就可能以生物複製技術造出一個新的器官來替代已經失效的器官，如此一來，等待器官捐獻者的漫長痛苦，以及在黑市上販賣器官的可恥行為，終將成為遙遠的記憶。

關於生育的最後一件事（但絕非最不重要的）：大約在 2010 年代，醫院將開始儲存、精心保護胎盤，這是為了一個偉大的目的——在未來幾年中，某種複雜的蛋白質或某種營養將在胎盤中被發現，它可以減緩阿滋海默症的進展。

順便說一句，如果這點看上去沒那麼真實的話，2007 年底的一項突破性進展——皮膚細胞可透過編程改造模仿胚胎幹細胞——同樣看起來是一個不真實的奇跡，而且可能是一個更大的奇跡。它不僅令人興奮地帶來許多對各種不治之症、中風和癱瘓的治療新方法，而且到 2012 年後，還可能使人們有能力將舊的身體器官替換成不會有排斥反應的新器官，從脊髓到四肢，甚至是燒傷或癌變的皮膚都能辦到。

我們沒有辦法將這件事的發生縮小到特定的年份，但請注

意，隨著這個世紀的發展，將會有越來越多不育的男男女女，他們因精卵數量太低而無法生育孩子。無數的生物學理論將因此被提出，但沒有一個能解開這個謎團。然而，「彼岸」有非常簡單的解釋：隨著終末之日的臨近，地球上的生命力逐漸不復存在，越來越少靈魂選擇轉世回來。想來這裡的靈魂越少，他們需要佔有的胎兒就越少；需要的胎兒越少，懷孕就越少。有趣且令人欣慰的是，隨著成功懷孕的人數減少，夫婦們會發現他們對孩子的興趣也越來越小了。他們的思想可能無法理解這是為什麼，但他們的靈魂將會清楚地意識到這變化。這些靈魂安排自己在這個非同尋常的時刻來到這裡，只是在這個時代，選擇出生於地球上的靈魂將越來越稀少，而到了終末之日，人口更是會急劇銳減。

這裡有一個好消息：在二十一世紀的頭 50 年裡，我們將看到這個時代一些最危險的疾病和苦難的終結。例如透過將高度上癮的標靶藥物導入癌細胞的細胞核，使得癌細胞消耗並消滅自己來滿足它們的毒癮，從而終結癌症。我曾經認為，至少在 2006 年之前，有少數傑出的腫瘤學家會使用這種治療方法，哪怕只是試驗階段，但我在 2010 年以前都看不到這樣的事情會發生。

同樣在 2010 年，透過蛋白質應用的卓越進步，糖尿病將顯著減少、最終治癒。

植入大腦底部的微晶片將恢復大腦、肌肉系統和神經系統

之間的健康信號，在 2012 年前有機會終結癱瘓和帕金森氏症。

大約在 2013 年或 2014 年，肌肉萎縮症、多發性硬化症（MS）和肌萎縮性側索硬化症（ALS）將透過高度特殊化使用人類生長激素而可能被治癒。

2014 年，一種安全、健康的藥丸或膠囊，將取代胃繞道手術和胃束帶手術，而一種針對腦下垂體的新型藥物，將消除厭食症和暴食症。

到了 2015 年，可能幾乎不會再有任何侵入性手術，取而代之的是已經得到了巨大成功的雷射手術。它將被一個電腦化的感應器大幅度增強，能夠精確地定位、分析，並對有問題的區域採取適當的醫療手段。

在不依賴器官移植的情況下，最遲到 2020 年，失明將有可能成為過去的事。屆時，人們將發明一種微型數位設備，當它被植入大腦額葉時，會創造或重新啟動大腦和眼睛之間正常、健康的信號傳輸。

不晚於 2020 年，由於一種完全複製人類耳膜的合成材料誕生，我們將有可能目睹耳聾被實質性終結。

二十一世紀最重要的醫學突破之一，將是 2025 年左右人造血液的完善。它將是通用型的血液替代品，並得到營養和免疫系統支援技術的強化，很容易製造，因此人類將永遠擁有一個安全、健康、豐富的輸血和供血系統。

健康方面真正可怕的壞消息要到本世紀後半才會出現，

我們將在接下來的幾頁中討論。而上半世紀真正令人擔憂的變化，也將遠遠超過我剛才描述的進展，很值得一提：

✦ 一種類似於「噬肉性疾病」的細菌感染將於 2010 年代出現，透過從外來鳥類傳入、幾乎無法察覺的微小蟎蟲散播給人類。已知的藥物和抗生素對這種真菌型態、極具傳染性的疾病完全無效，受害者只能被隔離，直到發現細菌可以透過某種電流和極端高溫的組合被消滅，人類才能夠對抗它。

✦ 到 2020 年左右，一種類似肺炎的嚴重疾病將在全球蔓延，攻擊肺部和支氣管，並抵抗所有已知的治療方法。而幾乎比疾病本身更令人困惑的是，它會猝然消失，就像它發生的時候一樣突然；十年後將再次爆發，然後完全消失。

在精神醫學方面，本世紀上半葉的進展將是非凡的，困擾當今社會的大多數精神失調性疾病，都將在實質意義上被終結。如果我們想創造一個更有成效、更成功、更和平、受教育程度更高的世界，讓犯罪成為一種反常而不是常態，就應該解決過動症、強迫症、抑鬱症、躁鬱症和精神分裂症的神祕問題，這樣我們的社會才能走得更順利。

前面，我們討論了新生兒將接受化學失衡測試和治療，以免這些問題導致他們未來的心理障礙，這對兒童、青少年和成年人都能適用。不晚於 2009 年年底，就可能會有非常精確的公式來描述哪些不平衡將導致哪些問題，以及哪些處置方法將

最有效地解決這些問題。經常被濫用的利他能（一種中樞神經系統興奮劑）和抗抑鬱藥處方不會再出現——這些藥物往往沒有血液測試能夠證明確實適合病人。我們將發現特定的心理障礙和特定的蛋白質缺乏之間的聯繫，當這些缺陷被精確地定位和解決時，這些障礙就會永久消失。

到 2013 年，我們可能看到精神疾病治療的驚人發展。會有一種設備出現，專門給訓練有素的精神病學家和神經學家使用，它將使用電磁脈衝來治療、治癒這些大腦的故障。該設備可在顱骨表面緩慢、平穩地滑動，就像核磁共振一樣，既可以水平移動，也可以垂直移動。當它移動的時候，會檢測大腦一切異常情況，包括大腦周圍的腦髓液、內部和周遭的血液循環，大腦半球內部和兩個半球之間的神經和化學活動，以及單獨腦葉的狀態等等。

掃描細節和診斷結果將由精神科或神經系統科專業人員監控。當該裝置感知到一個擾動——例如緩慢或受阻塞的體液循環，失效或多休眠的神經傳導物質——就會發射一連串不同強度的電磁脈衝，精確地刺激問題區域，不管那裡有多微小或多難以被探測到。這些每月一次的治療，加上適當的藥物，將對精神健康領域做出極大的貢獻，如同 DNA 檢測在執法領域的巨大貢獻一樣。它能夠從根本上「治癒」躁鬱症、抑鬱症到過動症、強迫症、創傷後壓力症候群和慢性焦慮症等各種疾病。

至於精神分裂症和嚴重的癲癇患者，他們有可能在 2014

年透過植入大腦的微晶片被成功治癒。當系統檢測到任何類型的障礙、信號錯誤或斷路即將發生時，微晶片將會實質上「重新開機」系統。這種微型晶片對大腦的作用與心律調節器對心臟的作用是一樣的，也會取得同樣不凡的成就。

我們可以期待未來 50 年裡犯罪率會大幅下降。其中一個原因是，隨著世紀的發展，傑出的靈魂將從「家園」湧入，我們將在下一章深入解釋這件事。另一個原因是執法和取證技術方面的躍進，這絕對會讓每一個美國影集《CSI 犯罪現場》的忠實粉絲激動不已。

也許最引人注目的頭條新聞會是，到 2025 年，執法部門將擁有嶄新、廣泛的資料庫可使用，使得偵破刑案的難度幾乎不值一提。

SCAN（我不知道這個首字母縮寫的字母分別代表什麼單詞），將是一個龐大的國際 DNA 資料庫，它從新生兒和普通人志願者那裡收集 DNA，與現有的 CODIS（DNA 整合索引系統）永久互動，後者專注於從罪犯和犯罪現場收集的 DNA，SCAN 資料庫則把每個人的 DNA 與他們的醫療紀錄和緊急連絡人等重要個人資訊串連起來，哪怕它只能解開受害人身份不明的謀殺案和其他刑案死亡者身份，都能讓這些太常見的悲劇不再發生，那麼為它而失去隱私，也是值得的。況且它還能立即識別失聯、失蹤、被遺棄和被偷走的孩子，這將使它成為天賜的禮物。

「SCAN」DNA 資料庫有可能將不晚於 2015 年全面使用，現代自動指紋識別系統（AFIS）的擴展功能也會在那時被使用。除了執法部門儲存、使用的數千萬枚指紋以外，還會添加完整的手印、掌紋、足印（會有單獨的腳趾紋），以及我們的手側紋——人在寫字時幾乎不可避免地會讓手側按上書寫表面。每個人的手側紋都有足夠的獨特性，也能夠被有效地辨識，可以作為有價值的法醫學工具，若能將其納入 AFIS 資料庫，會在 2009 年底解決一起國際知名的綁架案。

　　一個完全獨特的「指紋」資料庫可能會在 2008 年底被開發，在 2014 年之前被世界各地的執法機構全面使用。它將以某種方式嵌入人眼虹膜中。會有那樣一天，每台 ATM 機、收銀機、公共建築和機場，都將安裝微型虹膜掃描設備作為標準、多功能的安全措施。比如，有人偷了你的 ATM 卡和密碼，如果虹膜掃描器能在不到一秒的時間內識別出冒名頂替者，ATM 就會拒絕吐出現金。它還有另一個令人滿意的效果，在 ATM 自動鎖定的那一刻，靜音警告系統和資料庫都將發出警報，員警將在小偷企圖盜竊的瞬間得知他的身份。

　　未來，最複雜和最具開創性的資料庫，會是語音資料庫，它將發展得相當完美，2025 年在國際上全面使用。這個資料庫具有高度敏感性，可以探測到人們說話時的每一點音高變化、語調、節律、方言和數不清的其他變數細節。終有一日，無論聲音經過了多少篩檢程式、合成器和其他改變聲音的設備處

理，它依然能夠讓地球上的每一個人的聲音就像指紋一樣獨一無二。

現在，想像所有這些資料庫集合在一起，如果有罪犯在逃、孩子被綁架、出現了失蹤人口，訊息可以立即被傳遞給每一個機場、火車站、汽車站、汽車租賃公司、酒店和汽車旅館、銀行和 ATM、世界各地的餐館、小吃店和便利商店。資料庫接收器將像今天的微型監控攝影機那樣，在公共和商業建築中被普遍使用，當指紋、掌紋、手側紋、虹膜紋或聲紋被接收器識別時，執法部門會第一時間收到警報。

這一系列全球協調偵緝系統中，還包括了一個國際版本的《全美通緝令》（America's Most Wanted，由約翰·沃爾什主持的實境秀）。它將會一週 7 天，一天 24 小時透過非營利衛星頻道在全球播放，廣播關於每一名逃犯、失蹤人員和失蹤兒童的訊息。全世界每個角落的無數觀眾都可以看到這些訊息，另外還有相關的文字資訊和網站。雖然全球執法力量都將在發起、實現這項成就的過程中發揮重要作用，但它的真正起源將是蘇格蘭場（倫敦警察廳）。

不晚於 2014 年，衛星將能夠探測到犯罪，並發送警報給利用這些探測資訊的特定執法部門。如果現場沒有目擊證人，或者目擊證人對犯罪的描述前後不一致（這種情況常常會發生），相應軌道上的衛星也能立刻將犯罪現場的詳細影像傳輸給執法部門——這會是微型監控攝影機的終極版本。

在下一章，我們將討論這個星球在終末之日前將經歷的非凡靈性統一。這個統一的種子，以及我們每個人心中真正以上帝為中心的全球意識，將在未來 20 年或更短的時間裡，伴隨著宗教組織界的一些戲劇性變化被播下。

　　教宗本篤十六世將是最後一位選舉教宗。他的治理將被一種新的天主教實踐形式所取代——即選出聯合執政的樞機主教，由三位教宗共同分擔治理職責。

　　在 2015 年至 2018 年期間，一個新教信仰聯盟將會成立。龐大的成員數量讓它能夠採取有力的行動，解決饑餓、貧困、無家可歸和廣泛醫療需求等全球性問題。

　　到 2025 年左右，這種團結眾人力量的方法，將會成功地激勵所有願意參與的宗教自發地聯合起來。這種強大的聯盟將因為渴望更深入、更實際與造物主聯繫而得到統一。它的成員們願意拋棄傳統反動的官僚主義和無數低效率的組織，轉而採取積極、直接的行動，去為有需要的人們提供食物、衣服、住房、醫療和靈性滋養。因為他們知道，世人真正需要的是上帝的兒女為了上帝的兒女努力，這才是上帝之心的作用。

　　這個 2025 年的全球跨信仰聯盟，將建立起分佈在世界各地的療癒中心。它們會是由四座金字塔形的許多建築物組成的聯合體。在其中工作的全是志願人員，他們可以利用各種慷慨捐贈的物資，為有需要的人不間斷地提供食物、衣服、住所、基本的個人衛生和洗滌設備，以及醫藥療癒、危機諮詢、法律

援助，和其他所有周邊人群無法自給自足的需求。

關於本世紀後期的大規模靈性覺醒，具有特殊意義的一個跡象就是療癒中心的奉獻學校。它除了一般的學校功能以外，還提供世界宗教方面的通識課程，並要求學生在畢業前完成每一門課。

到 2040 年，這些療癒中心和發起它們的那些力量，將發揮巨大的作用。在很大層面上，正是因為它們的存在，才讓我們能夠看到一個偉大、全球統一的信仰。這個信仰的基礎是人們已普遍接受教育，讓人與人之間的相似度超越了他們的分歧；博愛和人道主義會讓人們團結在一起，對這顆星球造成顯著的衝擊改變。我們將在本世紀下半葉發現，這種統一的信仰只是全世界靈性轉變的一個開始。

2020 年將是指標性的一年。在這一年中，美國總統和政府行政的現行狀態將開始宣告終結。應該說，美國公眾終於受夠了，決定要拋棄他們了。

立法部門基本上將承擔行政部門的職責，由各州選出、人數相等的代表組成的菁英組織，會成為新的立法機構，簡稱為「參議院」。民主黨人、共和黨人、無黨派人士等組成的「黨派」體系將簡化為自由派和保守派，他們將在全國電視轉播的會議上，針對每一項提案和法律進行辯論和投票。

參議院的候選人將會被嚴格要求，並持續受到監督。例如，參議員不能擔任任何與聯邦、州或當地政府有業務或合作

關係的公司帶薪職位，溯及既往。每一名參議員在任職期間，必須接受隨機的藥物和酒精抽檢。

重組後的政府和受到嚴密審查的議員團體，長期下來將影響立法問責和公眾信任的回歸，而州政府也將不晚於 2024 年效仿跟進，成為國家參議院的小型翻版。

新參議院第一個六年任期內將制定的法律包括：

✦ 統一稅率。

✦ 為從事藝術、教育、執法和公共服務的人士提供稅收獎勵。

✦ 國家會為所有主要宗教的重大節日設立假日，並為所有納粹大屠殺倖存者、受害者及其後代設立紀念日

✦ 所有鐵證如山對兒童犯下罪行的男女戀童癖者，都會受到「閹割」處刑。這將是強制刑罰的一部份。

✦ 建立一套廣泛的公眾醫療系統。

✦ 在藥物或酒精的影響下駕車，即使是初犯，也會被判處強制入住治療機構和戒癮，並立即將其車輛扣押和拍賣，以支付治療費用。

另外還有幾項關於國家利益的問題：

到 2020 年，我們將看到個人退休帳戶 IRA、共同基金、養老金和退休計畫的終結，沒錯，還有股票市場也會邁向終點。

儘管現在很難相信，但到 2020 年代中期，美國的全球形

象將得到顯著性恢復。令人驚歎的是，這份成就得以實現的原因，是我們把聚焦在對外人道主義方面的大部分力量，轉移到自己的問題上頭，並致力於解決它們。美國將發展成為一個具有激勵性而非侵略性的國家，並因此更加受世人欽佩。

大約 1972 年，我在舊金山的一個電視節目《人們在說話》中宣告，「我們正開始發生極地傾斜。」我和節目主持人一樣對這個訊息十分驚訝，尤其是我並不知道極地傾斜（polar tilt）是什麼。我的辦公室很少發生像那次電視直播之後那樣被來電淹沒的情形，很多人都質疑我的精神是否正常。

事實證明，極地傾斜是地球的地軸傾向或遠離太陽的角度，引起洋流和一般天氣狀況的各種變化。出於好奇，我和同事做了一點研究，發現十九世紀的蘇格蘭科學家詹姆斯·克羅爾（James Croll）在 1875 年便寫過地軸偏斜導致氣候變化的文章，愛德格·凱西也評論過地軸偏斜問題。

而兩極偏斜將在 2020 年達到頂峰，除此之外，還有以下幾點：

✦ 大約在 2018 年，世界性的地震活動將導致火山和地震爆發。由此產生的大氣煙塵將造成嚴重污染，導致本世紀的農作物歉收。

✦ 大約在 2025 年，接近熱帶季風強度的降雨將襲擊北美和南美東海岸。

✦ 2025 年至 2030 年，劇烈的海嘯將襲擊遠東和佛羅里達。佛

羅里達州的海嘯將由史無前例的颶風群造成。

✦ 在 2026 年左右，一連串強烈的海嘯將會襲擊日本。由於重大的海洋騷動劇變，一塊新的陸地將出現在夏威夷群島。

✦ 2029 年將會迎來一場流星雨，一些我們在太空探索中丟棄的垃圾和碎片會不期而至地回到地球。幸運的是，這些天體墜物對地形和植物的破壞較大，對人類和動物的破壞較小。

✦ 在 2050 年之前，我絕對相信在大西洋和印度洋的主要火山甦醒和海底發生騷動之後，亞特蘭提斯和雷姆利亞大陸都將從它們的海底墳墓中壯麗地浮出水面。

在本章的後面，我們會討論大氣、地形和氣候，這些環境因素將在本世紀下半葉改變整個世界。事實上，正是因為這些因素的變化，世界末日將由我們決定會以多快的速度到來。

不晚於 2015 年，所有新建房屋都將採用太陽能和預製架構，以石質材料或阻燃合成木材建造在鋼筋上，屋頂是瓷磚和太陽能電池板，既堅固又防火。每個家庭都將採用複雜的安全系統標準，包括不鏽鋼大門和牢不可破、要家用中央電腦開啟的窗戶。這個中央電腦系統在緊急情況下會觸發警報，同時通知消防和警察部門。另外，房子的主人也可以透過「眼睛紋路」掃描來打開窗戶。眼紋指的是角膜和虹膜的紋路，它就像指紋一樣，每個人都是獨一無二的。關於眼紋的情況就像我們討論的虹膜資料庫一樣。所有的門禁點都會有一個攝影孔，住

戶和獲得授權的客人可以看向這個攝影孔,中央電腦就能掃描他們的眼紋,並允許他們進入。

同樣的這種家庭中央電腦,還可以透過程式來播放音樂、打開和關閉電視以及其他家用電腦、控制電器和照明,並完全管理電話系統——執行通話的語音啟動、阻止特定來電、選擇性地接聽電話,並支援使用者在任何房間裡都能有水晶般清晰的免持通話效果。

另外,每個家庭和公共建築都將遵循強制性的建築規範,使用強大、隱蔽的空氣淨化器,幾乎可消除所有以空氣傳播的病毒、過敏和哮喘的誘發源。

到 2015 年,大多數富裕家庭的另一個常見設備是功能強大、極其方便的機器人。這種系統將於 2019 年之後普及,可以對超過 500 個複雜的語音指令做出反應,包括做飯、打掃衛生、照顧寵物、講睡前故事給孩子、幫助孩子完成家庭作業以及指導電腦技能等。

最後一點,不過也同樣重要的是,到了 2040 年,私人住宅幾乎都會配備一個可伸縮的屋頂。這是為了方便家用氣墊船進出,就像現在家用汽車進出我們的車庫那樣。

隨著科技的進步,保護人們免於恐怖份子和有毒空氣的威脅,將成為越來越緊迫的優先事項,導致在 2020 年末,我們之中有些人將生活在穹頂城市裡。

穹頂城市的概念是由國際專家們合作開發出來的。第一個

城市將出現在美國。德國、英國和日本會緊隨其後，印度、中東和遠東則是最後加入的國家。最終每片大陸上都會有穹頂城市，它是由三層合成玻璃和塑膠建成，比現存的任何材質都要牢固、耐用得多；為了防止紫外線，它會被塗上顏色；它的穹頂足夠高、足夠清晰，以至於在它之下繁盛的人口，幾乎無法察覺到穹頂的存在；它可以透過開放和關閉穹頂來允許或拒絕航空載具出入；穹頂中的空氣將被淨化，溫度得到調節。整體來說，所有居住條件都將被科學化控制，維持最大限度的健康環境。

但諷刺的是，穹頂城市最終會因為它們的吸引力而沒落。它們的居住環境越優越，就會變得越擁擠，而當它們越來越擁擠，就會出現龐大的居住壓力。只需幾十年時間，穹頂城市的大量居民就會遭到「淘汰」，富人會接管城市，而窮人則會被排除在外。

不過這種不平等將因全世界出現了數個穹頂村落區域，而在一定程度上獲得解決。公共社區將在那些地方形成，成為非常成功的有機農業中心。

直到本世紀下半葉，生活於穹頂下的新奇性和環境純潔性才會失去吸引力，普通民眾會再次冒險進入「真實世界」，讓穹頂城市變得不那麼擁擠，居住成本更低廉，需求的程度也更低。

當然，如果說我們還希望在未來世紀中享有優質的生活，

還希望能推遲或避免世界末日，那麼這份希望的關鍵就在於受到良好教育的一到兩代人身上，他們能夠在我們失敗和未能實現目標的領域上取得成功。

大約到 2020 年，美國的教育體系將經歷巨大的結構性變革，這是刻不容緩之事。

教師將獲得優渥的薪資，同時將接受徹底的背景審查。除了必須持有教師資格證書外，還會被要求取得兒童心理學學位，因為孩子們的教育和情感需求會被視為同等重要。

提高工資會吸引更多人成為教師，到 2020 年，在任何一個教室裡，每名教師需要指導的學生人數將不會超過 15 名。

小學生將學習常用的閱讀、寫作、拼寫、數學和社會研究技能，以及營養學、基本倫理學、一門藝術或音樂課程、一門外語課程，和一門具有實習性和實踐性的生態學課程。沒有一個孩子會在六年級畢業時不知道如何閱讀和寫作。孩子若長期遲到、缺席，不能充分完成家庭作業，將被認為是父母的責任，所以父母將接受罰款和必要的親職指導。

在初中和高中，學生將透過筆記型電腦與各州教育中心指定的老師聯繫。教師和學生只需按下一個按鈕，就可以立即聯絡到對方，使得每個學生曠課行為的檢測和監督會比現在更加活化。每三個月會在當地舉行一次各科考試，由教學課程的研究生主持。

至於高等教育，每個學生都可以透過網路即時進入世界

各地學院和大學的申請程式，而每所學院和大學也都可以透過網路即時招生。大學生越洋求學將成為一種常態。隨著本世紀的發展，高等教育將與我們之前討論過的偉大宗教聯盟，一起形成一股強大的力量，最終推動人類進入一個全球性的共同社會。

從 2050 年到世界末日，以及其後的事情

數百萬年以後，當這個星球有機會淨化我們人類在這裡留下的痕跡時，地球上將會再次出現人類生命。而我們當前的理念應該是：**我們每一個人都必須在每一天中，竭盡全力拯救我們的地球。**

這個地球，這個我們離開「家園」之後所居住的家，創造它的是上帝，不是我們。它在我們還未出現、在我們之前就已經存在了，如果我們不克服自身的傲慢想法，自以為有權生活在這裡，那麼滅亡的只會是我們人類，而地球將繼續存在下去。有時，我覺得我們就像是一群被獨自留在家中、父母已經離開了我們、開始無法無天的青少年。在這種情況下，只要有足夠的時間和自由，孩子們遲早會把整棟房子拆光。以如今我們對待這顆星球的方式，我保證這也會是我們的下場。

我們要盡可能關注宏大的圖景，才能對一些事實有所瞭解。這些事實將會決定我們在這個世紀的下半葉能夠成功還是

失敗，以及當我們在地球上的日子結束時，是否能取得一些成就。畢竟肉眼所見往往是虛假的。例如，從我們的視角來看，我們的星球似乎是宇宙的中心，太陽、月亮、恆星和遙遠的星系都圍繞著我們旋轉。但事實是，地球只是圍繞太陽旋轉的八顆行星之一——其他許多行星比我們的地球還要大得多。宇宙中還有無數其他的太陽為它們自己的太陽系提供熱、光和生命；銀河系中更存在著比我們最聰明的天文學家所能想像的更多太陽系。

讓我們看看窗外，只要看上去感覺一切都好，人們就認為天下太平。這種推斷非常輕鬆、令人感到安慰，但我們正因此對自己犯下一個滔天大錯，也忽視了自己製造的問題。這是我們必須解決的問題——如果我們希望地球上的生命還能在下一個世紀延續下去的話。

既然人類能夠不停地忙著誇耀我們對地球的統治和優越感，自以為無論如何虐待這顆行星，我們都將立於不敗之地，那麼至少也值得花一點點時間來看一下赫伯特‧C‧法伊夫（Herbert C. Fyfe）在 1900 年 7 月為《皮爾森雜誌》*寫的一篇有趣文章：〈世界將如何終結？〉。在那篇文章裡，法伊夫先生指出：

---

* Pearson's Magazine，1896 年首次在英國發行的月刊。美國版於 1899 年開始出版。主要內容為文學推測，政治討論（通常具有社會主義傾向）和藝術。

在世界過去的歷史中，無數個紀元之前，有一段時間，巨大的怪物無論是在陸地上還是海洋中都很常見。牠們統治了地球一段時間，但最終衰落、消失。而就在我們這個時代，許多物種也開始滅絕了。那麼，人類還能希望自己永遠都會是世界的主人嗎？

「一旦一個物種消失了，」已故的 J. F. 內斯比特先生（J. F. Nesbit）說：「大自然就不會再更新它。她的資源是那樣廣袤無限，所以任何模式，或者說無論多少種模式，對她而言都沒有那麼重要。人類雖然姍姍來遲，但可能注定比蟑螂和龍蝦佔用地球的時間短得多。」

對於虛榮的人類來說，這樣的話也許不那麼中聽，但它卻是真實的！……

事實是，我們對疾病的起源和為什麼某些季節會發生某些流行病仍然知之甚少。鼠疫、流感、霍亂、傷寒，或是任何由細菌傳播的其他疾病，只要察覺到氣候或大氣條件有利於它，就會迅速繁衍蔓延，一旦它們失去控制，可能在一個月內就毀滅全體人類。

這篇文章寫於一百多年前，文中提到的毀滅並未發生——這一點或許能讓我們多少有點安慰。但我們有必要問問自己，相對於法伊夫提出的觀點，現在這個世界又有多大的不

同？人類仍然絕對相信我們是這顆星球上最優越的物種——如果「最優越」意味著「最具破壞性」，那這種認知也算是有些道理——當我們忙著把其他物種逼向滅絕時，卻忽視了一個明顯的可能性，那便是我們同時也把自己導向滅絕。對我們賴以生存的這個星球，我們竟如此輕視、肆意破壞，這難道不是很愚蠢的行為嗎？是什麼讓我們自以為不會像地球上其他物種那麼脆弱？看看那一長串到現在都無法征服、針對人類的致命疾病就該明白真相。如果糾正這種錯誤印象能讓我們人類清醒過來，開始認真關注地球的福祉，那真的會是天大的好事，願上帝保佑法伊夫先生。

全球暖化

當我告訴你們這些事的時候，我是一名靈媒，是一個居住在這個世界上並關心這個世界的人，是一個親眼見到六千萬年的冰川融化崩潰，消失在阿拉斯加海岸的旅行者，更是一個老祖母，她最大的心願就是自己的孫子的孫子能夠在這顆星球上出生、茁壯成長。全球暖化——也就是地球溫度從上個世紀開始逐漸提升，已經到了令人警覺的程度，這個現象對於現代地球已經成為一個潛在的致命威脅。無論你對艾爾·高爾（Al Gore，前美國副總統）有何看法，無論你是一個「環抱綠樹」組織的嬉皮還是右翼保守份子，這都是你無法逃避的事實。如

267

果我們不認真看待這個問題，不在今天就採取行動，它將成為導致日後世界無法居住的主要因素之一。

　　透過我的靈性力量，我可以很確定地告訴你們，在最後的日子裡，這顆星球仍然會保有我們現在擁有的這些大陸，但每一片陸地面積都會因洪水而劇烈縮減。目前陸地的三分之二地表會被水覆蓋。到了本世紀末，隨著冰蓋、冰川和最高山脈上的積雪持續融化，這顆星球將有四分之三的地方被水淹沒。大部分融化的冰會流入海洋，淹沒沿海城市，逼迫人口退往大陸內地。沒有融化到海洋裡的水會滲入地球，直達熾熱的地核，產生蒸汽和壓力，進而在世界各地引發一連串災難性的火山爆發。拉森火山、聖海倫火山和埃特納火山將是最早爆發的火山，即使是休眠的富士山，也將在 2085 年之前恢復力量，使日本大部分地區遭受重創。

　　一連串極端天氣將導致本世紀最後 30 年的大氣環境變得異常狂暴，目前我們所遭遇的一些氣象災害與之相比，簡直就像是再普通不過的天氣。颶風和季節性強降雨的頻率和強度都將增加一倍以上。全球的平均冷熱紀錄將至少比現在再上下 10 度。龍捲風將成為全年不斷的破壞，而不再是季節性的，它將遍及中美洲和南美洲大陸，以及歐洲和非洲的一些地區——這些地區曾被認為在地形上對龍捲風免疫。沒有洪水的地方就會發生乾旱，因此幾乎不可能找到良好、擁有合適資源的居住地，更別說是保障生命安全了。

是的，這全都要歸功於全球暖化。所以我們怎麼敢忽略它、輕視它，否認它真的可以決定人類的生死？

導致全球暖化的主要因素之一是臭名昭彰的「溫室效應」，一個我們耳熟能詳的術語，熟到我甚至不確定我們是否還在關注它。相信我，我們必須關注它。我當然不會假裝自己有專業科學背景或知識，但據我所知，溫室效應是由大氣氣體造成的，尤其是二氧化碳、甲烷和臭氧（臭氧是一種會造成污染的氧）。它們保留、反射太陽的能量，為我們保暖。如果沒有基本的溫室效應，這個星球表面可能會完全被固體冰層覆蓋。

溫室效應的危險在於，這個世界正在以越來越快的速度不斷強化當前的溫室效應。過多的二氧化碳、甲烷和臭氧充斥在空氣中，來自太陽的能量本應被地表反射向太空，卻被保留在大氣層內部太多，又被反射回地表，使地球變得越來越溫暖，牽動生態環境變化。解決全球變暖問題的關鍵之一是減少空氣中二氧化碳、甲烷和臭氧的含量。這些氣體是透過燃燒煤炭和石油等化石燃料排放到大氣之中，在短時間內毀掉大面積的樹林和其他植物，從而加劇了這個問題——因為植物會吸收二氧化碳和釋放氧氣，這樣才可以減少空氣中的二氧化碳，使地球降溫；而沒有了氧氣，人類根本無法生存。

在地面附近的臭氧就是一種污染物，和重要的臭氧層完全不能混淆，後者在大氣上層形成了一道薄薄的屏障，可以保護

地球上的生命免於太陽紫外線的直接傷害。早在 80 年代，科學家們就開始收集證據，證明臭氧層正在耗盡，使我們暴露於潛在的輻射傷害中，更可能導致皮膚癌、眼睛損傷和免疫系統受損。美國國家航太總署早已開始監測臭氧層空洞，那些被稱為「空洞」的區域是指臭氧極端稀薄，或存在嚴重損耗的特定區域。

　　這個問題的罪魁禍首是氯氟烴，也被稱為氟氯化碳，一種人造氣體；幾十年來，它被廣泛使用於噴霧罐和冰箱裡。西元 2000 年，世界上共有一百二十個國家聯合同意逐步停止使用氟氯化碳。但令人遺憾的是，儘管受到破壞的臭氧層在不被進一步消耗的情況下能夠自我修復，但癒合過程卻是非常緩慢的。關鍵在於氯是氟氯化碳的組成成分之一，它在大氣中具有驚人的持久性，但一個氯原子就能破壞 10 萬個臭氧分子。

　　把所有問題加在一起，導致了我們現在這個正慢慢變暖的星球。由於溫室氣體的極端提升和臭氧層的逐漸變薄，太陽的輻射熱有害影響難以削弱，引發了災難性的洪水爆發和惡劣的天氣肆虐事件。而我們並未保護、加強全球森林體系，反而在不斷砍伐林地，只為了製造衛生紙和從事房地產業開發，無視為我們提供氧氣和淨化空氣中過量二氧化碳的最偉大盟友，正在沉默中被迅速消滅，每一個導致地球無法居住的關鍵因素，都是由我們自己造成的。可悲的是，我們人類竟成為了地球上的一種癌症，把一個又一個物種送進了滅絕之境，顯然忘記了

人類和地球上其他物種一樣，都很容易邁向滅絕的終點。

我和你們一樣聽過「Go Green」公共服務公告，也看過同樣的保險桿貼紙。但是很多時候，這些宣傳並沒有後續解釋來告訴世人「Go Green」到底是什麼意思，或是它能夠對我們的世界有什麼樣的影響。我很不願意承認這一點——但我的確有些討厭那些激進份子的口號，比如「Go Green」就讓我覺得，如果我不花些時間到華盛頓特區去舉牌，很快就要被這些「環保」團體痛斥了（願上帝保佑每一個為這項重要的事業大聲疾呼的人）。我們所有人都知道應該為環保志業做些什麼，雖然我知道的很少，但一直都將它放在心上，希望能夠付諸實行，並將有意義的資訊與你們分享。

我所提倡的行動並不只因為它們簡單、可行，更是對這顆星球友好的行動。我提倡這些行動，並親身實踐它們。我們現在的所作所為，將會決定我們人類在本世紀末是徹底終結，還是能夠在隨後的許多個世紀繼續欣賞、感歎我們離家之時所居住的這個美麗世界。

我們要做的事其實很簡單：

✦ 只使用再生紙。為什麼？因為每一令再生紙可以減少排放 5 磅二氧化碳。

✦ 夏天把自動溫控器的溫度調高 2 度，冬天調低 2 度。為什麼？因為這些微小的調整將節約排放差不多每年 2000 磅的二氧化碳。

✦ 等到洗碗機完全裝滿以後再使用它。為什麼？因為這樣每年可以減少排放 100 磅的二氧化碳。

✦ 將家裡最常用的燈泡換成方便使用的節能型螢光燈。為什麼？因為這樣每年就可以減少排放 300 磅的二氧化碳。

✦ 將（儲熱式）熱水器的溫度調至最高攝氏 50 度左右，並進行保溫。為什麼？這樣做每年可以減少排放 1550 磅的二氧化碳。

✦ 將淋浴時間縮短 2 到 3 分鐘。為什麼？因為需要加熱的水少了，每年可以減少排放 350 磅的二氧化碳。

✦ 每個月檢查一下你的輪胎，確保它們充飽了氣。為什麼？因為這樣每年能減少排放 250 磅的二氧化碳。

✦ 及時更換你的暖氣和空調篩檢程式，或是按照官方建議的頻率清洗它們。為什麼？因為這樣可以避免這些機器工作耗能超過它們的設定值。這麼做可以讓你在感到舒適的同時，還能每年減少排放 350 磅二氧化碳。

✦ 關掉你的電腦，而不是讓它處於「睡眠」狀態，當你不使用電子產品的時候拔掉它們的插頭。為什麼？因為這樣每年至少可以減少排放 1200 磅的二氧化碳。

✦ 對居家環境做一些簡單的改造，比如在你的外門窗縫隙加上擋風條。為什麼？因為這樣不僅讓你整年都感覺更舒服，每年還能減少排放 1700 磅的二氧化碳。

✦ 種一棵樹，或者資助 TreePeople 這樣的護樹組織。為什麼？

因為這樣你將向大氣中添加更多的氧氣，並驚人地減少排放 2000 磅二氧化碳。

　　單單這些簡單的調整，就可以使每人每年減少排放 9500 磅的二氧化碳。如果你需要更多的動力來說服自己，那這樣做還能每年為你節省大約 2000 美元開銷。

　　還有一些對於今日或不久的將來的建議，不過它們不一定像上面的列表那樣簡單（或者成本會那麼容易負擔）：

✦ 當你更換舊電器時，購買帶有「節能減碳」標籤的新電器，這樣既能減少二氧化碳排放，又能省錢。

✦ 確保你家的牆壁和天花板隔熱良好，可以減少排放至少 2000 磅的二氧化碳，更可以讓你每年省下數百美元。

✦ 將單層玻璃窗換成雙層玻璃窗，既能節約能源，又能節省大量電費，還能減少排放驚人的 10000 磅二氧化碳。

✦ 將現在的淋浴蓮蓬頭改換為節流淋浴蓮蓬頭，這樣可以減少排放大約 350 磅的二氧化碳，以及平均每年大約 200 美元的水費。

✦ 當你買新車的時候，記住，一輛混合動力汽車每年可以減少排放 17000 磅的二氧化碳和 3800 美元汽油費。即使是一輛更省油的汽車，也會同時節省數千磅的二氧化碳排放和數千美元油費。

順便說一下，既然造紙業是造成全球變暖的第三大因素，那就去使用以再生紙製作的衛生紙、面紙、紙巾和咖啡濾紙吧；回收雜誌、報紙和紙袋，帶個衣物袋給乾洗店裝你乾洗的衣服，鼓勵他們扔掉所有多餘的紙袋、塑膠袋，並且在送衣服去乾洗的時候，記得歸還那些令人煩惱的鐵絲衣架。

說到「令人煩惱」這個話題，我敢肯定，只要目睹有多少垃圾掩埋場堆滿了泡沫塑膠杯，所有人都會感到恐慌。每年竟然大約有 250 億個泡沫塑膠杯被扔掉！市場上的塑膠袋比聚苯乙烯泡沫塑膠更容易回收利用，但回收率也不是很高。其實紙杯、玻璃杯和馬克杯裝盛的飲料比泡沫塑膠杯更美味，你不覺得嗎？至於去商店購物時留下的各種包裝袋，與其讓它們變成垃圾，不如使用可水洗的帆布購物袋完全替代掉它們。

再說一次，如果這不是事關生死，事關我們返回「家園」後，能否再回到地球上重新生活，我也不會在這個問題上花這麼多篇幅討論。是我們親手造成了這些問題，我們的責任就是解決它們。當我們這樣做的時候，請每一天都祈禱現在開始還不算太晚。

我們在終末之日的健康狀態

在一個不健康的環境中，顯然不可能獨善其身，保持自己個體的健康。當我談到疾病最終將終結我們在地球上的生存

時，請理解這不是要明確劃分我們未來會遭遇的致命疾病和我們正在創造的災難性環境。

我要強調的是，當終末之日來臨時，那些與疾病相關的死亡，反而會伴隨著出乎預期的輕鬆與安寧。到那時，靈性將被普遍理解，人們將確切地知道在「彼岸」等待著他們的是怎樣完美的喜悅。他們將從本質上「走出他們的身體」，進入隧道，無所畏懼，充滿希望。我不禁想起之前返回「家園」的三位牧師，他們在前後不到數個月的時間裡，都被人發現躺在床上，雙手合十放在胸前，安詳地仰面而逝。他們的死亡顯然充滿了慈悲、篤定和對上帝的堅信。除了一些最罕見的例外——那會是一種幾乎聞所未聞的暴力行為之果——這就是在時間終了時，每個人死亡的模樣。

諷刺的是，在本世紀的上半葉，我們將看到現今絕大多數最具破壞性的疾病會被根除。癌症、白血病、糖尿病、肌肉萎縮症、多發性硬化症、肌萎縮性脊髓側索硬化症、阿滋海默病、心臟病——等到 2050 年，這些疾病都將消失很久，以至於它們看起來幾乎是屬於上一個時代的事。然而，在 2075 年或 2080 年左右，醫學界將完全措手不及地發現，有一些對於今天的我們來說幾乎也已經屬於上個時代的疾病會突然出現、傳播世界，尤其是小兒麻痺症和天花。那時的我們已經十分高傲自滿，停止了這兩種災難性疾病的疫苗接種，自大的態度和我們創造的不健康氛圍互相結合，為這些疾病提供再次崛起的

完美機會。

環境惡化損害我們的免疫系統，這是毫無疑問的因果報應。事實上，地球將以這種方式來回報我們對她的所有虐待和忽視——這也是我們必須開始珍惜、愛護這顆星球的另一個重要原因，只有這樣，我們才能希望地球會再次對我們充滿關愛。纖維肌痛症、慢性疲勞症候群、不育和不孕症，以及不計其數、幾乎無法追蹤的過敏症狀將會急劇增加，這也可能是一種報應，我們將比以往任何時候都更容易受到不健康動物所攜帶的疾病傷害，從聞所未聞的禽類流感和萊姆病的變種，到透過南美昆蟲傳播的西尼羅河病毒的致命同源。

這些疾病和瘟疫會突然、猛烈地襲擊我們，科學家和研究人員再怎麼努力也無法跟上它們發展的速度，更別說征服它們了。可悲的是，再加上有毒的空氣，災難性的洪水和極端氣候所導致的人口大規模流離失所，所有這些因素將會把我們帶到人類時代的盡頭。

我們不會見到核子災難——當一切塵埃落定時，沒有哪個世界領導人會瘋狂到真的按下那個傳說中的紅色按鈕。

也不會有什麼巨大的小行星撞擊、流星雨的轟炸，毀滅我們的不是什麼致命、偶然的宇宙奇觀。

一切都是我們自己創造、自我實現的末日預言。

這就是世界結束的方式。

這就是世界結束的方式。

這就是世界結束的方式。

沒有轟然巨響，只是低聲鳴咽。

——T. S. 艾略特，詩篇〈空心人〉節選

Chapter 8

終末之日的人類

　　如果不能充分解釋從前、今日、未來會發生些什麼事，以及它們之間的關聯，我相信任何關於我們人類在地球上最後日子的討論，都不會有什麼實質意義。沒有這些，世界末日的話題就只是嘩眾取寵，是一系列的威脅，一連串只會引發恐懼、毫無希望的標題。也不會提醒我們，在來到這裡之前，我們是過著怎樣忙碌、積極、快樂的生活。當我們在這顆星球上的日子結束以後，也還會回到那樣的生活之中。

　　我們必須正視一個簡單的事實，那就是在這個世紀的發展進程中，人類將越來越傾向以靈性為自己的指引。我已經見到了這樣的變化，在每一天的閱讀、演講，以及電視節目中。就在幾年以前，我的諮詢者往往只詢問如何找到他們的意中人、如何改善財政狀況、如何解決職業生涯或身體健康問題；而現

在，他們幾乎都想要知道自己的靈性目標——具體來說，他們正走在實現這些目標的正確道路上，他們正在完成他們為自己設定好的人生目標。

靈性在全球日益增長的情況首先並不是偶然，也絕非巧合。上帝並非心血來潮創造了一個雜亂無序的宇宙。在這個宇宙中，接下來會發生什麼，也不會像擲骰子一樣完全隨機。其中有一種永恆的秩序，一個神聖的計畫，它指引著我們的靈魂，有如一張無法偏離的安全網。哪怕我們太過以自我為中心，甚至不相信它就在那裡，它也永遠不會讓我們徹底墮落。上帝對我們的計畫從時間開始就已經存在，也將繼續存續，直至沒有盡頭的未來。因為這個計畫的存在，當末日的倒數計時聲開始變得更加響亮時，我們才得以指望地球會成為一個更加以上帝為中心之所在。

準備來到這裡

在這一章後面，我將詳細描述我們返回「家園」的細節，以及那裡完美、永恆的生活。現在，我想提醒你們——只是「提醒」，因為你們的靈性其實完全記得——當我們決定暫時休息一下，然後從「彼岸」來到這裡，讓我們的靈魂迎接新的挑戰，從而達到盡可能崇高的提升時，我們將會經歷的一連串過程。

你稍後將會了解,「彼岸」有著田園詩歌般的生活,那裡是天堂,我們被無盡、精緻的美所包圍,生活在天使和彌賽亞之間,被愛著,也愛人,永遠忙於接受各種美妙的刺激。我們生活在一個神聖高潔的氛圍之中,在上帝的直接、有形的存在之中。

這讓我們現在的選擇(來到這裡)看上去幾乎像是發了瘋一樣。我們竟然會不時地離開那個家,來到這個嚴酷、不完美的星球上,進入另一個化身裡面。當我在經歷一些特別困難的挑戰,以至於忍不住向我的精神導師法蘭欽(Francine)抱怨我們為什麼會做出這麼瘋狂的選擇時,她總是會問:「當一切都完美無缺的時候,妳學到了什麼?」

完美──儘管妙不可言,卻不能激發成長。上帝創造了我們每一個人,讓我們擁有自己獨特的潛力,讓我們無論付出什麼代價,都會以一種神聖的毅力堅持去實現這種潛力。在「彼岸」,我們可以研究宇宙中存在的每一個主題,包括恐懼、消極、誘惑、暴力和殘忍;但是,沒有親身經歷而去研究這些課題,有如閱讀了所有關於開車的書籍,卻從沒有親自握過方向盤。因為恐懼、消極、誘惑、暴力和殘忍並不存在於上帝給我們的家園中,我們必須來到這裡、面對它們、從中成長,最終克服它們,這不僅是為了人類的利益,也是為了我們靈魂至高潛能的進化。

我們來到地球上的時候,已經規劃好了特定的目標和對自

己的挑戰。就像開著車去上大學時，你肯定已經知道了要去哪一所學校，想要獲得什麼樣的資源，以及在求學期間會住在哪裡。我們為每一次新化身所制定的計畫都詳細得一絲不苟，以確保我們的離家旅行能夠成功。我們選擇父母、選擇自己的兄弟姊妹、選擇我們的出生地、確切的出生時間和日期，意味著我們選擇了自身星相圖的每一個細節。我們選擇外表的每一個方面，以及將要面對的每一個身體和精神上的挑戰。我們選擇我們的朋友，我們的愛人，我們的配偶，我們的孩子，我們的老闆，我們的同事，我們偶遇的熟人，和我們的寵物。我們選擇了一路上遇到的所有黑暗個體（更多關於黑暗個體的內容會在本章後面提及）。我們選擇自己將要居住的每一個城市、社區和房子。我們選擇自己的偏好、弱點、缺點、技能，和我們缺乏能力的領域。

有一個相當可信的假設為：一個靈性的新化身所處的環境越困難，對於這個靈魂走向完美的路途就越有利。曾經有件事讓我毛骨悚然，就是我會聽到一些愚蠢的臆斷，例如一個精神或身體上有殘疾的人，是因為他們在前世犯下的罪行而「明顯地因此」受到了懲罰——然而事實正好相反。這個靈魂在嚴酷的困境中完成自身旅程所需要的超群勇氣和智慧，值得我們致上最大的欽佩和敬意。這就是對於傑出靈魂的定義。

隨著這個世紀的逐漸演進，會有越來越多這樣的傑出靈魂化身在地球上。這不是猜測或假設，這是一個簡單的邏輯。

我們首先會寫下自身在地球上的完整「背景」資訊，設計好自己要度過的人生。內戰、世界大戰、大蕭條、大屠殺、世貿中心悲劇──每一個事件，無論多麼具有歷史意義或看起來多麼微不足道，都是那些選擇來到這裡、參與其中的人們還在「彼岸」時就預先計畫好的。我要再次強調，靈魂為自己設計的生活越艱難，定出這種設計的靈魂就越優秀。自從地球上的生命啟始，優秀靈魂已經自願參與了世上的各種大災難，先進的靈魂更是會參與到最後。

根據靈性的解讀，接近 2100 年的時候，我們將會看到越來越多傑出的靈魂自願化身，為了終末之日而來到地球（如果他們可以選擇的話──這一點我們馬上會討論）。隨著這個星球傑出靈魂的人口增加，地球上的靈性將變得越來越強大，幾乎到了觸手可及的程度。強大的靈性將彙集成一個全球性、鼓舞人心、神聖的淨化浪潮。

我的精神導師法蘭欽告訴我，隔在「彼岸」空間維度和地球空間維度之間的面紗，也正在緩慢但確定地漸漸消失。想要理解這一點，你必須先知道「彼岸」就在地面三英尺以上的地方，它僅存在於一個比我們所在的地球高得多的頻率之中，讓我們很難察覺它的存在。隨著本世紀的進展，這兩種頻率之間的差異將減少，人類越來越能察覺到我們靈性世界的「家園」──因為我們更加能感受到我們是從哪裡來，又要快樂地去哪裡，所以我們對即將到來的日子就會越來越平靜以對。

特別值得注意的是，我除了遇到越來越多自身靈性已經擁有優勢地位的人，也遇到了越來越多人，已經處於自己在地球上的最後化身中。請記住，我們可以選擇何時以及花多長時間，從「彼岸」來進行這些短暫的「實地考察」。一個人就算是選擇來這裡幾十次也並不罕見（就我而言，我現在是在自己的第 52 個化身中，還可以很高興地多說一句，這是我的最後一次化身）。我們這些人之所以確定這是我們最後一次化身，是因為我們感覺自己已經從地球經歷中學到了我們所需要的一切。而我們之中另一些人察覺到地球將無法繼續維持人類的生命，考慮進行其他的「鄉野旅行調查」。關於這一點，無論怎樣強調也不為過——永恆的神聖福佑將讓我們得到完美的滿足，但不是在我們所訪問的這個暫時的位面上，而是在我們真正的家，我們的神聖維度空間中。

退出點（Exit Point）

　　我之前提過，選擇於本世紀化身在地球、越來越優秀的靈魂們，也可以選擇自己的化身是否隨著人類在地球上的時代結束而結束。這是因為在來到這裡之前，我們的計畫中便包含了「退出點」。

　　退出點是我們預先安排的一種情況，只要選擇在它們發生的那一刻使用，就可以讓我們的化身就此結束。我們在自己的

計畫中寫下了五個退出點，但不一定要等到第五個退出點才能回家。我們可能會決定在第一個、第二個、第三個，或是第四個退出點回家，只要我們完成了在這次旅行中的所有計畫。當我們計畫它們的時候，也不會按照規律的時間間隔安排它們。例如，我們可能會在同一年安排兩個或三個退出點，然後在二、三十年後再安排另一個退出點。

　　具體的退出點包括嚴重的疾病、事故、僥倖逃生，以及任何其他邏輯上應該導致死亡但「不知怎麼」克服了各種困難、倖存下來的事件；還有一些退出點很微妙，我們甚至根本不會注意到它們：「毫無理由地」駕車離開平時的路線，從另一條路到常去的目的地；「因為一點小事」耽誤了班機，或者沒能在預定的時間上路；待在家裡不參加社交活動或約會，因為突然「沒了興致」──任何在當時看來毫無意義的事，很有可能都是因為我們靈性的記憶知道那是一個退出點，而我們決定不採用它。

　　退出點的存在引出了關於世界末日的另一個有趣觀點：當世界末日到來時，每個還活在地球上的人，都是按照他們自己的設計生活，並將「地球生命的終結」當作第五個退出點。他們的主觀意識可能沒有真正察覺那個選擇，但是靈性意識將知道他們的藍圖已經實現，他們到這個星球最後一次旅行的目的已經完成。

外星生命（Extraterrestrials）

2012 年最引人注目的新聞之一，將是在加州和內華達州的沙漠發現一些神祕的碎片。我們不可能知道這個已被毀壞的龐然大物最初的形狀，但它所用的合金顯然不是地球上的材料製成。一群平民將會偶然發現這個遺跡，而這一次和以往不同，他們將詳細記錄下自己的發現、通知權威媒體，而非把訊息賣給那些八卦小報。因此，政府沒有機會把這些碎片「改變」成不存在的東西，發現這些碎片的人也無法被指控試圖出售幻想故事來欺詐世人。

這個發現與一連串無法追蹤的信號一起出現，這些信號將擾亂全世界的衛星傳輸和無線通訊。到 2012 年底或 2013 年初，探險者、研究人員、政府機構和其他相關專家，將開始正式的全球性探索，尋找外星生命。

是的，外星生命來訪地球已經有數百萬年的時間，現在他們就在這裡，在盡可能不吸引我們注意之下，利用他們的先進智慧，為我們的社會不斷作出貢獻。他們很可能是我們最傑出的研究人員、空間工程師、核子物理學家、教師、科學家、法官、社會改革份子……他們的任何努力都會留下不可磨滅的印記，就像他們幾個世紀前與我們合作建立了大金字塔和巨石陣一樣。他們之中有兩個人目前是美國國家航太總署非常寶貴的僱員，其中一人還是諾貝爾獎得主。雖然科幻小說和電影一直

導引我們去害怕外星生命，但這種態度其實是很荒謬的。讓我們面對現實吧，他們在科技上遠遠超出了我們，使他們可以輕易地、經常地從仙女座、昴宿星和其他我們甚至還不知道的星系來到這裡。擁有這種高度智慧的文明，難道我們真以為他們無法在眨眼間就毀滅我們的技術？難道我們只能認為他們來這裡就為了毀滅我們？

大約 2018 年，外星生命將讓我們更容易尋找到——他們將開始「暴露」自己，在安全、理性的前提下公開身份，出現在諸如聯合國、蘇格蘭場、美國航太總署，甚至大衛營峰會中。成千上萬的外星生命將讓我們看見，他們自願接受一系列的心理和生物測試，以確認各方面的物種起源都與地球無關。

到 2020 年代早期，人類將與那些已經身在我們其中、也還會繼續來到地球的外星生命達成協議，從他們那裡學習許多寶貴的智慧。雙方合作的直接結果就是我們的太空旅行會出現許多引人注目的進步，從 2012 年的載人火星探索、2030 年代末的特許月球遊覽，到 2040 年代初期建設月球基地，使其成為一處廣受歡迎的旅遊目的地。

我們不僅僅是全球社會的一部分，我們也是宇宙社會的一部分。我不知道為什麼有些人會因此感到害怕。對宇宙社區而言，地球的居民其實就是「社區裡新來的孩子」。我們可以期待從這些其他行星上的兄弟姊妹那裡，得到無盡的發展助力和靈性增長，只要我們能夠敞開胸懷、擁抱他們，開始傾聽他們

的聲音。

　　其他星球的居民也是上帝的造物，是上帝的孩子，就像我們一樣。他們和我們一樣有靈魂旅程、轉生選擇，以及在「彼岸」的神聖祝福——不是我們的「彼岸」，而是他們自己的「彼岸」。宇宙中每一個有生命居住的星球，都有自己的神聖家園。想想看，我們應該為此懷抱怎樣的感激之心，因為我們正在摧毀自己的星球家園，使得它無法再提供我們居住，但我們竟還有最終的「家園」可以回歸。

　　我知道，讀到這篇文章的你們，一定有些人會有一種深沉而奇異的似曾相識感，不明白這是由什麼引起的。這並非因為你是來自宇宙其他地方的外星生命，外星生命從頭到尾知道他們是誰，從哪裡來。實際情況是，你可能沒有意識到，你是一個高度傑出的靈魂，這樣的靈魂被稱為「神祕旅行者」，而神祕旅行者對地球末日有著完全不同的看法。

神祕旅行者（Mystical Travelers）

　　談到傑出靈魂，我不想給人一種「傑出」就是「更重要」的錯誤印象。在上帝的眼中，我們每個人都是同等重要、同等有價值的。我們都是祂的孩子，祂讓我們每個人都獨一無二，每個人都有自己的目標，不同之處僅取決於我們各自可以達到的最高進化水準。我舉一個簡單的例子來說明不同程度的進化

水準是同等重要的；比如軍隊中，將軍絕對是優秀、必不可少的一員，但如果沒有士兵依照他們的指揮行動，將軍們贏得一場戰鬥的可能性有多大？我向你保證，上帝賦予的每一個目的，都是祂為這個無限、完美的宇宙所制定的偉大計畫中不可缺少的一部分，每一個靈魂都同樣被祂所珍惜。所以當我談到那些被稱作神祕旅行者的異常傑出靈魂時，並不是在暗示這些靈魂有什麼來自上帝的特別恩賜，也不是在說他們比我們有更高的地位。

　　神祕旅行者是這樣的一些靈魂：他們在靈魂旅行的過程中對上帝說過：「在這個宇宙中，無論您需要我去哪裡，我都會心甘情願前往。」他們在全宇宙中的使命是幫助維持上帝和祂的兒女之間的神聖靈性聯繫，以此成就一種蓬勃發展、生機盎然、無盡永恆的力量。為了這個目的，他們自願投生在上帝需要他們去的任何星系、任何有生命居住的星球上。大多數神祕旅行者在地球和其他行星上都經歷過很多次轉生，無論他們是否成為公眾人物，都會以超乎常人的方式，默默接觸和影響周圍的生命。他們似乎是從靈魂內部被上帝之光照耀，而我們其餘的人都會受他們吸引，就像飛蛾被燈光吸引。他們有著非同尋常的平和、非同尋常的同理心、非同尋常的靈性和非同尋常的仁慈，正是這些品行讓他們能夠代表上帝，去完成許多無比困難的任務。德蕾莎修女就是一位神祕旅行者，聖女貞德也是神祕旅行者，13歲的詩人、哲學家暨神學家馬提·史提潘尼

克（Mattie Stepanek）是另一位神祕旅行者。在我們之中，有更多人可能永遠不會成名，但他們燦爛的靈魂毫無疑問已經讓許多人變得和原來絕對不同了。隨著本世紀的進展，還會有更多神祕旅行者聚集在地球上，在世界末日即將來臨之際，用他們無與倫比的心志、勇氣和靈性，實現上帝最偉大的使命。

當地球上變得不再可能生活時，當我們之中絕大多數人都會期待著前往「彼岸」，進入那神聖永恆的完美家園時，神祕旅行者們卻只會在「彼岸」稍作停留，計畫好他們下一次化身要前往的另一個銀河系、另一顆星球，隨後便投身於上帝最需要他們去完成的下一個任務之中。

黑暗面（Dark Side）

黑暗面來自於那些拒絕接受上帝和祂的人道、正直、憐憫，以及無偏倚之愛的律法的人。在這節的討論中，我們稱他們為「黑暗個體」（Dark Entities），因為他們與擁抱、敬畏上帝及聖靈之白光的「白色個體」（White Entities），如同勢不兩立的雙極。不要認為「黑」和「白」這兩個字指的是種族或膚色，這方面的誤會哪怕只有一點暗示，都是令人不快的。

上帝並沒有創造統治黑暗面的邪惡消極力量，祂所創造的是具有自由意志的精神。但是的確有一些靈魂利用這種自由意志，背棄了他們的造物主，去追求不受任何人約束，也不愛

任何人,只愛他們自己的生活。黑暗個體變成了自己的神,他們太過自戀,以至於不相信任何高於他們之上的存在。他們可能會宣稱對上帝有深刻廣博的信仰,這樣做有助於獲得他們渴求的操縱、控制他人的權力。為了騙取人們的信任、忠誠和崇拜,他們甚至可能會背誦整本《聖經》。他們也可能非常積極讓撒旦和其他神祕的惡魔,在自己的個人宣講中發揮作用(黑暗個體極少會容忍真正的平等對話),往往都是在他們要面對自己不喜歡的後果,或是需要讓別人承擔惡劣的後果時。

黑暗面同時存在於人體和靈魂形態中,就像我們這些白色個體一樣。作為人類,他們看起來也和我們其他人一模一樣(別忘了,如果不是他們做出了選擇,他們也會變成我們這些普通人)。他們可能是家人、愛人或配偶、鄰居、同事、老闆或所謂的朋友。他們在精神形態中的負能量,可以深深地影響一切事物,從機械和電子設備到我們的心理健康,而我們甚至不會意識到發生了什麼。無論他們是人的形態還是靈的形態,黑暗個體都擁有相同的基本特性:

- 他們沒有良心、沒有真誠的懺悔,對自己的行為沒有責任感。他們會將身邊每件好事的功勞歸功於自己,卻從不接受任何指責,自我辯護是他們面對批評第一也是唯一的回應。
- 從精神病學的角度來說,他們是真正的反社會者。他們熟練地模仿人類的行為,卻從未真正感受過其中所蘊含的情感。他們可以模擬魅力、敏感、同理心、愛、遺憾和虔誠來接近

我們，只要他們贏得了我們的支持，就會立即放棄這些行為，因為這樣做對他們已經沒有更多用處，而且坦白說，他們發現這樣做實在太麻煩了。我們白色個體的情感和信仰是真實的，所以很難想像他們竟是在我們眼前進行一場表演。我們堅持對他們的信任和忠誠，拚命地想要重新激勵出那個我們確信就在自己身邊的美好的人，自以為親眼看到了那個好人，卻無法理解那個人其實從來沒有真正存在過。

- 在黑暗個體眼中，我們這些白色個體只不過是一面面行走的鏡子。如果他們在我們眼中的形象得到了誇讚和重視，那麼我們對他們來說便有價值；一旦我們理解了他們的本性，明白自己看到的不過是一副面具，他們在我們這些「鏡子」中，就無法看到能夠讓他們高興的倒影。屆時他們會有兩種反應——盡可能遠離我們；或者會重複曾經吸引我們的行為，希望能夠再一次從我們這裡獲得好處。

- 黑暗個體從不真正關心上帝的律法或人們所遵循的社會法律。他們按照利己規則生活，這些規則會因他們的需要而隨時改變，並且不一定適用於他們周圍的其他人。在他們看來，無論自己做出多麼糟糕的行為，別人都應該完全接受；如果其他人以同樣的行為來妨害他們，他們會怒不可遏。這種不平等的價值觀使得靠近他們的白色個體無所適從，甚至失去自我，從而給了黑暗個體更多的力量。

- 黑暗個體的目標不是把一個白色個體也變成黑暗個體，他們

知道這是不可能的任務。他們的目標是消滅白色個體的光。因為黑暗不能與光明共存。他們並不一定要試圖摧毀白色個體，更常見的情況是，他們製造出更多的情緒紊亂、自我懷疑、內疚和抑鬱，讓這些負面情緒盡可能侵入到他們所能接觸的白色個體心中，從而讓白色個體失去他們的自信、力量和權力。

● 黑暗個體並不喜歡自己身邊有別的黑暗個體——在其他黑暗個體身上沒有光亮可被熄滅，沒有讚美的倒影可供欣賞，沒有控制他們的可能，反而只會被其他黑暗個體用同樣的詭計對付。事實上，所有黑暗個體都有條不紊、目標明確地尋找我們。在我們的生活中，至少有一次機會遇到他們。如果我們受到了欺騙或控制，那也和愚蠢沒有一點關係，只是因為我們認真對待自己靈魂的責任，相信有道德上的義務去幫助那些我們認為是迷失方向、陷入困境、遭到誤解的人。

當然，拋棄一個需要我們的上帝之子，完全違背我們的人性本能。但當我們面對的是黑暗個體時，我們的努力終究只是浪費時間。一個黑色的個體不能變白，就像一個白色的個體不能變黑一樣。我們不能求助於完全不存在於他們心中的良知；我們無法激發那些對自己的行為不負責任的人，產生真正的懺悔之心；我們不能在一個只是為了需要才會愛上帝的人心中，點燃真摯的愛。當我得出這樣的結論時，我既是一名精神通靈

者，也是一個經歷過慘痛教訓的人。如果你的生命中出現了一個黑暗個體，請聽從耶穌親口說過的話：「把你腳上的塵土踩掉〔並〕離開吧。」（馬太福音 10 章 14 節）

若要完整地討論黑暗個體是什麼樣的人，那就必須闡明什麼樣的人不是黑暗個體。並非所有殺人犯和暴力罪犯都是黑暗個體，不是每個傷害過你的人都是黑暗個體，也不是每個脾氣暴躁或難以相處的人都是黑暗個體，更不是每個你不喜歡的人，或者不喜歡你的人都是黑暗個體。有一些白色個體的確無法讓我喜歡，也有些白色個體不喜歡我。這樣的闡明不是要替人們貼上標籤、做出評判，或者成為一個靈性上的勢利小人——那就像黑暗面本身一樣令人反感。我們只是要學習該如何以及為什麼需要密切關注我們生活中周遭的人物。沒錯，我們來這裡之前就把這些人都寫進了我們的計畫，而計畫裡有一部分正是教導我們知道什麼時候該離開的智慧——在這方面，黑暗面可以幫助我們做出改變。

看到這裡，他們聽起來像是可以直接下地獄的完美人選，尤其是在世界末日到來時，不是嗎？但你馬上就會讀到，為什麼我絕不認為地獄是最終的歸宿。

左側的門（The Left Door）

我以自己靈魂最核心的誠實向你保證，最接近所謂「地

獄」的地方，其實就是我們生活的這個地球，這個我們不時會
自願前來居住、艱苦的新兵訓練營，這個讓我們在靈魂的永恆
旅程中能夠獲得進化的地方。宇宙裡沒有無底洞，沒有熊熊烈
焰和痛苦的深淵，沒有人會被永遠放逐到一個可怕得超乎我們
想像的地方去。

　　這是事實——事實就是如此。我們當然會好奇，當黑暗個
體的生命結束時，又會有什麼樣的去處？這個答案並不美好，
但都是拜他們自己所賜，與旁人無關。

　　當一個黑暗個體死亡時，他們的靈魂永遠不會經歷隧道和
隧道盡頭的神聖之光。相反的，他們會直接被推到「彼岸」左
側的門，或者就像我孫女小時候說的——充滿惡意的天堂。請
不要有這樣的錯誤印象，當我們（白色個體）到達另一邊時，
並不會看到兩扇門，更不需要選擇左邊或右邊。我只聽聞過極
少數幾次實例，一個瀕臨死亡的人察覺隧道的盡頭有兩扇門，
但完全不會有踏進錯誤的那扇門的危險。

　　黑暗面已經選擇了左邊的門，因為他們一生都在肉體、情
感和精神上虐待上帝的孩子，所以當他們死後，他們看不見其
他的人。在左邊的門裡面是一個沒有上帝、沒有快樂、吞噬一
切、只剩虛無的無盡深淵。

　　唯一永久居住在這個深淵裡的是披著兜帽斗篷的無臉人，
他們已經成為了藝術和文學上死亡形象的原型，也就是我們經
常說的死神。這些個體的存在不是要充當黑暗靈魂的嚮導或復

仇天使，他們更像一個委員會，監督那些短暫出現在他們面前的靈魂所行經的路。

而靈魂們在左側門後的虛空中所度過的時光，就算是不太短暫，也絕對毫無意義。身處「彼岸」的靈魂可以自由選擇是否返回地球，進入自己的另一個化身。黑暗個體卻只能直接離開他們死亡的身體，穿過左側的門，進入到他們所選擇的、沒有上帝的黑暗中，隨後又直接再次進入子宮，經過他們自己造成的一段馬蹄鐵形狀的旅程，從黑暗中再次出生，正如同他們前世在黑暗中死亡那般。

讓我們看看泰德‧邦迪（Ted Bundy），這個黑暗面的典型案例。他犯下毫無爭議的連續殺人案，所有相關描述中都提到，在他被處決之前，甚至沒有表現片刻哪怕是偽裝出來的懊悔。在泰德‧邦迪死亡的那一刻，他的靈魂會穿過左側的門，進入一個毫不知情的可憐女人的子宮，她可能會想，自己身為這樣一個孩子的母親，錯在了哪裡？而事實是，她的孩子的黑暗生命歷程在出生之前就已經決定了。我在演講中已經說過無數次，現在再說一遍：不要在聽到查爾斯‧曼森死亡的訊息後馬上懷孕，除非妳想成為那個黑暗之靈可怕、不幸的接受者，因為它在死後會馬上返回地球。

當我得知黑暗個體是從左側的門進入子宮的真相時，我完全無法向你形容我是怎樣吐出了一口長氣。許多長期困擾我的問題，在那一刻都得到了解答。作為一個通靈者，當我在看一

個人的時候，往往會看見來自「彼岸」的許多靈魂——從靈魂嚮導到逝去的愛人，再到天使。但也有些時候，我會注意到有的人似乎根本沒有靈魂陪伴在他們周圍，他們似乎孤立於始終圍繞著我們大多數人的神聖之愛以外。我曾經擔心自己出現了一些人所說的「盲點」，如果這是真的，我就應該要為此做些什麼。現在我知道了為什麼有些人沒有來自「彼岸」的靈魂陪伴，因為想要在從未去過的地方獲得陪伴是天方夜譚。那些孤獨的人是黑暗個體，他們根據自己的選擇走進了左側的門，並為此付出了可怕的靈性代價。

我也在黑暗面旅程的事實中找到了極大的精神安慰。一方面我知道，自己所信仰的完美上帝，不可能真的有如此的報復心，把祂的孩子從祂神聖的存在中永遠驅逐出去。另一方面，讓我心懷不平的是，泰德‧邦迪和我，若以禮貌的方式來形容，我們在神聖人性上的區別就如同地球對立的南北兩極，怎麼可以在離開地球的時候能一同進入「彼岸」的懷抱，就好像我的靈魂和一個連環殺手的靈魂並沒有什麼區別那樣？

現在我知道了，當我們絕大多數人都能夠平安地回到「彼岸」時，是什麼讓泰德‧邦迪和其他那些黑暗面的成員，仍然會走過左側的那道門：只因黑暗個體總是無數次冷酷無情地轉過身，背對著從沒有、也從不停止深愛他們的上帝。這是我們絕大多數人在靈魂深處感覺難以置信的事，就像我們很難相信黑暗面的存在一樣。

為了證明我們的造物主的確永恆無條件地愛著祂的每一個孩子，即使是黑暗個體也不會永遠進入左側的門，經過馬蹄形軌道再次進入子宮。「彼岸」的靈魂和天使深知這些失落的靈魂，他們遲早會在那些黑暗個體穿越維度空間的快速轉移過程中抓住它們，將它們帶回家，回到上帝的懷抱中，再一次被聖靈的白光所生出的愛意充滿。這是唯一強大到能夠讓它們和它們靈魂的神聖性重新合而為一的力量。

終末之日的黑暗個體

　　黑暗個體在每一個化身結束時，經歷一次又一次輪迴——離開地球，又穿過左側的門，再回到子宮——就這樣一直持續下去。顯而易見的是，當地球上不再可能承載生命時，這樣的輪迴也只能戛然而止，如果地球上已經沒有了子宮，他們的馬蹄形旅程又怎麼能回到子宮裡？在終末之日以後，地球上的黑暗面又會發生什麼變化？

　　在這個宇宙中，有一個無邊無際、深不可測的力場，一個偉大的「非造物的質量」（uncreated mass），那是我們完全無從理解的存在，是散發出上帝的愛與力量的核心。這個非造物的質量由每一個有生命居住的星球上最稀有、最先進的靈魂所組成。他們心甘情願地結束了自己的旅程，失去了他們的身份，被實實在在地吸收、進入上帝力量領域的精華之中。一

旦一個靈魂將自己交付給了這最終的力量,它就永遠不會恢復以前的身份。它並非是不復存在,只是變得難以區分,與它所融入的質量再也無法被分割。有如向太平洋倒入一杯水,那杯水不是不存在了,只是它不能也不會再與接納它的巨大水體分離。

因此,那些罕見、至高無上的靈魂,他們將自己的特性獻給了上帝無盡的非造物質量;同樣也是這種終極的神聖,會在終末之日吸收黑暗個體,給予他們最終的愛,用神聖的擁抱淨化他們。他們終將明白,造物主絕不會因為他們的背棄,就停止對他們的無盡關愛。

終末之日時受困於地上的靈

受困於地上的靈(Earth Bounds),或者被稱為幽靈。就像你們許多人知道的那樣,他們同樣是靈魂,只是出於各式各樣的原因,可能是在肉體死亡時看見了前往「彼岸」的隧道卻拒絕進入,或者完全不承認隧道的存在,讓他們只能游離在軀體之外,被困在現存於地球上的低頻振動和「彼岸」家園層級的高頻振動之間。

幽靈們並不知道,在地球的概念裡,他們已經死了。在他們看來,自己完全還活著,如同一個小時或一個星期之前一樣。從他們的角度來看,一切都沒有改變,只除了一個突然、

299

無法解釋的事實：似乎沒有人能夠再看到或聽到他們，因為他們在不知不覺中「已改變了頻率」。大多曾遭遇過幽靈出沒的人，都會抱怨幽靈非常暴躁易怒，試想一下，若你周圍的人突然開始當你不存在，這種狀況是不是會讓人很惱火？

雖然每個幽靈的具體處境不盡相同，但他們無意或故意錯過回家路途的兩個最常見的原因，可以歸結為激情（愛或恨）和恐懼。有些幽靈留下來是為了照顧他們摯愛的孩子、等待愛人回家，或是想保護他們珍愛的家免受入侵者的侵擾。另一些人留下來是為了報復實際或想像中的敵人（順便說一句，這樣的報復永遠不會有作用，所以生者絲毫不必為此擔心）。還有一些人害怕上帝會發現他們不配得到祂慈愛的歡迎，所以寧願待在地球上，也不願面對上帝。

對於大部分幽靈和我們大部分人來說，有一點是幸運的——像幽靈這樣的存在不可能永遠被困在地球上。人類巨大的覺知力正在不斷增長，到本世紀最後幾十年，這種覺知力更將成為全人類的普遍意識，許多幽靈會被能夠識別他們的人引導到隧道和「彼岸」。幽靈們會明白，當有人對他們說：「你已死。回家吧。」這實在是一種極大的同情。而且身在「彼岸」的靈魂們，會比我們更瞭解被困在地球上的靈魂，他們會不斷地嘗試，直到每個幽靈都終得喜樂，回歸隧道另一端一直等待著他們的愉悅團聚中。

我永遠不會忘記 2001 年 9 月 11 日世貿中心所遭遇的卑

鄙、恐怖襲擊,還有在那之後不久,當我參觀遺址時那種難以形容的經歷。在這場可怕的悲劇中,三千名遇難者全都迅速、安全地返回了「家園」,令我感到驚訝、寬慰和感激。多虧了上帝精細、完美和充滿慈愛的恩典,沒有一個幽靈被留在地球的困惑、迷失和恐懼之中。

在終末之日,同樣的事情會在整個地球上發生。因為上帝的恩典,祂的孩子們不會被遺忘或拋棄,就算是被束縛在地球上的幽靈也一樣,他們會突然看見隧道,並充滿喜悅地接受它,加入到我們之中,在「彼岸」繼續我們完美、受到祝福的生活。

宇宙的「彼岸」

只要地球存在,我們的「彼岸」也將一直存在下去。

我們所有地球的靈魂都要從那裡出來,才能進入到子宮之中。當我們死亡時,那裡也是我們回歸的地方。它是一個無比真實之地,比我們有限的頭腦所能想像的更加美麗。我們的靈魂意識會牢牢記住它,從我們離開它的那一刻開始,直到回去的那一刻,都會一直思念著它。

它不是在非常、非常遙遠的地方,不是在彩虹的另一端,也不是在月亮和星星之上。正如我之前提到的,它就在我們之中,是另一個疊加於我們之上的維度空間,離我們的地面只有

三英尺。它的地形是地球的完美鏡像翻版，不同之處只有一點：「彼岸」沒有侵蝕和污染，它的景觀是幾千年前地球的樣子，那時水體是純藍色的，山脈和海岸線完好無損。在「彼岸」，失落的亞特蘭提斯和雷姆利亞大陸，依舊欣欣向榮。世界上那些最偉大的建築、文學和藝術傑作也是如此，即使它們在我們這個殘酷的世界中已經搖搖欲墜或被摧毀。

在其他有生命居住的星球上也是如此。他們的「彼岸」會比地面高出三英尺，比他們所在的星球的振動頻率要高得多。那裡的地形與被他們作為「家」的星球是一樣的。他們偉大的作品和建築也都在他們的「彼岸」得到了完美無瑕的保存。

請記住，地球末日只意味著這個星球將無法維持生命，但這個星球本身會保持完整。只要地球本身存在，我們的「彼岸」就會存在。同樣的情況也適用於每一個有生命居住的星球，以及他們各自的「彼岸」。當有人居住的星球在靈性上變得更加先進，「彼岸」和現世之間的分隔就逐漸被削弱——正如同我們在未來的數十年中一定會經歷的過程那樣——他們的「彼岸」將開始與偉大、無限、宇宙的「彼岸」互相融合，特別是當他們的環境不再支持生存的時候。如果地球明天就毀滅了，我們和我們的「彼岸」就會加入那些靈魂的行列之中——那些靈魂的星球已經完成了他們的自然迴圈，現在他們正在群星之間過著快樂而神聖的生活。同樣的生活也在等待著我們。那是超越我們現在「彼岸」的家園，它被稱作「宇宙的

彼岸」。在那裡只有永世的繁榮。如果要以最貼切、美麗的方式來描繪它的位置，那就想像一下古人傳說中夜空裡的「至上者」吧。

至上者的頭是白羊座。

他的雙腳是雙魚座。

他身體的其餘部分可以由黃道十二宮的其他十個星座勾勒出來。

那是我們能想像到的，最接近於宇宙「彼岸」線索的地方。

宇宙的「彼岸」和宇宙是完全一致的鏡像，就像我們的「彼岸」是地球的鏡像一樣，它充滿了來自於以前有生命居住的星球的靈魂化身和彌賽亞。

當然，這一切只是上帝應許我們永遠安全、永遠被愛的一部分，祂給我們的生命已經受到保證，永遠不會結束。

離開地球，返回「家園」

我曾經和已故的神學家、哲學家、詩人和神祕旅行者馬提・史提潘尼克一起出席賴瑞・金秀（Larry King Live）。馬提在 13 歲時去世了，在生命的大部分時間裡，他都苦於一種名為「自主神經失調腺粒體肌病」（一種遺傳性脊髓疾病）折磨。當我們見面的時候，他坐在輪椅上，必須借助呼吸器才能

說話。但他正是你能想像得到最快樂、積極、自信、崇敬上帝的孩子。

當時賴瑞‧金問他：「馬提，你害怕死亡嗎？」

馬提回答：「在死亡的時候我會害怕，但我不害怕死亡。」

我覺得他這句回答中包含著一個偉大的宇宙真理，而我從沒有聽過其他人能以更加簡單、清楚的方式，講出這個大道理。當我們不斷猜測著終末之日是什麼，或是我們自己在地球上的生命會在何時結束，結束的那一刻會是什麼樣子的時候，真正讓我們害怕的不正是死亡的過程嗎？對於死亡本身，我們真的感到害怕嗎？

問問那些有瀕死體驗的人，他們都會告訴你同樣的事：他們不再害怕死亡。這對馬提來說是千真萬確的，對我來說亦是。我在 42 歲接受一次手術時，有一段接近死亡的經歷。事實上，可以說我有一次真實的死亡經歷，因為在監測儀中，我的生命徵象訊號在幾分鐘內是完全消失的。而我充分地記住了那段經歷的每一個瞬間，所以我可以直接告訴你，我們在死亡的時候會發生些什麼事：

● 傳說中的隧道在眨眼之間出現。它不是來自於上面的某個地方。恰恰相反。它從我的身體中升起，似乎正來自於我自己的乙太物質。它沒有通向天空，而是通向「對面」，大約呈二十度斜角。這點證實了我的靈性導師法蘭欽對我說過上百萬遍的話——「彼岸」真的是在我們之中間的天堂，就在地

面三英尺以上。

- 當我在隧道中移動時，從來沒有感覺自己曾經如此興奮過，充滿全身的活力使我戰慄不已。我失去了重力的束縛，感到無比自由，因為擺脫肉體而輕鬆自在。隨即我就被安寧和幸福所充盈，完全回憶起了「彼岸」的家園和永恆的真實。隨著這些事被回憶起來，我對還留在身後、我所愛的人們也不再擔心。我知道他們都會很好，會繼續他們人生的計畫。我還知道，我們將會在「彼岸」再次團聚，這對於我來說彷彿只是過了一眨眼的時間。因此，我不會感到哀傷，不會覺得失落，也不需去思念他們。

- 神聖耀眼的白光出現在我面前。我曾經聽到和讀到關於它的一切都是真的——不知怎麼，它彷彿有生命，其中躍動著上帝的愛和祂無限的智慧，一種似曾相識的感覺湧過全身，那陣光對我來說，就像我對自己的靈魂一樣熟悉。

- 一個我深愛的人出現在隧道盡頭的廣闊開口處。（以我為例，那是我珍愛的艾達奶奶，從18歲起，我就一直渴望能再見到她）。在她後面，我看到一片長滿青草、開滿鮮花的草地，那好像是世界上最美麗的草地，色彩更是鮮麗了一千倍。

不過，我的返回「家園」之旅被打斷了，艾達奶奶示意我停下來。醫院病床旁傳來一個遙遠聲音，我的一位朋友在懇求我：「蘇菲亞，不要走，我們需要妳。」

隨後的幾天裡，我為自己回到了地球而感覺深深沮喪，但最終還是慶幸自己能留下來。我可以從我的靈魂深處向你保證，無論過去還是現在，死亡絕對沒有什麼可怕的。它正是我們回歸上帝懷抱中的過程，在那裡只有我們一直都期盼的愛意——我們的靈魂從不曾忘記過那裡，一直期待著回到那裡。

　　在我描述我們真正到達「彼岸」的喜悅之前，我想澄清自己對終末之日最令人屏息期待的幾件事的強烈信念。我也懇請你們一如既往地學習、思考，並得出屬於自己的結論。

第二次降臨與被提

　　根據基督教文學和傳說，有兩個涉及到耶穌基督的主要事件，將會成為世界末日來臨最有說服力的徵兆：耶穌基督以人類形態重新出現在地球；他出現在雲端，將忠誠的信徒帶往天堂，這就是著名的「被提」（Rapture）。

　　這些都是美麗的想法。但我恰巧不相信這兩件事會在世界末日到來時發生。

　　我相信耶穌在馬太福音 28 章 20 節所說的話：「看啊，我就常與你們同在，直到時間的盡頭。」他沒有說，「我將與你在一起。」如果他這樣說，便是暗示會在未來回到我們身邊，更重要的是，這也暗示了他可能會有一段時間不在我們身邊。然而這根本不是真的。自從耶穌神聖復活之後的每一秒鐘，

他都陪伴著我們。此時此刻，他就在我們身邊。當我們回歸到「彼岸」的生活中時，他和我們同在；當我們穿越喜悅的永恆，到達家園時，他和我們同在。我們不需要等待他、盼望他。他已經在這裡。實際上，他就是我們現在的一部分。

在他的第一次神聖化身中，難道沒有成就我們想要、需要，以及所希望的一切嗎？為什麼他還要再來呢？為了證明他是真實的？他真的是上帝的兒子嗎？我們不是已經非常清楚這一點是毫無疑問的嗎？就算他現在第二次降臨，難道不會招來如同兩千年前一樣的爭議和懷疑嗎？

當我們面對每一個偽裝的「轉世彌賽亞」——相信我，隨著這個世紀的發展，會有越來越多這樣的騙子冒出來——有什麼行之有效的方法能夠將他們驅走？

其實最有效的辦法就是平靜、認真地對他們說：「我已經不再期盼『即將到來的』耶穌了，因為我心中明白，他已經在這裡。」

手按著你的心，去回憶他的話：

看啊，我就常與你們同在，直到時間的盡頭。

我也相信，期待隨耶穌升天、在終末之日進入上帝的懷抱、進入天堂，只是一種意象的期望，從來就不可以僵化地按照字面意義去理解。我相信隨終末之日而來的「真正被提」，

只會遠比文字描述更加激動人心，也遠遠更加神聖。

請記住，《啟示錄》的被提情節中有一部分是上帝對全人類的審判，「根據生命之書所寫的，根據他們所行的受審判。」（《啟示錄》20 章 12 節）。「凡名字沒有記在生命之書上的，就被扔在火湖裡。」（《啟示錄》20 章 15 節）。我在前一章說過，現在還要再說一遍——我所認識的上帝，我所敬拜、創造我們所有人的上帝，祂的仁慈、祂的寬恕、祂張開的雙臂和祂絕對、無條件的愛是完美無瑕的。我不能也不會想像竟然存在一個如此殘忍、惡毒、無情的神，會把祂的任何一個孩子永遠囚禁在「火湖」裡。即使是那些已經背離上帝的黑暗個體，上帝也仍然愛著他們，等待他們的回歸。當地球的生命周期結束時，他們也會成為上帝的一部分。所以，當耶穌出現在雲端，他只會不加評判或歧視地拯救我們所有人，否則我完全無法想像《啟示錄》中隨基督升上天堂的描寫，還能代表怎樣的情況？在這一章的後頭你會讀到，沒有人會審判我們在地球上的生活，除了我們自己，那將是在我們到達「彼岸」之後的事。

順便說一下，裡頭還有一個簡單的問題，很明顯的，耶穌可以出現在他想出現的任何地方，甚至是所有地方。但以我的個人經驗、我的靈性導師法蘭欽的教導，以及我無法窮舉的許多研究都反覆表明：「彼岸」距離地面只有三英尺高。所以，我無法理解，要回到距離我們腳底只有三英尺高的家園，為什

麼我們的靈魂需要被一路引領到天空之中？

我保證，真正的被提將具有遠比這些文字形容更加偉大的靈性意義，更能清楚地體現無邊界、無條件的上帝之愛。一個並非來自《聖經》的美麗故事明白地告訴了我們，這無條件的愛是什麼樣子：

結束的日子到了，義人們聚在一起，期待著隨基督升天。等待良久之後，他們終於忍不住問上帝，耶穌去哪裡了？「耶穌就在門外，」上帝回答，「在等猶大回來。」

真正的「被提」將是深層靈性不斷增長的浪潮，在末日來臨時，它將遍及整個世界，它將抹去每個人的宗教、政治、種族差異，以及一切阻礙人類最終相互理解的東西。因為我們都擁有同一個父和同一個家園。與把我們團結在一起的力量相比，把我們分開的東西是那樣蒼白無力。

真正的「被提」將是阻隔在我們的維度空間和「彼岸」維度空間之間的薄紗，以極盡精細的方式揭開。這樣，身在地球上的我們，就能夠很輕易地進入一直在等待著慶祝我們回歸的靈性世界。

真正的「被提」將消除掉對世界末日的恐懼。關於我們從前人生和死亡的記憶將變得更加清晰，讓我們能夠擺脫一切疑慮，清楚地知道我們是永恆的，死亡不過是一種幻覺，是穿過

兩個維度空間薄紗的簡單一步。我們將因此獲得安寧和喜悅，這是我們作為上帝的孩子與生俱來的權利。

真正的「被提」是讓我們理解上帝不會有報復性的審判和殘忍的處刑，所以在終末之日時，我們——所有的人——都將在祂的臂彎裡，得到永遠的安全和愛。

敵基督（The Antichrist）

也許我們應該暫時轉移一下話題，談一談敵基督。畢竟在世界末日時，迎接敵基督的到來，似乎和期待基督第二次降臨以及引領信徒升天一樣重要。

這將是一個簡短的討論，因為我們完全可以正式停止關注敵基督了。

敵基督已經在這裡，以人類的形態出現。

敵基督有一個名字。

這個名字叫「冷漠」。

「當好人袖手旁觀時，邪惡就會肆虐世間。」這是一個不言自明的事實。太多人已經袖手旁觀太久了，這個世界充滿了貧窮、饑餓、不公正，這顆星球和它的居民正在遭受可怕的虐待——但這一切與我們無關？還有什麼能比這個事實更「敵基督」呢？難道我們真的那麼忙碌，不能為此採取任何一點行動？冷漠是一種我們無法繼續承擔下去的奢侈，我們也不可能

希望繼續這樣下去，因為到最後，它會徹底摧毀所有人。

在這個世紀，當靈性在地球上紮根並開始蓬勃發展——當我們每個人找到心中的上帝，理所當然，我們會變得更像基督——敵基督的冷漠將被驅走。總有一天，我們將無法想像人們怎麼可能會不相互照看，怎麼可能會不維護這個被託付給我們的世界。

這一天離我們有多遠，完全取決於我們自己，以及我們還能在多久的時間裡，繼續容忍自己的敵基督這樣無所作為下去。

到達「彼岸」

你們可能經常聽到這樣的故事：當我們死去的時候，隧道盡頭那耀眼的白光會讓我們充滿期待，幾乎讓我們覺得回家的旅程就到此為止了。其實，這段旅程從這裡才開始。我認為，如果不問一下「然後呢？」那麼關於終末之日的討論，肯定缺乏足夠的誠意。

這個問題的答案是：「然後我們再次開始了我們真正的生活。就從我們離開它的那一天開始。」

正如同老話「條條大路通羅馬」，所有隧道都通向「彼岸」的入口。無論我們在地球上的哪個地方離開我們的身體，都要經歷同樣的旅程，去同樣的地方。我們從隧道出來，發現自己

在一片有著驚人美景的草原上，在那裡迎接我們的是已去世的親人，以及我們所有前世的朋友和愛人——無論是在地球上的還是在「彼岸」的。我們的靈性嚮導也會在那裡，還有我們真正的靈魂伴侶。在我看來，最美好的一點是，我們所有人生中愛過的每一種動物都會在我們身邊，牠們都洋溢著純粹、急切的喜悅撲向我們，使得等待迎接我們的人們很難從這些快樂的群體中穿過。

在草地的另一邊，就是我們光彩奪目的「歡迎回家」派對，那裡有一片閃閃發光、宏偉壯觀的建築物，它們對我們從地球到「彼岸」的過度至關重要：

✦ 大理石柱高聳、穹頂光芒閃爍的「紀錄大廳」，裡面有許多東西，其中最重要的是我們每個人在地球上每一次化身的每一張計畫表；

✦「正義大廳」有白色大理石柱狀圓頂，以其不可思議的美麗花園和珍貴的母神阿茲娜 * 雕像而備受尊榮；

✦ 由白色大理石和藍色玻璃組成的高大「雙子塔」。從地球來的人如果在返回「家園」時需要特殊的心理和情感協助，就會在這裡得到照料；

✦ 還有「智慧大廳」，那裡有巨大的大理石台階和厚重的大門，我們大多數人都是在經歷了激動人心的團聚之後，直接

---

* Azna，the Mother God，現代西方神祕學中所傳頌的母性之神。

前往那裡。

我之前承諾過會講述我們在末日中將要面臨的唯一審判。每次我們完成化身生活，返回「家園」時，都要面臨同樣的審判，而這無疑是我們所能想像的最嚴厲的審判。

它將會發生在智慧大廳的一個巨大房間裡。我們的靈性嚮導陪我們來到那個房間無數白色大理石長椅前方。我們單獨坐下來，在靈性嚮導的注視下，開始了一個過程。許多有過瀕死體驗的人都會記得這個過程，但很少有人記住足夠的細節，從而理解到底發生了什麼事。

你一定聽過那些與死亡擦肩而過的人，講述當時整個生命歷程都在眼前閃過，事實上，那不是他們憑空想像出來的。他們真正體驗到的是一次簡短的旅行——他們去到了智慧大廳那個安寧靜謐的房間，掃描器就在那裡等待著他們。

那台掃描器有一個巨大的藍色玻璃凸面穹頂。透過這個玻璃穹頂，我們將看到自己剛剛經歷的人生，那段歷程的每一刻都會展現在我們眼前。它們的呈現不像電影那樣，而是以 3D 全像投影的形式，讓我們再次身臨其境。因此無論我們移動到哪裡，都能清楚地看到每一個細節。無論它們是好是壞，是對是錯，我們可以盡情回顧我們的人生，甚至「倒回」到希望再次重溫的「片段」，無論多少次都可以。

我們與掃描器的接觸，不僅僅是一種從地球前往「彼岸」

的娛樂方式，更是我們靈魂永恆旅程中必不可少的一步。當我們在地球上的生命路程中跋涉時，不會清楚記得自己為了實現這一世的目標而制定了怎樣的計畫。但從我們返回「家園」、來到掃描器前的那一刻開始，就會完全記起了計畫內容。所以這不只是身臨其境地觀看我們這一次化身歷程的每一個細節，不只是為了讓我們重溫舊夢，而是為了要看清楚我們的化身歷程，和之前制定的計畫有什麼不符合甚至衝突的地方。不要對它有任何誤解，這裡才是最嚴厲的法院。我們的成功與失敗都將在這裡接受評估——進行評估的不是我們的靈性嚮導，不是上帝，而是我們自己，我們自己的靈魂。請記住，在「彼岸」不僅沒有任何否定事實的可能，我們也無法進行自我辯護，沒有任何自我正義的藉口，可以讓自身不必去面對我們真實的行為，並為其負責。

我們在「彼岸」的生活中，掃描器是我們最有價值的研究工具之一。當我們第一次返回家園的時候，就會以這樣的方式學習剛剛結束的化身歷程，以後的每一次也是如此。我們可以研究在地球上度過的每一次化身經歷，同時還能研究其他感興趣的每一個人的化身經歷。我們還可以在這台掃描器的全像投影上「演示」我們所選擇的任何人生計畫。我們可以作為一名見證者，看到我們的靈性歷史或是人類歷史中的任何事件。如果我們想要的話，甚至可以「融入」這些事件，成為它的一部分，感受它的所有情緒，真實地參與其中。但我們無論如何都

不可能改變它的進程和結果。

當我們返回家園之後，會在「彼岸」繼續我們忙碌的生活，這台掃描器也是我們最珍愛的去處之一。而當終末之日來臨，我們在地球上的時代結束，它的價值只會更進一步強化。它會讓我們盡可能地重溫在這顆星球上的生活，以及我們永遠不會在這顆星球上再次經歷的教訓。更重要的是，隨著我們永恆生命中化身階段的結束，它將支持我們的靈魂從我們在地球上犯下的錯誤中學習，進而實現不可估量的成長。

「彼岸」的生活

我寫過一本書，書名是《彼岸的生活》（Life on the Other Side），這不是巧合。我希望每次你感覺自己對世界末日有點焦慮時，都能參考一下這本書。如果你在那本書或這本書中什麼都沒有收穫，我希望你能記住並相信一個簡單的事實：與生活在那個神聖的地方——我們真正的家園——相比，地球上的生活只不過是一場夢遊。

永遠不要懷疑「彼岸」的存在，那裡的每一點一滴都和地球一樣真實。我的靈性導師法蘭欽則堅持認為那裡更加真實得多。與「彼岸」世界的生活相比，我們在這裡才像是幽靈。

「彼岸」的景觀非常優美，與遭受侵蝕、污染、自然災害和人類破壞之前的地球一模一樣。亞特蘭提斯和雷姆利亞和其

315

他大陸都在清澈的藍色海洋中繁榮昌盛；帕台農神廟、亞歷山大圖書館、巴比倫空中花園、米洛的維納斯，所有地球上的奇跡和珍寶都煥然一新；海岸線和山巔都如它們剛形成時那樣輪廓分明；萬物在永遠在平靜、純淨的華氏 78°（攝氏 25°）的氣候中茁壯成長。

「彼岸」沒有白天，也沒有黑夜，那裡根本沒有時間，所有存在的都是「現在」。我們以靈性的身份存在，只擁有我們在地球上最好的人格特徵。我們不需要吃飯或睡覺。我們的職業反映了我們最大的熱情和才能。我們繁忙的社交生活完全出自於我們的選擇。因為家園中的每個人都相互認識、彼此相愛，所以我們有著各式各樣的朋友。我們透過思想投射來建造我們的家，旅行也只要想著我們要去的地方，就能到達那裡。

上帝的存在充滿了我們呼吸的每一口空氣，所以那裡到處都有宏偉的禮拜堂，我們分享所有的宗教信仰，並為之慶祝。天使們走在我們中間，從不跟我們說話，也不跟彼此說話，不發出任何聲音，但他們會加入一個龐大的唱詩班，在一個被稱為「聲音大廳」的高貴建築裡，演唱難以形容、激動人心的讚美詩歌。

在「彼岸」沒有負面的事情，沒有悲傷，沒有疾病，沒有痛苦，沒有任何不完美。不管我們是在什麼年紀離開我們的肉體，在「彼岸」家園中我們都是三十三歲，永久處於旺盛精力的巔峰狀態。我們就是純潔的愛，在每一次呼吸中，都純潔地

愛著一切。我們永恆的生命是對生活在造物主的聖潔存在中的永恆慶祝。

當地球上的生命不復存在時，最重要的一點：有如此多神聖、和平與歡樂在「彼岸」等待我們，也許不該再稱那一刻為「終末之日」，而應該稱它為「開始」。

〔來自印加克羅部族薩滿的祝福〕

跟隨你自己的腳步。

向河流虛心學習，

向樹木和岩石學習，

讚美基督，

還有佛陀，

還有你的兄弟和姊妹。

讚美你的大地母親和偉大的靈。

讚美你自己和全部造物。

用你的靈魂之眼觀看，關注萬物的本質。

阿門。

（全書完）

國家圖書館出版品預行編目資料

終末之日：靈媒蘇菲亞‧布朗關於世界與未來的預言
／蘇菲亞‧布朗（Sylvia Browne）作；寒山譯. -- 初
版. -- 臺北市：春光, 城邦文化出版：家庭傳媒城邦
分公司發行, 民109.10
面；　公分. -- (命理開運；84)
譯自：End of Days：Predictions and Prophecies about
the End of the World
ISBN 978-986-5543-05-1 (平裝)

1.世界末日 2.預言

242.6　　　　　　　　　　　　　　109012491

終末之日：靈媒蘇菲亞‧布朗關於世界與未來的預言
End of Days：Predictions and Prophecies about the End of the World

作　　　者／蘇菲亞‧布朗（Sylvia Browne）
企畫選書人／王雪莉
責 任 編 輯／王雪莉

版權行政暨數位業務專員／陳玉鈴
資深版權專員／許儀盈
行 銷 企 畫／陳姿億
行銷業務經理／李振東
副 總 編 輯／王雪莉
發　行　人／何飛鵬
法 律 顧 問／元禾法律事務所　王子文律師
出　　　版／春光出版
　　　　　　台北市 104 中山區民生東路二段 141 號 8 樓
　　　　　　電話：(02) 2500-7008　傳真：(02) 2502-7676
　　　　　　部落格：http://stareast.pixnet.net/blog E-mail：stareast_service@cite.com.tw
發　　　行／英屬蓋曼群島商家庭傳媒股份有限公司城邦分公司
　　　　　　台北市中山區民生東路二段 141 號11 樓
　　　　　　書虫客服服務專線：(02) 2500-7718 / (02) 2500-7719
　　　　　　24小時傳真服務：(02) 2500-1990 / (02) 2500-1991
　　　　　　服務時間：週一至週五上午9:30～12:00，下午13:30～17:00
　　　　　　郵撥帳號：19863813　戶名：書虫股份有限公司
　　　　　　讀者服務信箱E-mail: service@readingclub.com.tw
　　　　　　歡迎光臨城邦讀書花園 網址：www.cite.com.tw
香港發行所／城邦（香港）出版集團有限公司
　　　　　　香港灣仔駱克道 193 號東超商業中心 1 樓
　　　　　　電話：(852) 2508-6231　　傳真：(852) 2578-9337
　　　　　　E-mail : hkcite@biznetvigator.com
馬新發行所／城邦（馬新）出版集團　Cite(M)Sdn. Bhd
　　　　　　41, Jalan Radin Anum, Bandar Baru Sri Petaling,
　　　　　　57000 Kuala Lumpur, Malaysia.
　　　　　　Tel: (603) 90578822 Fax:(603) 90576622　E-mail:cite@cite.com.my

封 面 設 計／萬勝安
內 頁 排 版／極翔企業有限公司
印　　　刷／高典印刷有限公司

■ 2020 年 (民 109) 10 月 6 日初版一刷　　　　　　Printed in Taiwan

售價／450元

城邦讀書花園
www.cite.com.tw

END OF DAYS by Sylvia Browne
This edition published by arrangement with the Dutton, an imprint of Penguin Publishing Group, a
division of Penguin Random House LLC.
Complex Chinese Copyright © 2020 by STAR EAST PRESS, a division of Cite Publishing Ltd.
All rights reserved.

版權所有‧翻印必究
ISBN　978-986-5543-05-1

廣　告　回　函
北區郵政管理登記證
台北廣字第000791號
郵資已付，免貼郵票

104 台北市民生東路二段 141 號 11 樓

英屬蓋曼群島商家庭傳媒股份有限公司
城邦分公司

- -

請沿虛線對折，謝謝！

愛情‧生活‧心靈
閱讀春光，生命從此神采飛揚

春光出版

書號：OC0084　書名：終末之日：靈媒蘇菲亞‧布朗關於世界與未來的預言

讀者回函卡

謝謝您購買我們出版的書籍!請費心填寫此回函卡,我們將不定期寄上城邦集團最新的出版訊息。

姓名:_____

性別:☐男　☐女

生日:西元 _____ 年 _____ 月 _____ 日

地址:_____

聯絡電話:_____　傳真:_____

E-mail:_____

職業:☐ 1. 學生 ☐ 2. 軍公教 ☐ 3. 服務 ☐ 4. 金融 ☐ 5. 製造 ☐ 6. 資訊

　　　☐ 7. 傳播 ☐ 8. 自由業 ☐ 9. 農漁牧 ☐ 10. 家管 ☐ 11. 退休

　　　☐ 12. 其他_____

您從何種方式得知本書消息?

　　　☐ 1. 書店 ☐ 2. 網路 ☐ 3. 報紙 ☐ 4. 雜誌 ☐ 5. 廣播 ☐ 6. 電視

　　　☐ 7. 親友推薦 ☐ 8. 其他_____

您通常以何種方式購書?

　　　☐ 1. 書店 ☐ 2. 網路 ☐ 3. 傳真訂購 ☐ 4. 郵局畫撥 ☐ 5. 其他____

您喜歡閱讀哪些類別的書籍?

　　　☐ 1. 財經商業 ☐ 2. 自然科學 ☐ 3. 歷史 ☐ 4. 法律 ☐ 5. 文學

　　　☐ 6. 休閒旅遊 ☐ 7. 小說 ☐ 8. 人物傳記 ☐ 9. 生活、勵志

　　　☐ 10. 其他_____

為提供訂購、行銷、客戶管理或其他合於營業登記項目或章程所定業務之目的,英屬蓋曼群島商家庭傳媒(股)公司城邦分公司,於本集團之營運期間及地區內,將以電郵、傳真、電話、簡訊、郵寄或其他公告方式利用您提供之資料(資料類別:C001、C002、C003、C011等)。利用對象除本集團外,亦可能包括相關服務的協力機構。如您有依個資法第三條或其他需服務之處,得致電本公司客服中心電話 (02)25007718請求協助。相關資料如為非必要項目,不提供亦不影響您的權益。
1. C001辨識個人者:如消費者之姓名、地址、電話、電子郵件等資訊。　　2. C002辨識財務者:如信用卡或轉帳帳戶資訊。
3. C003政府資料中之辨識者:如身分證字號或護照號碼(外國人)。　　4. C011個人描述:如性別、國籍、出生年月日。